Deus me Vê

Um ano de devocionais
de mulher para mulher

God sees her: 365 Devotions for Women by Women
Copyright © 2020 by Discovery House
Published by special arrangement with Discovery House,
3000 Kraft Avenue SE, Grand Rapids, Michigan 49512 USA.

Adaptação e edição: Rita Rosário
Coordenação de Editorial: Dayse Fontoura
Tradução: Rita Rosário, Thaís Soler
Revisão: Dayse Fontoura, Lozane Winter
Adaptação gráfica: Audrey Novac Ribeiro
Diagramação: Denise Duck

Dados Internacionais de Catalogação na Publicação (CIP)

Cetas, Anne M.; Kasper, Cindy Hess; Pye, Amy B. et all
Deus me vê — Um ano de devocionais de mulher para mulher
Tradução: Rita Rosário, Thaís Soler – Curitiba/PR, Publicações Pão Diário.
Título original: *God sees her: 365 Devotions for Women by Women*
1. Devocional 3. Prática cristã
2. Bíblia 4. Mulheres

Exceto se indicado o contrário, as citações bíblicas são extraídas da Bíblia Sagrada NVT — Nova Versão Transformadora © Editora Mundo Cristão, 2016.

Proibida a reprodução total ou parcial sem prévia autorização, por escrito, da editora. Todos os direitos reservados protegidos pela Lei 9.610 de 19/02/1998.

Pedidos de permissões para usar citações deste devocional devem ser direcionados a: permissao@paodiario.org

© 2021 Publicações Pão Diário. Todos os direitos reservados.

Publicações Pão Diário
Caixa Postal 4190, 82501-970 Curitiba/PR, Brasil
E-mail: publicacoes@paodiario.org
www.publicacoespaodiario.com.br
Telefone: (41) 3257-4028

Código: X0661
ISBN: 978-65-86078-87-9

1.ª edição: 2021 • 2.ª impressão: 2022

Impresso na China

Prefácio

Lembro-me das paredes de tijolinhos pintados, as fileiras de armários de metal já amassados, o som da risada dos adolescentes vibrando no ambiente. Enquanto apertava meus livros contra o peito, examinava os rostos dos colegas que passavam por mim. Tinha a esperança de encontrar um olhar amigo com que pudesse estabelecer contato visual, que devolvesse meu sorriso e me chamasse pelo nome.

Quando cheguei aos meus 20 anos, ainda era forte o meu desejo por ser notada. Eu queria estar visível, não invisível. Ser parte, não estar desconectada. No entanto, parecia que quanto mais eu tentava chamar a atenção das pessoas, mais elas desviavam o seu olhar de mim.

Só quando cheguei a quase desistir dessa esperança descobri que Alguém sempre esteve de olho em mim: O Deus de toda a criação. Ele me vê. Assim como Ele vê você — uma filha amada.

Desde o início, "Deus olhou para tudo que havia feito e viu que era muito bom" (Gênesis 1:31). Desde aquele dia, Ele mantém o Seu olhar firmemente em Sua criação. "Os olhos do Senhor passam por toda a terra para mostrar sua força àqueles cujo coração é inteiramente dedicado a ele" (2 Crônicas 16:9).

Ele não apenas olha para nós; Ele nos sustém, incentiva e fortalece.

Seu cuidado especial com as mulheres é bem evidente na história de Lia, cujo marido, Jacó, a desprezava. Deus viu a tristeza dela e curou seu coração partido com um presente: "Quando o SENHOR viu que Lia não era amada, permitiu que ela tivesse filhos" (Gênesis 29:31).

Reflita sobre a história de uma viúva em Naim, que lamentava a perda de seu único filho: "Quando o Senhor a viu, sentiu profunda compaixão por ela. 'Não chore' disse ele" (Lucas 7:13). Jesus observa tudo, não ignora nada, muito menos a nossa dor. Mesmo que os outros não nos notem, podemos ter certeza de que o Senhor — sim.

Depois de Jesus ver uma mulher que chorava ungir Seus pés com lágrimas, Ele disse a Simão, o fariseu: "Veja esta mulher ajoelhada aqui?" (Lucas 7:44). Tudo o que Simão viu foi uma prostituta sem nome. Tudo o que Jesus viu foi um coração devotado a Ele.

Como o título e a primeira meditação deste livro deixam claro, Deus me vê. Ele vê Hagar, Lia, a viúva e vê você, a cada minuto de cada dia. O Senhor nunca se cansará de cuidar de você. E você sempre será bonita aos Seus olhos.

Que você possa ver o Seu amor em cada página deste devocional, querida irmã.

Liz Curtis Higgs
Palestrante internacional e autora de 37 livros,
incluindo *Meninas más da Bíblia* (Ed. Atos 2002)

Deus a vê

GÊNESIS 16:7-14

> *...Chamou-o de "Tu és o Deus que me vê", pois tinha dito: "Aqui eu vi aquele que me vê!".* —Gênesis 16:13

Meus primeiros óculos descortinaram meus olhos para um mundo nítido. Sem eles, porém, os itens distantes ficavam embaçados. Aos 12 anos, com os meus primeiros óculos, fiquei surpresa ao ver as palavras mais nítidas na lousa, as folhas pequenas das árvores e, talvez o mais importante, os lindos sorrisos das pessoas.

À medida que os amigos retribuíam o meu sorriso, eu aprendia que ser vista era uma dádiva tão preciosa quanto a bênção de enxergar.

A escrava Hagar percebeu isso ao escapar do desprezo de sua senhora Sarai (v.4). Hagar era um "zero à esquerda" em sua cultura: grávida e sozinha, alguém que fugiu para o deserto sem ajuda ou esperança. Deus a viu e isso a capacitou a enxergá-lo também. A partir disso, Deus não lhe era apenas um conceito vago; o Senhor se tornou real para Hagar, e tão verdadeiro que ela lhe deu um nome: *El-Roi*, que significa: "Tu és o Deus que me vê". Ela disse: "Aqui eu vi aquele que me vê!" (v.13).

Nosso Deus também vê cada uma de nós. Você está se sentindo invisível, sozinha ou como um "zero à esquerda"? Deus a vê e enxerga também o seu futuro. Em retribuição, que possamos ver nele a nossa esperança sempre presente, encorajamento, salvação e alegria.

Patricia

Diário da gratidão

SALMO 117

*Louvem o Senhor todas as nações;
louvem-no todos os povos.*
—Salmo 117:1

Logo após eu ter-me convertido a fé em Jesus, um mentor espiritual me encorajou a manter um diário da gratidão. Era um caderninho que eu carregava comigo em todos os lugares por onde ia. Anotar os itens pelos quais somos gratas é um bom hábito e nos relembra a presença, a provisão e o cuidado de Deus.

No Salmo 117, o mais curto de todos os salmos, o escritor encoraja todos a louvar ao Senhor, "Pois grande é o seu amor por nós" (v.2).

Pense nisto: De que maneira o Senhor demonstrou o Seu amor por você hoje, nesta semana, mês e ano? Não olhe apenas para o que foi espetacular. Seu amor é visto nas circunstâncias comuns e cotidianas da vida. Reflita sobre como Ele demonstrou o Seu amor à sua família, sua igreja e outros. Permita que a sua mente absorva a extensão do Seu amor por todos nós.

O salmista acrescentou que "a fidelidade do Senhor *dura para sempre*" (v.2; ênfase adicionada). Em outras palavras, Ele continuará a nos amar! Portanto, continuaremos a ter muitos motivos para louvar o Senhor nos próximos dias. Como filhas amadas, que o louvor e a gratidão caracterizem a nossa vida!

Poh Fang

Superando desafios

NEEMIAS 6:1-9,15

Por fim, no dia 2 de outubro, 52 dias depois de começarmos o trabalho, o muro ficou pronto.
—Neemias 6:15

Encontro uma amiga mensalmente e compartilhamos nossos planos e objetivos individuais. Um dos planos dela era refazer o estofamento nas cadeiras de sua sala antes do final do ano, e no encontro de novembro ela me relatou o seu progresso em outubro com bastante humor: "Levei dez meses e duas horas para restaurar as cadeiras". Após meses tentando obter os materiais que precisava, ela encontrou uma brecha em sua rigorosa agenda e o tal projeto lhe exigiu apenas duas horas de empenho para ficar pronto.

O Senhor chamou Neemias a um projeto muito maior: restaurar os muros de Jerusalém (2:3-5,12,17). Enquanto Neemias liderava o povo no trabalho, eles enfrentaram zombarias, ataques e tentações (4:3,8; 6:10-12). Ainda assim, Deus os preparou para seguirem firmes e resolutos. Eles terminaram a tarefa em apenas 52 dias.

É necessário mais do que o desejo para superar desafios assim. No caso de Neemias, ele reconhecia que Deus o havia designado para essa tarefa. O comprometimento dele com o propósito do Senhor fez o povo seguir a sua liderança.

Quando Deus nos encarrega de uma tarefa, Ele nos dá a habilidade e a força necessária para cumprirmos o que Ele pediu, não importa os desafios que surgirem no caminho.

Kirsten

4 DE JANEIRO

Gratidão crescente

ROMANOS 11:33-36

...todas as coisas vêm dele, existem por meio dele e são para ele. A ele seja toda a glória para sempre!
—Romanos 11:36

Em seu poema *Gratidão*, George Herbert, o poeta britânico do século 17, encoraja seus leitores a serem agradecidos: "Tu que me deste tanto, dá-me uma coisa mais, um coração cheio de gratidão".

A Bíblia declara Cristo Jesus como a fonte de todas as bênçãos: "todas as coisas vêm dele, existem por meio dele e são para ele" (v.36). "Todas as coisas" abrange o extravagante e as dádivas cotidianas em nossa vida. Tudo o que recebemos vêm diretamente de Deus (Tiago 1:17), e Ele voluntariamente nos concede essas bênçãos por causa do Seu amor por nós.

Para ampliar a minha percepção das bênçãos de Deus em minha vida, estou aprendendo a cultivar um coração que reconhece a fonte de todas as alegrias que experimento diariamente, mas especialmente aquelas que tantas vezes acho que sou merecedor. Hoje, isso incluiu uma manhã agradável para correr, a expectativa de rever meus amigos à noite, a despensa cheia para preparar torradas com minhas filhas, a beleza do mundo janela afora.

Quais são "todas as coisas" que Deus já lhe deu? Reconhecer as Suas bênçãos nos ajudará a desenvolvermos um coração cheio de gratidão.

Lisa

5 DE JANEIRO

Embalada em consolo

ISAÍAS 66:12-16

Eu os consolarei em Jerusalém,
como a mãe consola seu filho.
—Isaías 66:13

Minha amiga me concedeu o privilégio de segurar a sua preciosa filha de apenas quatro dias. Logo depois que a tomei nos braços, ela começou a se mexer. Eu a abracei mais forte, pressionei meu rosto contra a sua cabecinha e a embalei num ritmo suave para acalmá-la. Apesar dessas tentativas e meus anos de experiência como mãe, não obtive sucesso. Mas quando a coloquei novamente nos braços ansiosos de sua mãe, ela se acalmou quase instantaneamente. Seu choro diminuiu e seu corpo recém-nascido relaxou nos braços seguros que a acolhiam. Minha amiga sabia exatamente como devia segurar e embalar sua filha para aliviar a angústia do bebê.

Deus estende o Seu conforto aos Seus filhos como uma mãe: com carinho, confiança e paciência, em seus esforços para acalmar seu filho. Quando estamos cansadas ou chateadas, Ele nos acolhe carinhosamente em Seus braços. Como nosso Pai e Criador, Ele nos conhece intimamente. "Tu guardarás em perfeita paz todos que em ti confiam, aqueles cujos propósitos estão firmes em ti" (Isaías 26:3).

Quando os problemas deste mundo pesam sobre o nosso coração, podemos encontrar conforto na certeza de que o Senhor nos protege como um dedicado progenitor.

Kirsten

6 DE JANEIRO

Sendo seres humanos

1 PEDRO 2:11-17; 3:8,9

Por fim, tenham todos o mesmo modo de pensar. Sejam cheios de compaixão uns pelos outros. Amem uns aos outros como irmãos. Mostrem misericórdia e humildade.
—1 Pedro 3:8

Quando ele precisou definir seu papel numa comunidade que às vezes desrespeitava a lei, o delegado simplesmente explicou: "Somos seres humanos que trabalham com seres humanos em crise".

Sua humildade em declarar-se igual aos seus semelhantes, lembra-me das palavras de Pedro aos cristãos do primeiro século que sofriam sob a perseguição romana: "...tenham todos o mesmo modo de pensar. Sejam cheios de compaixão uns pelos outros. Amem uns aos outros como irmãos. Mostrem misericórdia e humildade" (1 Pedro 3:8). Talvez Pedro estivesse dizendo que a melhor resposta para os seres humanos em crise é "ser" humano, estar ciente de que somos todos iguais. Afinal, não é isso que o próprio Deus fez quando enviou Seu Filho que se tornou humano para nos ajudar? (Filipenses 2:7).

Se olharmos para o nosso coração pecaminoso, é tentador desprezarmos a nossa condição de seres humanos. Mas Jesus nos ensina a viver plenamente como humanos, como servos que reconhecem que somos todos iguais. "Humanos", foi assim que Deus nos criou, à Sua imagem e redimidos por Seu amor incondicional.

Quando encontramos pessoas com várias lutas, que sejamos humildes, como seres humanos que buscam soluções em conjunto com outras pessoas em crise. *Elisa*

7 DE JANEIRO

É questão de atitude

TIAGO 1:1-12

Meus irmãos, considerem motivo de grande alegria sempre que passarem por qualquer tipo de provação.
—Tiago 1:2

Regina voltou para casa, desencorajada e cansada. O dia começara com notícias trágicas numa mensagem de texto, em seguida, piorou ainda mais em reuniões que participou com os colegas de trabalho que se recusaram a cooperar. Depois de orar, Regina resolveu colocar o estresse de lado e visitar uma amiga idosa numa Casa de Repouso. Seu espírito se acalmou quando Maria compartilhou como o Senhor era bom para ela, dizendo: "Aqui tenho minha própria cama, uma cadeira, três refeições por dia e a ajuda das enfermeiras. E, ocasionalmente, Deus envia um cardeal para a minha janela só porque Ele me ama e sabe que eu amo os pássaros".

Atitude. Perspectiva. Como diz o ditado: "A vida é 10% o que nos acontece e 90% como reagimos a isso". Tiago escreveu a um povo que fora espalhado por causa da perseguição, e os desafiou com estas palavras: "…considerem motivo de grande alegria sempre que passarem por qualquer tipo de provação" (Tiago 1:2).

A perspectiva plena de alegria, da qual Tiago falou, virá quando aprendermos a ver que Deus pode usar as lutas para amadurecer a nossa fé. *Anne*

8 DE JANEIRO

Adoração inestimável

MARCOS 12:38-44

...mas ela, em sua pobreza, deu tudo que tinha.
—Marcos 12:44

Uso a escrita para adorar e servir a Deus, mas quando um conhecido desfez do que escrevi, fiquei desanimada e, duvidei do valor de minhas pequenas ofertas a Deus.

Com oração, estudo das Escrituras e o encorajamento de meu marido, o Senhor reafirmou que somente Ele — não a opinião dos outros — podem determinar nossos motivos como adoradores e o valor de nossas dádivas a Ele. Pedi ao Doador para continuar a me ajudar a desenvolver habilidades e prover oportunidades para compartilhar os recursos que Ele me concede.

Jesus contradiz os nossos padrões de mérito em relação às ofertas que dedicamos a Ele. Enquanto os ricos jogavam grandes quantias no gazofilácio do Templo, uma pobre viúva colocava "duas moedas pequenas" (Marcos 12:42). O Senhor declarou a oferta daquela senhora como sendo "mais que todos os outros", embora sua contribuição parecesse insignificante para os que a rodeavam (vv.43,44).

Cada doação, não somente a financeira, pode ser uma demonstração de adoração e bondosa obediência. Quando apresentamos a Deus o melhor do nosso tempo, talentos ou tesouros com o coração motivado pelo amor, então, nós o cultuamos com adoração sem medida.

Xochitl

A cura para a ansiedade

FILIPENSES 4:1-9

Não vivam preocupados com coisa alguma; em vez disso, orem a Deus pedindo aquilo de que precisam...
—Filipenses 4:6

Estávamos entusiasmados com a mudança por causa do trabalho do meu marido. Mas os desafios me deixaram ansiosa. Pensar em separar e embalar, procurar um lugar para morar, encontrar um novo emprego para mim. Tudo parecia muito perturbador. Enquanto pensava na lista de coisas por fazer, as palavras escritas pelo apóstolo Paulo ecoaram em minha mente: *Não se preocupe, ore* (Filipenses 4:6,7).

Se alguém pudesse estar ansioso sobre o desconhecido e os desafios, teria sido Paulo. Ele naufragou, foi espancado e preso e encorajou os seus amigos filipenses que também estavam enfrentando o desconhecido, dizendo-lhes: "Não vivam preocupados com coisa alguma; em vez disso, orem a Deus pedindo aquilo de que precisam..." (v.6).

As palavras de Paulo me encorajam. A vida é cheia de incertezas, sejam elas transições, problemas familiares, de saúde ou financeiros. Continuo aprendendo que Deus se importa. Ele nos convida a abandonar o nosso medo do desconhecido e a entregar tudo isso a Ele. Quando o fazemos, Ele, que sabe todas as coisas, promete a Sua paz "...que excede todo entendimento e que guardará..." o nosso coração e mente em Cristo Jesus (v.7). *Karen*

Fôlego de vida

SALMO 139:13-18

O Espírito de Deus me criou,
o sopro do Todo-poderoso me dá vida.
—Jó 33:4

Em seu livro *Life After Heart Surgery* (A vida após a cirurgia cardíaca), David Burke relembra sua luta contra a morte. Deitado em seu leito de hospital após uma segunda cirurgia aberta de coração, ele não conseguiu respirar fundo. Sentindo que estava deslizando em direção à eternidade, ele orou uma última vez, confiando em Deus e agradecendo a Ele pelo perdão de seus pecados.

Quando sua enfermeira perguntou como ele estava se sentindo, ele respondeu: "agora estou bem", explicando que ele estava pronto para ir para o Céu e se encontrar com Deus. "Não no meu plantão, amigo!", ela lhe respondeu. Os médicos abriram o peito dele novamente e removeram dois litros de fluidos. Depois disso, Burke começou a se recuperar.

Não é incomum refletir sobre como será enfrentar a morte. Mas aqueles que "morrem no Senhor" têm a certeza de que são abençoados (Apocalipse 14:13) e que "O Senhor se importa profundamente com a morte de seus fiéis" (Salmo 116:15).

Deus estabeleceu os nossos dias mesmo antes de existirmos (Salmo 139:16), e existimos agora apenas porque o sopro do Todo-Poderoso nos dá vida (Jó 33:4). Embora não saibamos quantas respirações ainda nos restam, descansamos no conhecimento de que Ele sabe.

Cindy

11 DE JANEIRO

Como Deus é?

HEBREUS 1:1-10

*O Filho irradia a glória de Deus,
expressa de forma exata o que Deus é...*
—Hebreus 1:3

Para comemorar uma ocasião especial, meu marido me levou a uma galeria de arte e disse-me para escolher uma pintura como presente. Escolhi um pequeno quadro de um riacho fluindo através de uma floresta. O riacho tomava boa parte da tela e a maior parte do céu não aparecia. Entretanto, o reflexo na água revelava o local do sol, as copas das árvores e a vaga atmosfera. A única forma de "ver" o céu era olhando para a superfície da água.

No sentido espiritual, Jesus equivaleria ao riacho. Quando queremos ver como Deus é, nós olhamos para Jesus. Ele "...expressa de forma exata o que Deus é..." (v.3). Aprofundamos o nosso entendimento vendo como Jesus enfrentou os mesmos problemas que temos na Terra.

Na tentação, Jesus revelou a santidade de Deus. Lidando com os problemas das pessoas, Ele demonstrou a sabedoria de Deus. Em Sua morte, Ele ilustrou o amor de Deus.

Embora não possamos compreender tudo sobre Deus, pois o nosso pensamento é limitado, temos a segurança do Seu caráter quando olhamos para Cristo. *Jennifer*

12 DE JANEIRO

Grande amor

1 JOÃO 3:1-8

*...como é grande o amor do Pai por nós,
pois ele nos chama de filhos, o que de fato somos!...*
—1 João 3:1

Lembro-me de quando cuidamos pela primeira vez de nossa neta, Moriah, durante a noite, sem a companhia dos seus irmãos mais velhos. Esbanjamos atenção, amor e tempo exclusivo para ela divertindo-nos ao fazermos as coisas que ela gosta de fazer. No dia seguinte, após deixá-la em casa, despedimo-nos e fomos até à porta. Sem uma palavra, Moriah pegou sua mochila e começou a nos seguir.

Esta imagem está gravada em minha memória: Moriah com fraldas e as sandálias trocadas pronta para partir com os avós novamente. Ela estava ansiosa para nos acompanhar.

Embora ainda não seja capaz de verbalizar isso, ela se sentiu amada e valorizada. O nosso amor por Moriah é uma representação do amor que Deus tem por nós, Seus filhos. "Vejam como é grande o amor do Pai por nós!" (1 João 3:1).

Quando cremos em Jesus como nosso Salvador, começamos a entender o amor generoso com o qual nos amou morrendo por nós (v.16). Desejamos então agradá-lo (v.6) e amá-lo, ansiosos para investir algum tempo com Ele. *Alyson*

13 DE JANEIRO

Superação

SALMO 30:1-12

*…O choro pode durar toda a noite,
mas a alegria vem com o amanhecer.*
—Salmo 30:5

Encontrei os meus diários de faculdade e não resisti à releitura. Lendo minhas anotações, percebi como hoje me sinto diferente. As lutas com a solidão e as dúvidas sobre minha fé eram esmagadoras, mas hoje vejo claramente como Deus me levou a um lugar melhor. Ver como Deus gentilmente me conduziu naqueles dias lembrou-me de que o que parece esmagador hoje, um dia será parte de uma história maior do Seu amor e cura.

O Salmo 30 é um cântico de celebração que também, da mesma maneira, reflete sobre o passado com gratidão pela poderosa restauração de Deus: da doença à cura, da ameaça da morte à vida, do julgamento de Deus ao desfrutar do Seu favor, do luto à alegria (vv.2,3,11).

Davi experimentou tamanha restauração a ponto de declarar: "…O choro pode durar toda a noite, mas a alegria vem com o amanhecer" (v.5). Apesar de toda a dor que suportou, esse salmista descobriu a poderosa mão de Deus para curar.

Se você está sofrendo hoje e precisa de encorajamento, relembre-se das vezes quando Deus a levou até um lugar de cura. Confie que Ele fará isso novamente. *Monica*

14 DE JANEIRO

Estrangeiros acolhendo estrangeiros

LEVÍTICO 19:1-9,33,34

*Não se aproveitem dos estrangeiros que vivem
entre vocês na terra […] e amem-nos como a si mesmos.
Lembrem-se de que vocês eram estrangeiros
quando moravam na terra do Egito.* —Levítico 19:33,34

Quando meu marido e eu nos mudamos para ficar perto da irmã dele, não sabíamos onde iríamos morar ou trabalhar. Uma igreja local nos ajudou a achar uma casa com muitos cômodos. Nós ficamos com um quarto e alugamos os outros para estudantes estrangeiros. Por 3 anos, nós éramos estrangeiros acolhendo estrangeiros: compartilhávamos a nossa casa, refeições e estudos bíblicos com pessoas de todas as partes do mundo.

O povo de Deus sabe o que significa estar longe de casa. Por séculos, os israelitas foram estrangeiros e escravos, no Egito. Em Levítico 19, Deus os relembra a cuidar com empatia dos estrangeiros, pois eles já sabiam o que significa ser estrangeiro e sentir medo (vv.33,34).

Nem todos que seguem a Deus vivenciam literalmente o exílio, mas todos nós sabemos o que é sentir-se "peregrinos e estrangeiros" na Terra (1 Pedro 2:11) — somos forasteiros porque nossa lealdade maior é com o reino celeste. Somos chamados a criar uma comunidade hospitaleira — estrangeiros acolhendo estrangeiros na família de Deus. A hospitalidade e o ato de ajudar com prontidão está na essência do que significa ser a família de Deus (Romanos 12:13). *Amy Peterson*

Alimentando rancor

2 SAMUEL 14:25–15:21

*E dizia ainda: "Quem me dera ser juiz.
Então todos me apresentariam
suas questões legais, e eu lhes faria justiça!".*
—2 Samuel 15:4

A autora Marilynne Robinson escreveu: "Eu sempre gostei da expressão 'alimentar rancor', porque muitas pessoas nutrem seus ressentimentos, como se fossem coisas queridas ao seu coração".

O filho do rei Davi, Absalão, começou a *nutrir* amargura em seu coração muito antes de reunir o povo na tentativa de usurpar o trono. Ferido e frustrado, ele viu sua irmã ser violentada e abandonada sem ser defendida (2 Samuel 13:1-22). A família estava cheia de discórdia e Davi, seu pai, parecia lamentavelmente incapaz de lidar com o conflito. Determinado a corrigir os erros, Absalão se tornou juiz e vingador por conta própria (2 Samuel 15:1-3).

É difícil adentrar no coração ofendido (Provérbios 18:19). Nossa boca é a porta de entrada através da qual o inimigo perverte não apenas a nossa visão, mas também o nosso amor (Romanos 3:14). Quanto mais praticamos a ofensa, mais forte cresce a amargura. Eventualmente, o fardo da amargura se torna nosso cativeiro. Abandonar o rancor não significa que encontramos a imunidade à dor. No entanto, somos libertas ao nos aproximarmos de Deus e aprendermos sobre o Seu perdão. (Efésios 4:31,32).

Regina

16 DE JANEIRO

A casa sobre a rocha

LUCAS 6:46-49

*Quando a água […] sobe e bate contra essa casa,
ela permanece firme, pois foi bem construída.*
—Lucas 6:48

Após viverem muitos anos em sua casa, meus amigos notaram que a sala deles estava afundando. Surgiram rachaduras nas paredes e uma janela não abria mais. Descobriram que o cômodo tinha sido acrescentado sem fundação. Consertar a obra malfeita e refazer a fundação significaria meses de trabalho.

Eles fizeram essa obra e, quando os visitei depois, não pude detectar muita diferença, mas entendi que é necessário ter a fundação sólida.

Isso também é verdadeiro em nossa vida.

Jesus contou uma parábola sobre os construtores sábios para ilustrar a sabedoria em ouvi-lo (vv.46-49). Aqueles que ouvem e obedecem Suas palavras são como a pessoa que constrói sua casa sobre uma base sólida. Jesus garantiu aos Seus ouvintes de que quando vêm as tempestades, suas casas permaneceriam firmes e sua fé não seria abalada.

Podemos encontrar paz sabendo que à medida que obedecemos a Jesus, Ele estabelece um forte alicerce para a nossa vida. E, quando enfrentarmos as chuva torrenciais contra nós, podemos confiar que nossa fundação é sólida. O nosso Salvador proverá o apoio que necessitamos. *Amy B. Pye*

17 DE JANEIRO

Celebre com júbilo

SALMO 98

*Aclamem ao Senhor todos os habitantes da terra;
louvem-no em alta voz com alegres cânticos!*
—Salmo 98:4

Quando procurei por uma igreja para frequentar uma amiga me convidou à sua igreja. Os líderes do louvor cantaram uma canção que eu amo e eu a cantei com entusiasmo, lembrando-me do conselho do meu diretor do coral universitário para "projetar" a voz!

Depois dessa música, o marido de minha amiga me disse: "Você realmente cantou alto". Não foi um elogio! Depois disso, eu monitorei o meu tom, sempre questionando se as pessoas ao redor estavam julgando a minha maneira de cantar.

Certo domingo, notei a maneira de a mulher ao meu lado cantar. Ela parecia cantar com muita adoração, sem um traço de preocupação. Sua adoração me lembrou da adoração entusiasta e espontânea que Davi demonstrou em sua vida. Na verdade, Davi sugere no Salmo 98 que "todos os habitantes da terra" devem louvar e adorar "em alta voz com alegres cânticos" (v.4).

Devemos adorá-lo alegremente porque "ele fez maravilhas" (v.1). Pensar em quem Deus é (fiel, misericordioso e Aquele que salva) pode encher o nosso coração de louvor.

Quais "coisas maravilhosas" Deus tem feito em sua vida? Relembre as Suas obras maravilhosas e agradeça ao Senhor. Eleve a sua voz e cante! *Linda*

18 DE JANEIRO

Erros cometidos

ÊXODO 32:1-5,19-26

Então eu lhes disse: "Quem tiver joias de ouro, tire-as". Quando eles as trouxeram para mim, simplesmente as joguei no fogo e saiu este bezerro! —Êxodo 32:24

"Erros foram cometidos", disse um executivo ao discutir sobre a atividade ilegal que envolvia a sua empresa. Ele parecia arrependido, mas não admitia que ele tivesse feito algo errado.

Alguns "erros" *são* apenas erros: pegar uma saída errada ao dirigir um veículo, queimar uma torrada ou esquecer uma senha. Mas há os atos deliberados que sabemos que são errados e que Deus os chama de *pecado*. Quando Deus questionou Adão e Eva sobre a desobediência a Ele, eles tentaram transferir a culpa entre si (Gênesis 3:8-13). E durante a perambulação de Israel no deserto, Arão não se responsabilizou quando o povo construiu um bezerro de ouro para adorar. Ele explicou: "Quando eles as trouxeram para mim, simplesmente as joguei no fogo e saiu este bezerro!" (Êxodo 32:24).

Em outras palavras: "Erros foram cometidos".

O grande problema é minimizarmos o nosso pecado, chamando-o de "erro" em vez de reconhecer a sua verdadeira natureza.

Entretanto, quando assumimos a responsabilidade, reconhecendo e confessando o nosso pecado, Aquele que "…é fiel e justo para nos perdoar os pecados e nos purificar de toda injustiça" o fará. O nosso Deus nos oferece o perdão e a restauração (1 João 1:9). *Cindy*

Cuidado!

1 PEDRO 5: 6-11

Estejam atentos! Tomem cuidado com seu grande inimigo, o diabo, que anda como um leão rugindo à sua volta, à procura de alguém para devorar.
—1 Pedro 5:8

Eu cresci em cidades quentes em meu país, então, quando me mudei para uma região fria, levei tempo para aprender a dirigir com segurança durante os longos meses de neve. Durante meu primeiro inverno rigoroso, acabei presa em um monte de neve três vezes! Mas depois de vários anos de prática, comecei a me sentir confortável dirigindo no inverno. Na verdade, eu me senti um pouco confortável demais e parei de ser tão vigilante. E bati num fragmento de gelo escuro e deslizei até um poste de telefone à beira da estrada!

Felizmente, ninguém ficou ferido, mas aprendi algo importante naquele dia. Percebi como é perigoso sentir-se confortável. Em vez de ficar atenta, entrei direto no "piloto automático".

Precisamos praticar esse mesmo tipo de vigilância em nossa vida espiritual. Pedro adverte os cristãos a não deslizarem impensadamente pela vida, mas a estarem "atentos" (1 Pedro 5:8). Isso não é algo que precisamos fazer por conta própria. Deus promete estar conosco (v.10). Por Seu poder, aprendemos a permanecer vigilantes e alertas para resistir ao mal e seguir a Cristo.

Amy Peterson

20 DE JANEIRO

A resposta de Simão

LUCAS 5:1-11

*Simão respondeu: "Mestre, […]
não pegamos nada. Mas, por ser o senhor quem nos pede,
vou lançar as redes novamente.*

—Lucas 5:5

Refuge Rabindranath trabalha com a juventude no Sri Lanka há mais de 10 anos. Muitas vezes, ele interage com os jovens tarde da noite e gosta de trabalhar com eles, mas, às vezes, isso pode ser desanimador quando alguns jovens se afastam da fé. Nesses momentos, ele se sente um pouco como Simão Pedro em Lucas 5.

Simão tinha trabalhado a noite toda, mas sem pegar um peixe sequer, e sentiu-se desanimado. No entanto, quando Jesus lhe disse: "…lancem as redes para pescar", Simão lhe respondeu: "…por ser o senhor quem nos pede, vou lançar as redes novamente" (vv.4,5).

Sua vontade de confiar em Jesus foi recompensada. Ele não só teve uma grande pesca, mas compreendeu melhor a pessoa de Jesus. Deixou de chamá-lo de "Mestre" (v.5) para chamá-lo de "Senhor" (v.8).

Talvez Deus a esteja chamando para lançar as suas redes novamente. Que respondamos ao Senhor como Simão o fez: "…por ser o senhor quem nos pede, vou lançar as redes novamente".

Poh Fang

21 DE JANEIRO

Canção da criação

SALMO 19:1-6

Os céus proclamam a glória de Deus; o firmamento demonstra a habilidade de suas mãos.
—Salmo 19:1

Com a astronomia acústica, os cientistas podem observar e ouvir os sons e pulsações do espaço. Eles descobriram que as estrelas não orbitam em silêncio, mas sim geram música. Assim como os sons da baleia jubarte, a ressonância das estrelas existe em comprimentos de onda ou frequências que podem não ser captadas pelo ouvido humano. No entanto, a música das estrelas, das baleias e de outras criaturas se harmoniza para criar uma sinfonia que proclama a grandeza de Deus.

O Salmo 19 afirma: "Os céus proclamam a glória de Deus; o firmamento demonstra a habilidade de suas mãos. Dia após a dia, eles continuam a falar; noite após noite, eles o tornam conhecido. Não há som nem palavras, nunca se ouve o que eles dizem. Sua mensagem, porém, chegou a toda a terra, e suas palavras, aos confins do mundo" (vv.1-4).

O apóstolo Paulo revela que, por meio de Jesus, "todas as coisas foram criadas, tanto nos céus como na terra, todas as coisas que podemos ver e as que não podemos […] Tudo foi criado por meio dele e para ele" (Colossenses 1:16). Em resposta, as alturas e profundidades do mundo cantam ao Seu Criador. Que nos juntemos à criação para cantar a grandeza daquele que "mediu os céus com os dedos" (Isaías 40:12). *Remi*

Mudança de perspectiva

SALMO 73:12-28

…que tarefa difícil!
Então, entrei em teu santuário, ó Deus…
—Salmo 73:16,17

Em minha cidade tivemos o pior inverno dos últimos 30 anos. Meus músculos doíam de tanto retirar a neve. Entrei em casa depois do que me pareceu um esforço infrutífero, cansada tirei as botas, e fui recebida pelo calor do fogo na lareira e por meus filhos ao seu redor. Ao olhar pela janela do abrigo de meu lar, minha perspectiva sobre a temperatura mudou completamente. Apreciei com maior prazer a beleza dos galhos congelados e a forma como a neve cobria a paisagem incolor do inverno.

Vejo mudança semelhante, porém muito mais acentuada, em Asafe, quando leio suas palavras no Salmo 73. Ele lamenta como o mundo parece funcionar, como os erros parecem ser recompensados. Ele duvida do valor de ser diferente da multidão (Salmo 73:13). Mas ao entrar no santuário de Deus, seu olhar muda (vv.16,17): ele se lembra de que Deus lidará com o mundo e seus problemas de maneira perfeita. E que é bom estar com o Senhor (v.28).

Quando nos sentimos abatidas pelos problemas, podemos entrar no santuário de Deus, em oração, e sermos aquecidas pela verdade de que o Seu julgamento é melhor do que o nosso. As nossas circunstâncias podem não mudar, porém as nossas perspectivas sim.

Kirsten

Por que perdoar?

LUCAS 23:32-34

*Jesus disse: "Pai, perdoa-lhes,
pois não sabem o que fazem".*
—Lucas 23:34

Quando uma amiga me traiu, eu sabia que precisava perdoá-la, mas não tinha certeza de que conseguiria. Suas palavras me feriram com dor e raiva. Embora já a tivesse a perdoado, por um longo tempo, sempre que a via, sentia os reflexos dessa dor. Eu sabia que ainda me restava algum ressentimento. Um dia, porém, Deus respondeu às minhas orações e livrou-me desse sentimento. Finalmente fui liberta.

O perdão está na essência da fé cristã, com o nosso Salvador estendendo perdão até mesmo enquanto morria na cruz. Jesus amou quem o pregara no madeiro e pediu ao Pai que os perdoasse. Ele não guardou amargura ou raiva, mas demonstrou misericórdia aos que o tinham martirizado.

Coloquemos diante do Senhor qualquer pessoa que precisemos perdoar. Quando pedimos a Deus para que através do Seu Espírito nos ajude nessa necessidade, o Senhor vem em nosso auxílio, mesmo achando que tenhamos demorado muito para perdoar. Agindo assim, somos libertas dessa prisão provocada pela falta de perdão.

Amy Peterson

24 DE JANEIRO

Ao piscar, pense em Deus

DEUTERONÔMIO 32:1-12

*...Cercou-os e cuidou deles,
protegeu-os como a pupila de seus olhos.*
—Deuteronômio 32:10

"Deus é como uma pálpebra", minha amiga Renata disse, e eu pisquei de surpresa. O que ela queria dizer com isso?

"Explique-me mais", solicitei. Estávamos estudando juntas as representações surpreendentes de Deus na Bíblia, coisas como Deus retratado numa mulher em dores do parto (Isaías 42:14) ou como um apicultor (7:18), mas esta era nova para mim. Renata me mostrou a passagem em que Moisés louva a maneira como Deus cuida do Seu povo. A Bíblia afirma que Deus cuida e protege o Seu povo, guardando-os "como a pupila de seus olhos" (Deuteronômio 32:10).

Renata me disse que a palavra que traduzimos como *menina*, literalmente significa *pupila*. E o que envolve e guarda a pupila? A pálpebra, é claro! Deus é como a pálpebra, que protege instintivamente o sensível olho. A pálpebra protege o olho do perigo, mantém o suor fora do olho, lubrifica o globo ocular e o mantém saudável. Ela se fecha e permite o descanso dos olhos.

Agradeci a Deus pelas metáforas que Ele nos deu para nos ajudar a entendermos o Seu amor por nós. Quando fechamos os nossos olhos à noite e os abrimos pela manhã, podemos pensar em Deus e louvá-lo por Sua terna proteção e cuidado.

Amy Peterson

Através da cruz

2 CORÍNTIOS 4:8-18

*...nem altura nem profundidade, nada,
em toda a criação, jamais poderá nos separar do amor
de Deus revelado em Cristo Jesus, nosso Senhor.*
—Romanos 8:39

Tomás é meu colega de trabalho e tem uma pequena cruz de vidro sobre a sua mesa. Seu amigo Felipe, que também sobreviveu ao câncer, o presenteou para ajudá-lo a ver tudo "através da cruz". Ela o lembra constantemente do amor de Deus.

A vida de Paulo foi exemplo de como viver sob a perspectiva da cruz. Ele descreveu seu sofrimento como sendo perseguido, mas não abandonado, sendo derrubado, mas não destruído (2 Coríntios 4:9). Paulo creu que em tempos difíceis, Deus age para produzir "...uma glória que pesa mais que todas as angústias e durará para sempre. Portanto, não olhamos para aquilo que agora podemos ver; em vez disso, fixamos o olhar naquilo que não se pode ver" (vv.17,18).

Fixar o nosso olhar "naquilo que não se pode ver" não significa minimizar os problemas. O comentarista, Paulo Barnett, explica: "deve haver confiança, baseada na certeza dos propósitos de Deus para nós [...]. Há o reconhecimento de que gememos com a esperança mesclada pela dor".

Com amor profundo e sacrificial, Jesus deu a Sua vida por nós. Ao olharmos a vida "através da cruz" vemos o Seu amor e fidelidade, isso aumenta a nossa confiança. *Anne*

Sem queimaduras de frio

SALMO 119:33-48

*Faze-me andar em teus mandamentos,
pois neles tenho prazer.*
—Salmo 119:35

A temperatura oscilava em torno de 17 graus negativos, mas meus filhos imploraram para escorregar de trenó na neve. Eu lhes pedi que se agasalhassem e ficassem juntos e voltassem em 15 minutos.

Criei essas regras para que brincassem livremente sem sofrer as queimaduras do frio. Acho que o autor desse Salmo reconheceu a mesma boa intenção de Deus ao redigir dois versículos consecutivos que podem parecer contraditórios: "Continuarei a obedecer à tua lei para todo o sempre" e "Andarei em liberdade, pois me dediquei às tuas ordens" (Salmo 119:44,45). O salmista associou liberdade à vida espiritual de obediência à Lei.

Seguir as sábias instruções de Deus permite escaparmos das consequências das más escolhas. Sem o peso da culpa ou dor, somos mais livres para viver com excelência.

Enquanto meus filhos brincavam na neve, eu os contemplava ao deslizarem pela montanha, sorrindo com suas gargalhadas. Estavam livres dentro dos limites que eu lhes dera. Esse paradoxo é convincente e está presente em nosso relacionamento com Deus e nos faz dizer com o salmista: "Faze-me andar em teus mandamentos, pois nele tenho prazer" (v.35). *Jennifer*

27 DE JANEIRO

Doce e azedo

JÓ 2:1-10

Você fala como uma mulher insensata. Aceitaremos da mão de Deus apenas as coisas boas e nunca o mal?
—Jó 2:10

Quando o nosso filho pequeno provou o limão pela primeira vez, ele franziu o nariz, estendeu a ponta de sua língua, apertou os olhos, e disse: "é azedo". Rindo, tirei dele o restante do limão, com a intenção de jogá-la no lixo. Mas ele correu pela cozinha, dizendo-me que ainda queria mais! Seus lábios se enrugaram com cada porção do sumo do limão e fiquei admirada quando ele me entregou somente a casca e saiu para brincar.

Meu paladar reflete precisamente a minha preferência pelos momentos doces na vida. Minha preferência por evitar as coisas amargas me lembra a esposa de Jó, que parece ter compartilhado a minha aversão ao azedume do sofrimento.

Jó certamente não se deleitava em dificuldades ou problemas, no entanto, ele honrou a Deus em meio as circunstâncias difíceis (Jó 1:1-22). Quando as feridas dolorosas afligiram o corpo de Jó, ele suportou a agonia (2:7,8). Sua esposa lhe disse para desistir de Deus (v.9), mas Jó respondeu com a confiança no Senhor em meio ao seu sofrimento e aflições (v.10).

Como Jó, não precisamos desfrutar do sofrimento para aprender a saborear a inesperada doçura dos momentos amargos —, o fortalecimento divino de nossa fé. *Xochitl*

28 DE JANEIRO

Atos de bondade

ATOS 9:32-42

...Tabita (que em grego é Dorcas).
Sempre fazia o bem às pessoas e ajudava os pobres.
—Atos 9:36

Minha mãe me disse: "Estera, você ganhou um presente da nossa amiga Helena!". Na minha infância, não tínhamos boas condições financeiras, e receber um presente pelo correio era como celebrar um segundo Natal. Eu me senti amada, lembrada e valorizada por Deus por meio daquela mulher maravilhosa.

As pobres viúvas para as quais Tabita fizera roupas estavam se sentindo do mesmo jeito. Tabita era uma discípula de Jesus, morava em Jope e era conhecida por sempre fazer o bem às pessoas e ajudar os pobres (Atos 9:36). Porém, Tabita adoeceu e faleceu. Naquela ocasião, Pedro estava visitando uma cidade próxima, e dois cristãos o procuraram, implorando que ele fosse até Jope.

Quando Pedro chegou, as viúvas que tinham sido ajudadas por Tabita mostraram-lhe as provas da bondade dela, "os vestidos e outras roupas que Dorcas havia feito" (v.39). Guiado pelo Espírito Santo o apóstolo orou e Deus a ressuscitou! Como consequência da bondade de Deus "a notícia se espalhou por toda a cidade, e muitos creram no Senhor" (v.42).

Ao sermos bondosas com os que nos cercam, que eles possam voltar o seu pensamento a Deus e sentirem-se valorizados por Ele.

Estera

Andando sobre as águas

MATEUS 14:25-33

Imediatamente, porém, Jesus lhes disse:
"Não tenham medo! Coragem, sou eu!".
—Mateus 14:27

Durante um inverno especialmente frio, aventurei-me a ir até o Lago Michigan, o quinto maior lago do mundo, para vê-lo totalmente congelado. Agasalhada, notei que a água tinha congelado em ondas, criando uma obra de arte em tanto gelo.

Como a água estava solidamente congelada, tive a oportunidade de "andar sobre as águas". Dei os primeiros passos com cuidado e temerosa de que o gelo quebrasse. Enquanto explorava aquele terreno desconhecido, só conseguia pensar em Jesus chamando Pedro para sair do barco no mar da Galileia.

Quando os discípulos viram o Mestre andando sobre as águas, eles reagiram com medo. Mas Jesus lhes disse: "Não tenham medo! Coragem, sou eu!" (vv.26,27). Pedro superou o seu medo e saiu para a água, porque sabia que Jesus estava presente. Quando seus passos corajosos vacilaram, Pedro clamou pelo Senhor. Jesus ainda estava lá, perto o suficiente para simplesmente estender a Sua mão e resgatá-lo.

Se Jesus estiver lhe chamando a fazer algo que pode parecer tão impossível quanto andar sobre as águas, tenha coragem. Aquele que a chama, estará presente com você. *Lisa*

Arquive-as e prossiga

PROVÉRBIOS 15:30-33

Quem dá ouvidos à crítica construtiva
se sente à vontade entre os sábios.
—Provérbios 15:31

Lembro-me de um sábio conselho que um amigo locutor de rádio me deu certa vez. No início da carreira e lutando para aprender a lidar com as críticas e os elogios, ele sentiu que Deus o encorajava a arquivar essas duas coisas. Aprenda o possível com as críticas e aceite os elogios. Depois arquive ambos e prossiga humildemente na graça e no poder de Deus.

As críticas e os elogios despertam em nós intensas emoções que, se deixadas sem controle, podem gerar a autoaversão ou o ego inflado. Na Bíblia lemos sobre os benefícios do encorajamento e do conselho sábio: "boas notícias dão vigor ao corpo. Quem dá ouvidos à crítica construtiva se sente à vontade entre os sábios. Quem rejeita a disciplina prejudica a si mesmo, mas quem dá ouvidos à repreensão adquire entendimento" (Provérbios 15:30-32).

Quando repreendidas, que possamos optar por sermos moldadas pela repreensão. "Quem dá ouvidos à crítica construtiva se sente à vontade entre os sábios" (v.31). E, se formos abençoadas com elogios, que nos sintamos renovadas e cheias de gratidão. À medida que andamos humildemente com Deus, Ele pode nos ajudar a aprender com as críticas e com os elogios, a guardá-los e a seguir adiante com o Senhor (v.33).

Ruth

31 DE JANEIRO

Tudo o que posso ver

JOÃO 3:25-30

Ele deve se tornar cada vez maior,
e eu, cada vez menor.
—João 3:30

Era um dia de inverno congelante, e Krista estava olhando para o lindo farol envolto pela neve junto ao lago. Quando ela posicionou o celular para tirar fotos, seus óculos ficaram embaçados. Ela não podia enxergar nada na tela, então apontou a câmera em direção ao farol e tirou três fotos. Vendo as imagens depois, percebeu que a câmera estava regulada para tirar *selfies*. Ela ria ao falar: "Meu foco estava só em mim, em mim, em mim. Tudo o que eu vi foi eu mesma". Isso me fez pensar num erro semelhante: podemos nos focar tanto em nós mesmas a ponto de perder de vista o plano de Deus.

João Batista, o primo de Jesus, sabia claramente que o seu foco não era ele mesmo. Desde o início, ele reconheceu que o seu chamado era conduzir as pessoas a Jesus. Ao ver Jesus caminhando em sua direção, ele declarou: "Vejam! É o Cordeiro de Deus…" (João 1:29). Mais tarde, ele declarou: "Eu não sou o Cristo. Estou aqui apenas para preparar o caminho para ele […]. Ele deve se tornar cada vez maior, e eu, cada vez menor" (3:28,30).

Que o foco central da nossa vida seja amar a Jesus de todo o nosso coração. *Anne*

Seu maravilhoso olhar

1 CRÔNICAS 16:8-27

Busquem o S<small>ENHOR</small> e sua força,
busquem sua presença todo o tempo.
—1 Crônicas 16:11

Quando o meu filho tinha 4 anos, ele era muito questionador e falava constantemente. Claro que eu gostava muito de conversar com ele, mas ele desenvolveu o hábito impróprio de falar comigo mesmo quando estava de costas para mim. Tantas vezes eu lhe disse: "Não posso te ouvir, por favor olhe para mim quando estiver falando".

Às vezes, penso que Deus quer dizer a mesma coisa para nós, não porque Ele não pode nos ouvir, mas talvez porque tendemos a falar com o Senhor, sem realmente "olhar" para Ele. Oramos, mas permanecemos presos ao nosso interior, esquecendo-nos da pessoa a quem estamos orando. Tal como o meu filho, fazemos perguntas sem prestar atenção à pessoa com quem estamos falando.

Muitas das nossas preocupações serão resolvidas se nos lembrarmos de quem Deus é e do que Ele tem feito. Encontramos conforto por Ele ser amoroso, perdoador, soberano e cheio de misericórdia.

O salmista afirma que devemos buscar a face de Deus continuamente (Salmo 105:4). Davi também encorajou os líderes de louvor a exaltarem o caráter de Deus e a compartilharem histórias de Sua fidelidade no passado (1 Crônicas 16:8-27).

Quando voltamos os nossos olhos para a bela face de Deus encontramos força e conforto. *Amy Peterson*

2 DE FEVEREIRO

Sirva fielmente

DANIEL 6:10-22

O Deus a quem você serve tão fielmente
pôde livrá-lo dos leões?
—Daniel 6:20

Quando o psicólogo educacional, Benjamin Bloom, pesquisou sobre como desenvolver jovens talentosos, examinou a infância de 120 pessoas que se destacaram como atletas, artistas, acadêmicos, e concluiu que todos eles tinham algo em comum: a prática intensa por longos períodos.

A pesquisa sugere que desenvolver qualquer área de nossa vida demanda disciplina. Na caminhada com Deus, também, cultivar a disciplina espiritual de investir tempo com Ele regularmente é uma forma de aumentarmos a nossa confiança no Senhor.

Daniel é um bom exemplo de alguém que priorizou a disciplina em sua caminhada com Deus. Desde jovem, começou a tomar decisões cuidadosas e sábias (Daniel 1:8). Ele tinha o compromisso de orar regularmente, e "dava graças" (6:10). Sua busca frequente por Deus facilitou o reconhecimento de sua fé pelos que estavam ao seu redor (vv.16,20).

Apresentemo-nos diariamente perante Deus, confiando que o nosso tempo com Ele resultará em amor contínuo e crescente, conhecimento e entendimento de nosso Salvador.

Keila

3 DE FEVEREIRO

Jesus ama Maysel

1 JOÃO 4:7-16

*É nisto que consiste o amor:
não em que tenhamos amado a Deus,
mas em que ele nos amou...*
—1 João 4:10

Quando minha irmã Maysel era pequena, ela cantava uma canção bem conhecida à sua maneira: "Cristo tem amor por Maysel, pois a Bíblia assim me diz". Isso me irritava ao extremo! Como uma de suas irmãs mais velhas e "mais sábias", eu sabia que as palavras eram "por mim", e não "por Maysel". No entanto, ela insistia em cantar à sua maneira.

Hoje, eu acho que minha irmã estava certíssima. A Bíblia de fato diz a minha irmã Maysel, e a todos nós, que Jesus nos ama. Veja, por exemplo, os escritos do apóstolo João: "O discípulo a quem Jesus amava" (João 21:7,20). João nos fala sobre o amor de Deus em um dos versículos mais conhecidos da Bíblia: "Porque Deus amou tanto o mundo que deu seu Filho único, para que todo o que nele crer não pereça, mas tenha a vida eterna" (João 3:16).

João reforça essa mensagem de amor: "É nisto que consiste o amor: não em que tenhamos amado a Deus, mas em que ele nos amou e enviou seu Filho como sacrifício para o perdão de nossos pecados" (1 João 4:10). Nós também podemos ter esta certeza: Jesus nos ama e a Bíblia assim nos diz.

Alyson

Luz do mundo

APOCALIPSE 3:14-22

*Estou à porta e bato. Se você ouvir minha voz
e abrir a porta, entrarei…*
—Apocalipse 3:20

Uma das minhas obras de arte prediletas está na capela de uma universidade inglesa. A pintura *A Luz do Mundo*, do artista inglês William Holman Hunt, mostra Jesus segurando uma lanterna e batendo à porta de uma casa. Algo intrigante na pintura é a porta não ter maçaneta. Quando questionado sobre a falta dela para abrir a porta, Hunt explicou que queria representar a imagem descrita em Apocalipse 3:20: "Estou à porta e bato. Se você ouvir minha voz e abrir a porta, entrarei…".

As palavras do apóstolo João e a pintura ilustram a bondade de Jesus. Ele bate gentilmente à porta de nossa alma com a Sua oferta de paz. Jesus espera pacientemente que atendamos o Seu toque. Ele não nos impõe a Sua vontade. Em vez disso, Ele oferece a todos o presente da salvação e a Sua luz para os guiar.

Se você ouvir a voz de Jesus e Seu suave bater à porta de sua alma, encoraje-se, saiba que Ele espera pacientemente e entrará se você o convidar para entrar em seu coração.

Lisa

5 DE FEVEREIRO

Não é esse

1 CRÔNICAS 17:1-4,16-25

*Que o teu nome seja estabelecido e
honrado para sempre, [...] O S<small>ENHOR</small> dos Exércitos,
o Deus de Israel, é Deus para Israel...*
—1 Crônicas 17:24

Davi tinha elaborado os planos. Ele projetou o mobiliário, recolheu os materiais e fez todos os arranjos (1 Crônicas 28:11-19). Contudo, o primeiro templo construído em Jerusalém é conhecido como o Templo de Salomão, não de Davi.

Pois Deus tinha dito: "Não será você que construirá..." (v.4). Deus tinha escolhido Salomão, o filho de Davi, para a construir o Templo. A resposta de Davi para esta negação foi exemplar. Ele se concentrou naquilo que Deus faria, em vez de naquilo que ele próprio não poderia fazer (vv.16-25). Davi fez tudo o que podia e reuniu homens habilidosos para ajudar Salomão.

O comentarista bíblico, J. G. McConville, escreveu: "Muitas vezes, podemos ter que aceitar que o trabalho que gostaríamos muito de realizar em termos de serviço cristão, não é aquele para o qual estamos mais bem equipados. Pode ser, como o de Davi, um trabalho preparatório, que leva a algo obviamente maior".

Davi procurou a glória de Deus, não a sua própria. Que nós, da mesma forma, aceitemos as tarefas que Deus nos confiou e o sirvamos com o coração agradecido! Nosso amoroso Deus está fazendo algo "obviamente maior". *Poh Fang*

6 DE FEVEREIRO

Sacrifício vivo

ROMANOS 12:1-8

…suplico-lhes que entreguem seu corpo a Deus […]
Que seja um sacrifício vivo e santo…
—Romanos 12:1

Minha tia-avó tinha um trabalho estimulante na área de publicidade e viajava bastante a negócios. Mas ela optou por desistir da sua carreira por amor aos pais que viviam em outro estado e precisavam de seus cuidados. Os irmãos dela haviam morrido em circunstâncias trágicas quando eram jovens, e ela era a única filha viva. Para minha tia-avó, servir os próprios pais era uma expressão de sua fé.

A carta do apóstolo Paulo à igreja de Roma aconselhava os cristãos a serem um "sacrifício vivo e santo, do tipo que Deus considera agradável" (v.1). Ele esperava que eles estendessem o amor sacrificial de Cristo uns aos outros. E pediu para que eles não se considerassem melhores do que realmente eram (v.3). Paulo desejava que eles mostrassem amor sacrificial uns aos outros.

Temos a oportunidade de servir aos outros todos os dias. Por exemplo, podemos deixar alguém passar à nossa frente numa fila ou, como minha tia-avó, cuidar de alguém enfermo. Talvez possamos compartilhar a nossa experiência ao aconselhar e orientar alguém. Nós honramos a Deus ao nos oferecermos como sacrifício vivo e santo a Ele. *Amy B. Pye*

7 DE FEVEREIRO

Vaidade em chamas

MATEUS 5:21-30

Cria em mim, ó Deus, um coração puro...
—Salmo 51:10

Em fevereiro de 1497, o monge Girolama Savonarola iniciou um incêndio. Ele e seus seguidores passaram vários meses coletando itens que pudessem induzir as pessoas a pecar ou negligenciar seus deveres religiosos, incluindo obras de arte, cosméticos, instrumentos e vestimentas. No dia marcado, milhares de itens "de vaidade" foram reunidos e incendiados numa praça pública em Florença, Itália. Esse evento é conhecido como a *Fogueira das Vaidades*.

Savonarola pode ter encontrado inspiração para suas ações extremas nas declarações do Sermão do Monte. "Se o olho direito o leva a pecar, arranque-o e jogue-o fora [...]. E, se a mão direita o leva a pecar, corte-a e jogue-a fora" (Mateus 5:29,30). Todo o sermão ensina a ir mais profundo do que a superfície, a centrar-se no estado de nosso coração em vez de culparmos o nosso comportamento por distrações e tentações exteriores.

A *Fogueira das Vaidades* foi um grande espetáculo de destruição de pertences e obras de arte, mas é improvável que o coração dos envolvidos tenha sido transformado. Por isso o salmista orou: "Cria em mim, ó Deus, um coração puro..." (Salmo 51:10). É a pureza do nosso coração que importa.

Remi

Doar sem temor

MALAQUIAS 3:8-12

*Tragam todos os seus dízimos
aos depósitos do templo…*
—Malaquias 3:10

Quando o meu filho tinha 6 anos, ele decidiu que queria doar alguns dos seus brinquedos para um garoto que nos visitava. Eu me encantei com a generosidade dele, até ele oferecer um bicho de pelúcia que o meu marido tinha procurado muito para poder lhe presentear. Quando a mãe do menino tentou declinar, meu filho o colocou nas mãos da criança e disse: "Meu pai me dá muitos brinquedos para compartilhar".

Apesar de eu querer afirmar que ele tinha aprendido ser generoso assim comigo, com frequência nego os meus recursos a Deus e aos outros. Mas quando me lembro de que o meu Pai celestial me concede tudo o que tenho e preciso, torna-se mais fácil compartilhar.

No Antigo Testamento, Deus ordenou aos israelitas que confiassem nele entregando-lhe uma porção de tudo que Ele lhes havia suprido aos sacerdotes levitas, que, por sua vez, ajudariam os outros. Quando o povo recusou, Malaquias lhes disse que estavam roubando do Senhor (vv.8,9).

A doação pode ser um ato de adoração. Doar voluntariamente e sem medo pode demonstrar a nossa confiança no cuidado de nosso amoroso Pai, o supremo e generoso Doador.

Xochitl

9 DE FEVEREIRO

Afastados

ISAÍAS 44:6-23

Afastei seus pecados para longe como uma nuvem; dispersei suas maldades como a névoa da manhã.
—Isaías 44:22

Quando o engenheiro Edward Nairne descobriu, em 1770, que um pedaço de borracha de látex era uma substância que apagava, ele estava na verdade tentando alcançar um pedaço do pão sobre a mesa. Naquela época, as pessoas apagavam as marcas em papel com o pão. Ao pegar um pedaço de borracha de látex por engano, ele apagou as marcas no papel e eliminou manualmente o restinho da borracha que permaneceu no papel.

Nossos pecados, nossos piores erros também podem ser apagados. É o Senhor — o Pão da Vida — que os limpa com a sua própria vida, prometendo nunca se lembrar deles: "Eu, somente eu, por minha própria causa, apagarei seus pecados e nunca mais voltarei a pensar neles" (Isaías 43:25).

Isso pode parecer ser uma restauração extraordinária — e não merecida. Para muitos, é difícil acreditar que os nossos pecados do passado possam ser "afastados [por Deus] para longe, como uma nuvem". Será que Deus, que conhece todas as coisas, pode esquecê-los tão facilmente?

É exatamente o que Deus faz quando aceitamos Jesus como nosso Salvador. Ele decide perdoar os nossos pecados e nunca mais voltar a pensar neles (Jeremias 31:34), nosso Pai celestial nos liberta para prosseguirmos.

Sim, as consequências podem permanecer. Mas Deus afasta o pecado convidando-nos para voltarmos a Ele e para a nova vida purificada. Não existe forma melhor de ser purificada.

Patrícia

10 DE FEVEREIRO

Posturas do coração

2 CRÔNICAS 6:7-9,12-15

[Salomão] ajoelhou-se diante de toda a comunidade de Israel. Levantou as mãos para o céu e orou...
—2 Crônicas 6:13,14

Quando o meu marido toca a harmônica para a nossa equipe de louvor da igreja, algumas vezes ele fecha os olhos ao tocar. Ele diz que isso o ajuda a concentrar-se e bloquear as distrações para fazer o seu melhor — apenas sua harmônica, a música e ele — todos louvando a Deus.

Algumas pessoas se perguntam se nossos olhos devem estar fechados quando oramos. Como podemos orar a qualquer momento e em qualquer lugar, pode ser difícil fechar sempre os olhos — especialmente se estivermos dando uma caminhada, retirando ervas daninhas ou dirigindo um veículo!

A Bíblia não menciona regras específicas sobre como nos posicionarmos fisicamente quando falamos com Deus, mas nos traz alguns exemplos. Quando o rei Salomão orou para dedicar o Templo que tinha construído, ajoelhou-se e "estendeu as mãos para o céu" (vv.13,14). Ajoelhar-se (Efésios 3:14), permanecer em pé (Lucas 18:10-13), e mesmo curvar-se "com o rosto no chão" (Mateus 26:39) são posições mencionadas na Bíblia.

O mais importante ao orarmos não é a postura do corpo, mas a atitude do nosso coração (Provérbios 4:23). Quando orarmos, que o nosso coração esteja sempre curvado em adoração, gratidão e humildade ao nosso Deus amoroso. — *Cindy*

11 DE FEVEREIRO

Todos os dias

PROVÉRBIOS 15:13-15

*O coração contente alegra o rosto,
mas o coração triste abate o espírito.*
—Provérbios 15:13

Empilhei as compras no meu carro e saí com cuidado do meu lugar no estacionamento. De repente, sem perceber minha movimentação, um homem atravessou na frente do meu veículo. Pisei forte nos freios, evitando um acidente. Assustado, ele buscou o meu olhar e viu meu espanto. Eu sabia que tinha uma escolha: responder com os olhos a minha indignação ou oferecer-lhe um sorridente perdão. Eu sorri.

Seu rosto relaxou e ele sorriu de volta demonstrando sua gratidão.

"O coração contente alegra o rosto, mas o coração triste abate o espírito" (Provérbios 15:13). O escritor sugere que tenhamos sorrisos alegres diante de cada interrupção, desapontamento e inconveniência que a vida traz? Certamente não! Há momentos de luto genuíno, sentimos desespero e até ira contra a injustiça. Mas em nossos momentos cotidianos, um sorriso pode trazer alívio, esperança e a graça necessária para continuarmos.

Um "coração contente" está em paz, satisfeito e disposto ao melhor de Deus. Com esse coração, feliz de dentro para fora, podemos responder às circunstâncias imprevistas com um sorriso genuíno, convidando outros a conhecerem a esperança e a paz que eles também podem experimentar com Deus.

Elisa

12 DE FEVEREIRO

Entregue a Deus

2 REIS 19:9-19

*Depois que Ezequias recebeu a carta
dos mensageiros e a leu, subiu ao templo do Senhor
e a estendeu diante do Senhor.*
—2 Reis 19:14

Na adolescência, sentia-me sobrecarregada pelos enormes desafios ou decisões de alto risco. Felizmente, minha mãe me ensinou as vantagens de escrevê-los para entender quais as perspectivas disponíveis. Ela me ensinou a listar os fatos básicos, as ações possíveis e os prováveis resultados. Desse modo, eu podia afastar-me do problema e vê-lo mais objetivamente.

Da mesma maneira, derramar o nosso coração a Deus em oração nos ajuda a ganhar a Sua perspectiva e nos relembra sobre o Seu poder. O rei Ezequias fez exatamente isso ao receber uma carta assustadora de um adversário sinistro. Os assírios ameaçavam destruir Jerusalém como tinham feito a outras nações. O rei estendeu essa carta perante o Senhor, orando e pedindo que livrasse o povo a fim de que o mundo o reconhecesse: "…somente tu, Senhor, és Deus!" (2 Reis 19:19).

Quando enfrentamos situações que geram ansiedade, medo ou a percepção de que é mais do que podemos suportar, sigamos os passos de Ezequias e corramos ao Senhor. Nós também podemos colocar o nosso problema diante de Deus e confiar que Ele guiará os nossos passos e acalmará o nosso inquieto coração.

Kirsten

Aprender a conhecer Deus

JOÃO 6:16-21

...mas ele [Jesus] lhes disse:
"Sou eu! Não tenham medo".
—João 6:20

Até onde me lembro, sempre quis ser mãe. Sonhava em casar, ficar grávida e segurar o meu bebê pela primeira vez. Quando casei, meu marido e eu nunca pensamos em esperar para aumentar a família. Mas, a cada teste de gravidez negativo, percebíamos que estávamos lidando com a infertilidade. Foram meses de consultas, exames e lágrimas. A infertilidade era amarga e me fez questionar sobre a bondade e a fidelidade de Deus.

Quando reflito sobre a nossa jornada também penso na história dos discípulos surpreendidos pela tempestade no mar. Enquanto eles lutavam na escuridão contra as fortes ondas, Jesus inesperadamente veio até eles e andando sobre as águas revoltas os acalmou com a Sua presença, dizendo: "Sou eu! Não tenham medo" (v.20).

Meu marido e eu não tínhamos ideia do que viria em nossa tempestade, mas encontramos conforto ao aprendermos a conhecer mais profundamente a Deus como Aquele que é sempre fiel e verdadeiro. Embora não tenhamos o filho com o qual sonháramos, nós aprendemos que em todas as nossas lutas podemos experimentar o poder da serena presença de Deus. Ele está presente e está agindo poderosamente em nossa vida.

Karen

O amor não para

LUCAS 15:1-7

*Alegrem-se comigo, pois encontrei
minha ovelha perdida!*
—Lucas 15:6

Depois de completar 19 anos (antes da era do celular), eu me mudei para um lugar a mais de 1.100 quilômetros de distância de minha mãe. Certa manhã ao sair cedo para alguns compromissos, esqueci-me de nossa ligação programada. Mais tarde naquela noite, dois policiais chegaram à minha porta. Mamãe estava preocupada, pois eu nunca tinha perdido nenhuma de nossas conversas. Depois de ligar várias vezes e receber um sinal de ocupado, ela procurou as autoridades. Um dos policiais disse: "É uma bênção saber que o amor nunca deixará de ir ao seu alcance".

Mais tarde, percebi que havia deixado o telefone acidentalmente fora de sua base. Depois que liguei para mamãe para me desculpar, ela disse que precisava espalhar as boas-novas para todos de que eu estava bem. Em minha opinião, ela exagerou um pouco apesar de ter sido bom ser tão amada assim.

As Escrituras descrevem a bela figura de Deus, que é o Amor, chamando incansavelmente os Seus filhos errantes. Como um bom pastor, o Senhor procura cada uma das ovelhas perdidas, reafirmando o valor inestimável de cada amado filho e filha de Deus (Lucas 15:1-7).

O amor nunca deixa de nos alcançar. E podemos orar por outras pessoas que precisam conhecer esse Amor. Deus nunca desiste de buscá-las também.

Xochitl

15 DE FEVEREIRO

Perdendo para encontrar

MATEUS 10:37-42

…mas quem abrir mão de sua vida
por minha causa a encontrará.
—Mateus 10:39

Quando me casei com meu noivo inglês e me mudei para Londres, Inglaterra, pensei que isso se resumiria a uma aventura de 5 anos em uma terra estrangeira. Nunca sonhei que ainda estaria vivendo aqui quase 20 anos depois ou que, às vezes, sentiria que estava perdendo minhas antigas raízes. Entretanto, ao perder meu antigo estilo de vida, encontrei um melhor.

Jesus prometeu aos Seus apóstolos dar-lhes o dom do contraditório. Quando Ele enviou os doze discípulos para compartilharem as Suas boas-novas, pediu-lhes que o amassem mais do que às suas famílias (Mateus 10:37) e isso numa cultura em que as famílias eram a pedra angular da sociedade. Mas Ele prometeu que, se eles se dispusessem a "abrir mão de sua vida" por causa dele, então a encontrariam (v.39).

Não temos de nos mudar para o exterior para nos encontrarmos em Cristo. Por meio de serviço e comprometimento, como ocorreu com os discípulos que saíram para compartilhar as boas-novas, encontramo-nos recebendo mais do que damos. É claro que Ele nos ama independentemente do quanto o servimos, porém encontramos contentamento e plenitude quando nos dedicamos a servir os outros.

Amy B. Pye

Dando o primeiro passo

2 CORÍNTIOS 5:11-21

...Pois, em Cristo, Deus estava reconciliando consigo o mundo [...] E ele nos deu esta mensagem maravilhosa de reconciliação. —2 Coríntios 5:19

Tham Dashu sentiu que algo estava faltando. Então ele começou a ir à igreja, a mesma igreja que sua filha frequentava, mas nunca foram juntos. Em dias anteriores, ele a tinha ofendido, o que levou a um desgaste no relacionamento entre ambos. Assim, o pai entrava sorrateiramente enquanto todos cantavam e saía imediatamente após o culto terminar.

Os membros da igreja compartilharam a história do evangelho com ele, mas Dashu sempre rejeitou educadamente o convite que lhe faziam para confiar em Jesus. Ainda assim, ele continuava indo à igreja.

Um dia Dashu adoeceu gravemente. Sua filha criou coragem e escreveu-lhe uma carta buscando reconciliar-se com o seu pai. Após a leitura, Dashu colocou sua fé em Jesus e a família se reconciliou. Poucos dias depois, Dashu morreu e entrou na presença de Jesus — em paz com Deus e com os seus entes queridos.

O apóstolo Paulo escreveu que devemos procurar "persuadir outros" a respeito da veracidade do perdão e do amor de Deus (2 Coríntios 5:11). Ele disse que "...o amor de Cristo nos impulsiona" a realizar Sua obra de reconciliação (v.14).

Nossa disposição em perdoar pode ajudar outros a perceberem que Deus deseja reconciliar-nos a Ele (v.19). Você confia na força de Deus para mostrar a alguém o Seu amor hoje?

Poh Fang

17 DE FEVEREIRO

Boas-novas para contar

ATOS 8:26-35

*Então Filipe, começando com essa mesma
passagem das Escrituras, anunciou-lhes
as boas-novas a respeito de Jesus.*
—Atos 8:35

"Qual é o seu nome?", perguntou Arman, um aluno iraniano. Após lhe dizer que me chamava Estera, o rosto dele se iluminou: "Temos um nome parecido em farsi: Setare!". Essa pequena conexão abriu portas para uma conversa incrível. Contei-lhe que o meu nome era o mesmo da personagem bíblica, "Ester", uma rainha judia na Pérsia (atual Irã). Começando por sua história, anunciei-lhe as boas-novas a respeito de Jesus. Como resultado disso tudo, ele começou a frequentar um grupo de estudo bíblico para aprender mais sobre Cristo.

Filipe era um dos seguidores de Jesus e, guiado pelo Espírito Santo, fez uma pergunta que deflagrou uma conversa com um oficial etíope que viajava em sua carruagem: "O senhor compreende o que lê?" (Atos 8:30). O etíope lia uma passagem do livro de Isaías em busca de discernimento espiritual. Percebendo a grande oportunidade, e "começando com essa mesma passagem das Escrituras, anunciou-lhes as boas-novas a respeito de Jesus" (v.35).

Como Filipe, nós também temos boas-novas para contar. Aproveitemos as ocasiões diárias que encontramos. Que permitamos que o Espírito Santo guie os nossos passos e nos dê as palavras para compartilhar a respeito de Jesus. *Estera*

Obras inacabadas

ROMANOS 7:14-25

Como sou miserável! Quem me libertará deste corpo mortal dominado pelo pecado? Graças a Deus, a resposta está em Jesus Cristo, nosso Senhor...
—Romanos 7:24,25

Ao morrer, o grande artista Michelangelo deixou muitas obras inacabadas, mas quatro de suas esculturas "non finito" não foram feitas para serem concluídas. Com as esculturas: *O Escravo Barbudo*, o *Escravo do Atlas*, o *Escravo do Despertar* e o *Jovem Escravo*, Michelangelo pretendia demonstrar como seria para o homem se sentir sempre escravizado.

Em vez de esculpir figuras presas em correntes, Michelangelo as fez presas no mármore no qual estão esculpidas. Os corpos emergem da pedra, mas não completamente. Os músculos flexionam, mas essas representações jamais se libertam.

A luta dos prisioneiros na escultura não é diferente da minha luta contra o pecado. Sou incapaz de me libertar. Como essas esculturas, também estou presa, "...há outra lei dentro de mim que está em guerra com minha mente e me torna escravo do pecado que permanece dentro de mim" (Romanos 7:23). Não importa o quanto eu tente, não posso mudar-me a mim mesma. Mas graças a Deus, você e eu não permaneceremos como obras inacabadas.

Não estaremos completas até chegarmos ao Céu, entretanto, enquanto acolhemos a obra transformadora do Espírito Santo, Ele nos transforma. Deus promete completar a "boa obra" que iniciou em nós (Filipenses 1:6). *Amy Peterson*

19 DE FEVEREIRO

Não vamos quebrar

MATEUS 6:25-34

Qual de vocês, por mais preocupado que esteja,
pode acrescentar ao menos uma hora à sua vida?
—Mateus 6:27

Tendo nascido em um lugar quente e ensolarado, eu fujo do frio. No entanto, gosto muitos das belas fotos com a neve. Então sorri quando a minha amiga compartilhou a foto de uma pequena árvore vista de sua janela durante o inverno. A admiração se transformou em tristeza quando percebi os galhos da árvore, sem folhas, curvados pelo peso do gelo acumulado.

Quanto tempo aqueles galhos suportariam antes de sucumbirem? O peso que ameaçava partir os galhos da árvore me fez lembrar dos meus ombros, curvados sob o peso das preocupações.

Jesus nos encoraja a nos libertarmos de nossa ansiedade. O Criador e Sustentador do Universo ama e provê para os Seus filhos, assim não precisamos nos preocupar. Deus conhece as nossas necessidades e cuidará de nós (Mateus 6:19-32).

O Senhor também sabe que seremos tentados a sucumbir à preocupação. Por isso, diz-nos para irmos primeiro a Ele, confiarmos em Sua presença e provisão no presente, e vivermos pela fé, um dia de cada vez (vv.33,34).

Enfrentamos problemas e incertezas que podem sobrecarregar os nossos ombros. Nós podemos nos curvar temporariamente sob o peso da preocupação, contudo, se confiarmos em Deus, não desmoronaremos.

Xochitl

O dom da hospitalidade

HEBREUS 13:1,2

Não se esqueçam de demonstrar hospitalidade, porque alguns, sem o saber, hospedaram anjos.
—Hebreus 13:2

O jantar que oferecemos às cinco famílias de nações diferentes continua a trazer lembranças maravilhosas. De alguma forma, a conversa não ficou restrita a cada casal, e todos nós conversamos sobre a vida em Londres, Inglaterra, sob pontos de vista de partes diferentes do mundo. Meu marido e eu concluímos que tínhamos recebido mais do que tínhamos oferecido, inclusive o calor humano que compartilhamos sendo fortalecidos com novas amizades e conhecimento de culturas diferentes.

O autor da carta aos Hebreus conclui os seus pensamentos com algumas exortações para a vida comunitária, relembrando aos seus leitores que deveriam continuar a receber bem os estrangeiros. Pois fazendo isso: "alguns, sem o saber, hospedaram anjos" (13:2). Ele podia estar se referindo a Abraão e Sara, que acolheram três desconhecidos com generosidade que foram recebidos em um banquete, como era o costume daqueles dias (Gênesis 18:1-12). Eles não sabiam que estavam acolhendo anjos que lhes traziam uma mensagem de bênção.

Nós não convidamos as pessoas às nossas casas com o intuito de tirar vantagens disso, mas, com frequência, recebemos mais do que damos. Que o Senhor espalhe o Seu amor através de nós à medida que alcançamos outros com Sua acolhida.

Amy B. Pye

21 DE FEVEREIRO

Compreendendo as tribulações

JÓ 12:13-25

Em Deus, porém, estão a sabedoria e o poder;
a ele pertencem o conselho e o entendimento.

—Jó 12:13

O amigo do meu pai recebeu o temido diagnóstico: câncer. Mas, durante o processo de quimioterapia, ele aceitou Jesus como seu Salvador, e sua doença por fim entrou em remissão. Ele esteve livre do câncer por 18 maravilhosos meses, mas este retornou, pior do que antes. Ele e a esposa enfrentaram esse momento com preocupação, mas também com a recém-descoberta confiança em Deus.

Nem sempre entenderemos os motivos pelos quais passamos por provações. Certamente, esse foi o caso de Jó, que enfrentou terríveis perdas e sofrimentos. Porém, apesar de seus muitos questionamentos, lemos no capítulo 12 que Jó declara que Deus é poderoso: "Ninguém pode reconstruir o que ele derruba" (v.14), "a ele pertencem a força e a sabedoria" (v.16). "Exalta nações e as destrói" (v.23). Em todo o seu sofrimento, Jó não menciona os motivos de Deus nem o motivo de Ele permitir a dor. Jó não tem as respostas. Mas, apesar de tudo, ele afirma com confiança: "Em Deus, porém, estão a sabedoria e o poder; a ele pertencem o conselho e o entendimento" (v.13).

Talvez, não entendamos por que Deus permite certas lutas em nossa vida, mas podemos colocar a nossa confiança nele. O Senhor nos ama e nos segura em Suas mãos.

Julie Schwab

22 DE FEVEREIRO

Não recebeu o crédito?

COLOSSENSES 4:7-18

Da mesma forma, suas boas obras devem brilhar, para que todos as vejam e louvem seu Pai, que está no céu.
—Mateus 5:16

Os musicais de Hollywood eram populares nas décadas de 1950 e 1960, e as atrizes encantavam os telespectadores com suas irresistíveis performances. Grande parte desse apelo era o canto de tirar o fôlego que abrilhantavam suas atuações. Na verdade, a cantora, que dublou as vozes de cada uma das principais atrizes, daquela época, e cuja contribuição por longo tempo foi ignorada se chamava Marni Nixon.

No Corpo de Cristo, muitas pessoas apoiam fielmente outros que têm um papel mais público. O apóstolo Paulo dependia exatamente de tais pessoas em seu ministério. As orações de bastidores feitas por Epafras eram alicerces essenciais para Paulo e para a Igreja Primitiva (Colossenses 4:12,13). Lídia abriu generosamente a sua casa quando o apóstolo cansado precisava de restauração (Atos 16:15). A obra de Paulo dependia do apoio desses servos em Cristo (Colossenses 4:7-18).

O nosso papel nem sempre é visível, porém ao trabalharmos "para o Senhor com entusiasmo" (1 Coríntios 15:58), encontraremos valor e significado em nosso serviço, à medida que este traz glória e louvor a Deus e atrai outros ao Senhor (Mateus 5:16).

Cindy

Fé, esperança e amor

1 TESSALONICENSES 1:1-3

Sempre damos graças a Deus por todos vocês...
—1 Tessalonicenses 1:2

Durante 10 anos a minha tia Kathy cuidou de seu pai, meu avô, em casa. Ela cozinhou e limpou para ele quando vovô ainda era independente, e, depois, assumiu o papel de enfermeira quando a saúde dele piorou.

Seu trabalho exemplifica o tipo de esforço pelo qual Paulo elogiou os tessalonicenses: "...seu trabalho fiel, seus atos em amor e sua firme esperança em nosso Senhor Jesus Cristo" (1 Tessalonicenses 1:3).

Minha tia serviu com fé e amor e o seu cuidado consistente e diário demonstrou a sua confiança de que Deus a chamou para essa importante tarefa. O serviço que ela prestou surgiu do seu amor por Deus e por seu pai.

Ela também suportou com esperança, pois foi difícil ver meu avô desvanecer. Minha tia abriu mão de passar tempo com a família e os amigos para cuidar dele. Ela pôde suportar porque tinha esperança de que Deus a fortaleceria a cada dia, junto à certeza de que o Céu esperava por meu avô.

Seja como for que você estiver ajudando aos outros, anime-se ao executar a tarefa que Deus a chamou para fazer. A sua ocupação pode ser um poderoso testemunho de fé, de esperança e de amor.

Lisa

24 DE FEVEREIRO

Palavras sussurradas

EFÉSIOS 4:22-32

*…Que todas as suas palavras sejam boas e úteis,
a fim de dar ânimo àqueles que as ouvirem.*
—Efésios 4:29

Um jovem senhor se mexia inquieto ao sentar-se preparando-se para o voo. Ele olhava intensamente para as janelas do avião. Na sequência, ele fechou os olhos e respirou fundo para tentar se acalmar, mas não deu certo. Uma senhora idosa já sentada e acomodada do outro lado do corredor dele o tocou em seu braço e gentilmente começou a conversar para desviar a atenção daquele jovem. "Qual o seu nome?", "De onde você é?", e sussurrou: "Você está se saindo bem". Ela decidiu ser gentil e falar palavras tranquilizadoras ao companheiro de viagem. São pequenas coisas, mas ao desembarcarem 3 horas depois, ele agradeceu: "Muito obrigado por me ajudar".

A bondade nem sempre vem naturalmente; muitas vezes a nossa principal preocupação é por nós mesmas. Mas quando Paulo insistiu: "sejam bondosos e tenham compaixão uns dos outros…" (Efésios 4:32), ele não estava dizendo que tudo isso depende apenas de nós. Depois que recebemos a nova vida pela fé em Jesus, o Espírito começa a nos transformar. A bondade é uma ação contínua do Espírito que renova em nós os nossos pensamentos e atitudes (Gálatas 5:22,23).

O Deus compassivo está agindo em nosso coração e permite-nos que toquemos a vida de outras pessoas, estendendo a mão e sussurrando palavras de encorajamento.

Anne

25 DE FEVEREIRO

O controle da ira

EFÉSIOS 4:14,26-32

E "não pequem ao permitir que a ira os controle".
Acalmem a ira antes que o sol se ponha.
—Efésios 4:26

Minha amiga me contou sobre como estava chateada com uma pessoa da sua família. Mas relutava em dizer algo a ele sobre o seu hábito de ignorá-la ou zombar dela. Ao tentar confrontá-lo sobre esse problema, ele respondeu com sarcasmo. Ela explodiu de raiva e, ambos persistiram em suas posições e a família se distanciou ainda mais.

Eu posso me identificar porque as vezes também reajo dessa forma. Também tenho dificuldade de confrontar outras pessoas. Se um amigo ou membro da família me disser algo inconveniente, costumo esconder meus sentimentos até que essa pessoa ou alguém venha me dizer ou fazer algo uma segunda vez. Depois de certo tempo, eu simplesmente estouro.

Paulo tem conselhos bem inspirados para nós: "…não pequem ao permitir que a ira os controle. Acalmem a ira antes que o sol se ponha" (Efésios 4:26). Definir um limite de tempo às questões não resolvidas mantém a nossa raiva sob controle. Nesse ínterim, podemos pedir ajuda a Deus para falarmos "a verdade em amor" (Efésios 4:15).

Você tem problemas com alguém? Em vez de guardá-los para si, entregue-os diante de Deus. Ele pode combater o fogo da ira com o poder do Seu perdão e do Seu amor.

Linda

26 DE FEVEREIRO

Fé com sete letras

HABACUQUE 3:17-19

*...mesmo assim me alegrarei no Senhor,
exultarei no Deus de minha salvação!*
—Habacuque 3:18

Com tendência ao pessimismo, tiro rápidas conclusões negativas. Se me frustro com meus esforços num projeto, facilmente me convenço de que nenhum outro projeto meu terá sucesso — mesmo que não haja qualquer relação entre eles — e, tocar confortavelmente meus dedos dos pés, é apenas um deles. E, ai de mim, sou uma péssima mãe que não consegue fazer nada certo. A derrota numa área afeta os meus sentimentos em muitas outras.

Posso imaginar qual tenha sido a reação do profeta Habacuque ao que Deus lhe mostrou. Ele tinha motivos para se desesperar depois de ter visto os problemas que o povo de Deus enfrentaria. Suas palavras me fazem sentir um desespero pessimista, até ele me despertar novamente com uma pequena expressão: "*mesmo assim* me alegrarei no Senhor" (v.18). Apesar das dificuldades que anteviu, Habacuque achou motivo para se alegrar simplesmente por quem Deus é.

Talvez exageremos os nossos problemas, porém Habacuque realmente enfrentou dificuldades extremas. Se ele conseguiu louvar ao Senhor naqueles momentos, talvez também o consigamos. Quando estamos profundamente atoladas em desespero, podemos olhar para Deus e buscar o amparo somente no Senhor.

Kirsten

Realizado por Deus

SALMO 131

*...acalmei e aquietei a alma, como criança desmamada
que não chora mais pelo leite da mãe.*
—Salmo 131:2

Perto do final do almoço com minha irmã e seus filhos, ela disse à minha sobrinha de 3 anos, Anita, que era a hora da soneca. O rostinho dela alarmou-se e ela disse: "Mas a tia Mônica ainda não me segurou no colo!". Minha irmã sorriu e disse: "Ok, ela pode te segurar primeiro. Quanto tempo você precisa?". Anita respondeu: "5 minutos!".

Enquanto eu a segurava, senti-me grata pelo fato de ela me relembrar sempre o que significa amar e ser amado. Às vezes nos esquecemos de que a nossa jornada de fé é para aprendermos a experimentar o amor de Deus mais plenamente do que o compreendemos (Efésios 3:18). Quando nós perdemos esse foco, podemos nos encontrar na mesma situação que o irmão mais velho na parábola de Jesus sobre o filho pródigo, que tentou desesperadamente conquistar a aprovação de Deus enquanto desperdiçava tudo o que Ele já nos concedeu (Lucas 15:25-32).

As palavras do Salmo 131 podem nos ajudar a nos tornarmos "como crianças" (Mateus 18:3) e a deixarmos de lutar sobre o que não compreendemos (Salmo 131:1). Com o tempo que investimos na presença do Senhor, podemos retornar a um lugar de paz (v.2), encontrando esperança (v.3) em Seu amor.

Monica

28 DE FEVEREIRO

Apenas um menino cigano

1 PEDRO 2:4-10

Vocês, porém, são povo escolhido, reino de sacerdotes, nação santa, propriedade exclusiva de Deus.
—1 Pedro 2:9

"É apenas um cigano", alguém sussurrou com desdém quando Rodney Smith foi à frente para receber Cristo como Salvador num culto em 1877. Ninguém deu valor a esse filho de pais sem instrução. Porém, Smith não os ouviu. Certo de que Deus tinha um propósito para a sua vida, comprou uma Bíblia e um dicionário e aprendeu sozinho a ler e escrever. Certa feita, afirmou: "O caminho para Jesus não é o das universidades de Cambridge, Harvard, Yale ou o dos poetas. É um monte antigo chamado Calvário". Mais tarde, ele tornou-se o evangelista que Deus usou para trazer muitos para Jesus.

Pedro também era um homem comum, "sem instrução religiosa formal" (Atos 4:13), pescador da Galileia quando Jesus o chamou com duas simples palavras: "Sigam-me" (Mateus 4:19). Todavia, o mesmo Pedro afirmou mais tarde que aqueles que seguem a Jesus são "povo escolhido, [...] propriedade exclusiva de Deus" (1 Pedro 2:9).

Por meio de Jesus Cristo, todas as pessoas, sejam quais forem as suas origens, podem fazer parte da família de Deus e serem usadas por Ele. Todos os que creem em Jesus tornam-se "propriedade exclusiva" de Deus. *Estera*

29 DE FEVEREIRO

Sim, quero!

LEVÍTICO 19:9-18

...ame o seu próximo como a si mesmo... —Levítico 19:18

Shirley sentou-se em sua confortável cadeira depois de um longo dia. Ela olhou pela janela e notou um casal mais idoso lutando para retirar um pedaço de cerca velha deixada num quintal com uma placa escrita "grátis". Shirley chamou o seu marido e os dois foram ajudá-los. Os quatro colocaram parte da cerca dentro de uma carriola de mão e empurraram pelas ruas da cidade até a casa daquele casal. Eles riam o tempo todo pelo espetáculo que davam. Quando voltaram para pegar a outra parte da cerca, a mulher perguntou a Shirley: "Quer ser minha amiga?". "Sim, quero!", ela respondeu. Mais tarde, Shirley descobriu que sua nova amiga vietnamita falava pouco inglês e sentia-se solitária porque seus filhos, já crescidos, tinham se mudado para longe.

Deus lembrou aos israelitas que eles sabiam como era se sentir estrangeiros (Levítico 19:34) e como deviam tratar aos outros (vv.9-18). Deus os havia separado para serem a Sua própria nação e, em troca, deveriam abençoar os seus "vizinhos" amando-os como a si mesmos. Mais tarde, Jesus, a maior bênção de Deus para as nações, reafirmou as palavras do Pai e as estendeu a todos nós: "Ame o Senhor, seu Deus [...]. Ame o seu próximo como a si mesmo" (Mateus 22:37-39).

Por meio do Espírito de Cristo que vive em nós, podemos amar a Deus e aos outros, pois Ele nos amou primeiro (Gálatas 5:22,23; 1 João 4:19). Podemos responder como Shirley já o fez: "Sim, quero!".

Anne

Amigos improváveis

ISAÍAS 11:1-10

*Naquele dia, o lobo viverá com o cordeiro,
e o leopardo se deitará junto ao cabrito. O bezerro estará
seguro perto do leão, e uma criança os guiará.*
—Isaías 11:6

Meus amigos nas redes sociais costumam postar vídeos legais sobre as amizades improváveis entre os animais, como um que assisti de um cervo e um gato inseparáveis e outro de um orangotango que cria vários filhotes de tigre.

Essas amizades comoventes e incomuns me lembram o jardim do Éden. Nesse cenário, Adão e Eva viveram em harmonia com Deus, um com o outro, e com os animais. Essa cena idílica foi interrompida quando Adão e Eva pecaram (Gênesis 3:21-23). Agora vemos constantes lutas e conflitos nas relações humanas e na criação.

No entanto, o profeta Isaías nos assegura de que um dia: "o lobo viverá com o cordeiro…" (Isaías 11:6). Muitos interpretam esse dia futuro como o dia em que Jesus voltará a reinar. Quando Ele voltar, não haverá mais divisões e "…não haverá mais morte […] nem dor. Todas essas coisas passaram para sempre" (Apocalipse 21:4).

Naquela terra renovada, a criação será restaurada à sua harmonia inicial e pessoas de "todas as nações, tribos, povos e línguas" se unirão para adorar a Deus (7:9-10; 22:1-5).

Até então, Deus pode nos ajudar a restaurar relacionamentos rompidos e a desenvolver amizades novas e improváveis.

Alyson

Transmitindo o legado

SALMO 79:8-13

*Então nós, teu povo, ovelhas do teu pasto,
para sempre te daremos graças e
louvaremos tua grandeza por todas as gerações.*
—Salmo 79:13

Meu celular apitou, indicando o recebimento da mensagem. A minha filha queria a receita da torta de sorvete de menta da minha avó. Enquanto percorria os cartões da minha antiga caixa de receitas, encontrei-a escrita com a letra peculiar de minha avó e as observações feitas por minha mãe. Essa receita faria a sua estreia na quarta geração da minha família.

E pensei sobre *"quais outras heranças de família podem seguir de geração em geração? E quais escolhas com relação à fé? Além dessa torta, será que a fé que a minha avó professava — e a minha — fariam parte da vida de minha filha e de seus descendentes?".*

O salmista lamenta o Israel rebelde, que tinha perdido as âncoras de sua fé. Asafe implora a Deus que resgate o Seu povo da iniquidade e restaure Jerusalém à segurança. Isso feito, ele promete restabelecer o compromisso com os caminhos de Deus: "…para sempre te daremos graças e louvaremos tua grandeza por todas as gerações" (Salmo 79:13).

Compartilhei prontamente a receita com a minha filha e orei pela herança mais duradoura de todas: a influência da fé que nossa família transmite de geração em geração. *Elisa*

3 DE MARÇO

Gostaríamos de ver Jesus

JOÃO 12:20-26

*...procuraram Filipe [...] e lhe disseram:
"Por favor, gostaríamos de ver Jesus.*
—João 12:21

Ao dar uma olhada do púlpito de onde eu conduzia o culto fúnebre, vi uma placa de bronze com as palavras: "Gostaríamos de ver Jesus". E, pensei, como é apropriado refletir sobre a maneira como vimos Jesus na mulher que homenageávamos naquele dia. Apesar de ela ter enfrentado desafios e decepções, ela nunca desistiu de sua fé em Cristo. E, porque o Espírito de Deus habitava nela, podíamos ver Jesus.

Depois de Jesus entrar em Jerusalém (João 12:12-16), alguns gregos abordaram Filipe, dizendo: "...Por favor, gostaríamos de ver Jesus" (v.21). Quando esse pedido foi repassado para Jesus, Ele anunciou que era chegada a Sua hora de ser glorificado (v.23) significando que morreria pelos pecados do povo. Jesus completaria Sua missão de alcançar não apenas os judeus, mas os gentios (os "gregos", v.20). Agora, eles veriam Jesus.

Após a morte de Jesus, Ele enviou o Espírito Santo para habitar em Seus seguidores (14:16,17). Assim, à medida que o amamos e servimos, quem está ao nosso redor pode ver Jesus em nós!

Amy B. Pye

4 DE MARÇO

Procurando o tesouro

PROVÉRBIOS 4:5-19

*Pois a sabedoria dá mais lucro
que a prata e rende mais que o ouro.*
—Provérbios 3:14

Um "tesouro enterrado" parece algo extraído de um livro infantil. Mas o excêntrico milionário Forrest Fenn afirma ter deixado um baú de joias e ouro avaliado em mais de dois milhões de dólares em algum lugar nas Montanhas Rochosas do seu país. Muitas pessoas já saíram à procura desse baú. Na realidade, quatro pessoas já perderam a vida esperando encontrar tais tesouros escondidas.

O autor de Provérbios nos dá motivos para parar e pensar: *Há um tesouro que mereça tal busca?* Certo pai ao escrever aos filhos sobre como viver bem, sugere que a sabedoria merece ser adquirida a qualquer custo (Provérbios 4:7). A sabedoria, segundo ele, nos conduzirá pela vida, impedindo que tropecemos, e nos presenteará com honra (vv.8-12). Escrevendo centenas de anos depois, Tiago também enfatizou a importância da sabedoria: "…a sabedoria que vem do alto é, antes de tudo, pura. Também é pacífica, sempre amável e disposta a ceder a outros. É cheia de misericórdia e é o fruto de boas obras. Não mostra favoritismo e é sempre sincera" (Tiago 3:17). Quando a buscamos, achamos todos os tipos de coisas boas.

Buscar sabedoria é buscar a Deus, a Fonte de toda a sabedoria. Sua sabedoria vale mais do que qualquer tesouro escondido imaginável.

Amy Peterson

Veja o que Jesus fez

LUCAS 8:1-8

*...queríamos que também se destacassem
no generoso ato de contribuir.*
—2 Coríntios 8:7

O menino tinha apenas 8 anos quando disse a Wally, um amigo de seus pais: "Eu amo Jesus e quero servir a Deus em outro país". Pelos dez anos seguintes, mais ou menos, Wally orou por esse garoto. Mais tarde quando esse jovem anunciou as suas intenções de servir a Jesus em Mali, na África Ocidental, Wally lhe disse: "Já era hora! Investi algum dinheiro e o tenho guardado para você, sempre esperei esta emocionante notícia". Wally tinha o coração missionário para compartilhar as boas-novas de Deus.

Quando Jesus e Seus discípulos precisaram de apoio financeiro enquanto viajavam de vila em vila compartilhando as boas-novas (Lucas 8:1-3), um grupo de mulheres que Jesus curou os apoiou "com seus próprios recursos" (v.3) Uma delas era Maria Madalena, que tinha sido libertada dos demônios. Outra fora Joanna, esposa de um funcionário da corte de Herodes. Havia "muitos outros" (v.3) cujas necessidades espirituais Jesus havia suprido. Agora elas estavam ajudando Jesus e Seus discípulos com os seus recursos financeiros.

Quando consideramos o que Jesus fez por nós, a Sua preocupação pelos outros se torna nossa também. Vamos perguntar a Deus como Ele quer nos usar. *Anne*

6 DE MARÇO

Cercadas por Deus

SALMO 125:1-5

*Assim como os montes cercam Jerusalém, o S*ENHOR
se põe ao redor de seu povo, agora e para sempre.
—Salmo 125:2

Num aeroporto lotado, uma jovem mãe se virava sozinha. Seu filhinho fazia birra: gritando, chutando e se recusando a embarcar. Grávida, a jovem mãe sobrecarregada e frustrada desistiu, abaixou-se no chão e cobrindo o rosto começou a chorar.

De repente, seis ou sete mulheres, todas desconhecidas, formaram um círculo ao redor da jovem e da criança, compartilhando salgadinhos, água, abraços carinhosos e até canções de ninar. Esse círculo de amor acalmou a mãe e a criança, que, em seguida, embarcaram. As outras mulheres voltaram aos seus lugares sem precisar falar sobre o que tinham feito, mas sabendo que o apoio que haviam dado tinha fortalecido uma jovem mãe exatamente quando ela mais precisou.

Isso ilustra uma bela verdade do Salmo 125: "Assim como os montes cercam Jerusalém, o SENHOR se põe ao redor de seu povo" (v.2). Deus cerca o Seu povo — sustentando e protegendo a nossa alma "agora e para sempre" (Salmo 121:8). Assim sendo, em dias difíceis, olhe para cima, "para os montes" como fala o salmista (121:1). Deus nos aguarda com forte ajuda, esperança inabalável e amor eterno. *Patrícia*

7 DE MARÇO

Presunto e ovos

2 CRÔNICAS 16:1-9

*Os olhos do S*ENHOR *passam por toda a terra*
para mostrar sua força àqueles
cujo coração é inteiramente dedicado a ele...
—2 Crônicas 16:9

Na fábula "o porco e a galinha", os dois animais discutem sobre a possibilidade de abrir um restaurante juntos. Ao planejarem o menu, a galinha sugere que sirvam presunto e ovos. O porco rapidamente diz: "Não, obrigado. Eu estaria comprometido e você só estaria envolvida".

Embora o porco não se importasse de colocar-se no prato, sua compreensão de compromisso me ensina como seguir melhor a Deus de todo o meu coração.

Para proteger o seu reino, Asa, o rei de Judá, empenhou-se em romper um tratado entre os reis de Israel e Síria. Para isso, enviou tesouros pessoais, com "prata e ouro dos tesouros da Casa do SENHOR" para obter favor com Ben-Hadade, o rei da Síria (2 Crônicas 16:2). Ben-Hadade concordou, e aliaram suas forças repelindo Israel.

Mas Hanani, o profeta de Deus, chamou Asa de tolo por confiar na ajuda humana em vez de em Deus. Hanani afirmou: "Os olhos do SENHOR passam por toda a terra para mostrar sua força àqueles cujo coração é inteiramente dedicado a ele..." (v.9).

Ao enfrentarmos nossas próprias batalhas, lembremo-nos de que Deus é o nosso melhor aliado. O Senhor nos fortalece quando nos dispomos a "servi-lo" com total sinceridade.

Kirsten

8 DE MARÇO

É possível mudar

FILIPENSES 2:1-4

Pois Deus está agindo em vocês, dando-lhes o desejo e o poder de realizarem aquilo que é do agrado dele.
—Filipenses 2:13

Numa tarde de sábado, alguns jovens da minha igreja se reuniram para questionarem-se mutuamente sobre este texto: "Não sejam egoístas, nem tentem impressionar ninguém. Sejam humildes e considerem os outros mais importantes que vocês. Não procurem apenas os próprios interesses, mas preocupem-se também com os interesses alheios" (Filipenses 2:3,4). Seus questionamentos incluíam: "Com que frequência você se interessa pelos outros? Os outros o descreveriam como alguém humilde ou arrogante? Por quê?".

Senti-me encorajada por suas respostas honestas. Eles concordaram que é fácil reconhecer os nossos defeitos, mas como é difícil mudá-los. Um dos adolescentes lamentou: "O egoísmo está no meu sangue".

O desejo de tirar o foco de nós mesmas para servir aos outros só é possível por meio do Espírito de Jesus que habita em nós. Por isso, Paulo lembrou as pessoas de que Deus graciosamente os havia adotado e consolado com o Seu amor e concedera-lhes o Seu Espírito para ajudá-los (vv.1,2). Como eles, e nós, reagiríamos a tal graça com algo inferior a humildade?

Tendo Ele nos concedido "o desejo e o poder de [realizarmos] aquilo que é do agrado dele" (v.13), podemos focar menos em nós mesmas e servir aos outros humildemente.

Poh Fang

9 DE MARÇO

Escondendo nossas mágoas

HEBREUS 4:12,13

*...a palavra de Deus é viva e poderosa [...] trazendo
à luz até os pensamentos e desejos mais íntimos.*
—Hebreus 4:12

Eu tinha sido convidada para dar uma palestra em uma igreja, e meu tema era uma história sincera sobre como apresentamos o nosso abatimento perante Deus e recebemos a cura que Ele deseja conceder. Antes de terminar com uma oração, o pastor levantou-se e falou apaixonadamente aos seus congregantes: "Como seu pastor, tenho o privilégio de vê-los no meio da semana e de ouvir suas histórias de desapontamentos. E nos cultos do fim de semana, sinto a dor de observá-los escondendo as suas mágoas".

Meu coração doía com as mágoas ocultas que Deus veio curar. O escritor de Hebreus descreve a Palavra de Deus como viva e poderosa. Jesus é a Palavra *viva* de Deus, e Ele morreu para nos dar acesso à presença de Deus.

Embora saibamos não ser sábio compartilhar *tudo* com *todo mundo*, também sabemos que Deus deseja que a Sua Igreja seja um lugar onde possamos viver sinceramente como seguidoras de Cristo, abatidas e perdoadas onde podemos levar "os fardos uns dos outros" (Gálatas 6:2).

O que você esconde dos outros, hoje? E como tenta esconder isso de Deus também? Deus nos vê e nos ama. Permitiremos isso a Ele?
— *Elisa*

10 DE MARÇO

Braços abertos

SALMO 139:17-24

Examina-me, ó Deus, e conhece meu coração;
prova-me e vê meus pensamentos.
—Salmo 139:23

O dia em que meu marido e eu começamos a jornada de cuidados com os nossos pais idosos, nós nos sentimos como se estivéssemos caindo do alto de um penhasco. Não sabíamos que ao cuidar deles a tarefa mais difícil que teríamos de enfrentar seria permitir que Deus usasse esse momento especial para, de muitas maneiras, tornarmo-nos semelhantes a Ele.

Nos dias em que senti que mergulhava em queda livre rumo ao mais profundo vale, Deus me mostrou as minhas prioridades, reservas, medos, orgulho e egoísmo. Ele usou minhas partes fragmentadas para mostrar-me o Seu amor e perdão.

Meu pastor disse: "O melhor dia é quando você vê a si mesmo por quem você é, desesperado e sem Cristo. Daí você consegue se ver como Ele o vê — completo nele". Foi esta bênção que recebi ao ser cuidadora de meus pais. Ao ver como Deus havia me criado para ser, clamei como o salmista: "Examina-me, ó Deus, e conhece meu coração…" (v.23).

Na medida em que nos vemos em meio as nossas circunstâncias, corramos para os braços abertos, amorosos e perdoadores de Deus.

Shelly

Deus de todas as nações

ATOS 2:1-12

*Naquela época, judeus devotos de todas
as nações viviam em Jerusalém.*
—Atos 2:5

O ex-vocalista da banda *Newsboys*, Peter Furler, descreve a apresentação da canção "Ele reina". Ela exemplifica os cristãos de todas as tribos e nações unindo-se para adorar a Deus. Furler observou que sempre que a cantavam, ele podia sentir o mover do Espírito Santo.

A descrição de Furler sobre as suas experiências com a canção "Ele Reina" provavelmente ressoariam entre as multidões que convergiram para Jerusalém no Pentecostes. Quando os discípulos estavam cheios do Espírito Santo (Atos 2:4), as coisas começaram a acontecer! Em consequência, os judeus representando todas as nações se reuniram, pois cada um deles ouvia em seu próprio idioma para que as maravilhas de Deus se tornassem conhecidas (vv.5,6,11).

Essa abrangente demonstração do poder de Deus fez a multidão tornar-se receptiva a aceitar a declaração de Pedro sobre o evangelho, levando a "um acréscimo de cerca de três mil pessoas" (v.41). Esses novos cristãos retornaram ao seu canto do mundo, levando consigo as boas-novas.

As boas-novas ressoam ainda hoje! São a mensagem de esperança de Deus para todas as nações. Seu Espírito ainda se move entre nós e reúne os povos de todas as nações em maravilhosa união. Ele reina!
Remi

Com a ajuda de Deus

JOSUÉ 14:7-15

*Agora, como você vê, em todos estes 45 anos, desde que Moisés disse essas palavras [...] o S*ENHOR *me preservou como havia prometido...* —Josué 14:10

À medida que envelheço, sinto-me menos como uma conquistadora e mais como alguém conquistada pelos desafios de se tornar idosa.

Por isso, meu herói é um idoso chamado Calebe — o antigo espião enviado por Moisés para explorar Canaã, a Terra Prometida (Números 13–14). Lemos em Josué 14 que chegara a hora de Calebe receber sua porção de terra, mas ainda havia inimigos para expulsar. Não contente em se aposentar e deixar a batalha para a geração mais jovem, Calebe declarou: "...Você certamente se lembra de que, enquanto fazíamos o reconhecimento da terra, descobrimos que os descendentes de Enoque viviam ali em grandes cidades fortificadas. Mas, se o SENHOR estiver comigo, eu os expulsarei da terra, como o SENHOR prometeu" (Josué 14:12).

"Se o SENHOR estiver comigo". Com esse tipo de atitude, Calebe se manteve pronto para a batalha. Ele se concentrou no poder de Deus, não em se Ele o ajudaria no que fosse necessário fazer.

A maioria de nós não pensa em fazer algo grandioso ao alcançamos a maturidade. Mas ainda podemos fazer grandes coisas para Deus, não importa a nossa idade. Quando as oportunidades como as de Calebe surgirem em nosso caminho, não fujamos delas. Com o Senhor nos ajudando, as conquistaremos!

Linda

Usufruindo da beleza

ECLESIASTES 3:9-13

Deus fez tudo apropriado para seu devido tempo.
—Eclesiastes 3:11

A pintura captou minha atenção como um farol captaria. Exibida num longo corredor do hospital, as cores suaves e as imagens dos índios nativos eram tão cativantes que parei para as contemplar. "Linda", sussurrei.

Muitas coisas na vida são realmente lindas. Obras de arte, vistas panorâmicas, artesanatos inspiradores. Também há beleza no sorriso de uma criança, na saudação de um amigo, no ovo azul de um pintarroxo, na textura das conchas. "Deus fez tudo apropriado para seu devido tempo" (Eclesiastes 3:11). Os estudiosos da Bíblia explicam que nessa beleza encontramos um vislumbre da perfeição da criação divina — incluindo a glória do Seu futuro e perfeito reinado.

Alguns dias, a vida parece cinza e fútil, porém, misericordiosamente, Deus nos provê momentos de beleza.

O artista dessa pintura que tanto admirei, Gerard Curtis Delano, compreendeu isso. Certa ocasião, ele afirmou: "Deus me deu o talento para criar beleza e é isso que Ele deseja que eu faça".

Como podemos reagir ao nos depararmos com tanta beleza? Podemos ser gratos a Deus pela eternidade que virá enquanto pausamos para usufruir da beleza e glória que já podemos contemplar.

Patrícia

14 DE MARÇO

Nós temos um rei!

JUÍZES 2:11-23

*Naqueles dias, Israel não tinha rei; cada um fazia
o que parecia certo a seus próprios olhos.*
—Juízes 21:25

Após atacar o meu marido com palavras ofensivas numa situação que não acabou do meu jeito, desprezei a autoridade do Espírito Santo à medida que Ele me lembrava de versículos que revelavam minhas atitudes pecaminosas. Mas alimentar o meu teimoso orgulho valia a pena causar dano colateral ao meu casamento ou ser desobediente a Deus? Absolutamente não! Porém, quando pedi perdão ao Senhor e ao meu cônjuge, já tinha deixado um rastro de prejuízos atrás de mim por ignorar os sábios conselhos e viver como se não tivesse que responder a mais ninguém mais além de mim mesma.

Os israelitas muitas vezes tiveram atitudes rebeldes. Por exemplo, depois que Josué e a geração que lhe sucedeu morreram, os israelitas esqueceram-se de Deus e do que Ele havia feito (Juízes 2:10). Rejeitaram a liderança divina e se envolveram com o pecado (vv.11-15).

Tudo melhorou quando o Senhor levantou juízes (vv.16-18), que serviram como reis. Mas quando os juízes morriam, os israelitas voltavam a desafiar a Deus. Vivendo como se não tivessem a quem responder a não ser a si mesmos, eles sofreram consequências devastadoras (vv.19-22).

Não repitamos os erros deles. Vamos nos submeter à autoridade soberana do nosso amador Senhor. *Xochitl*

Aprendizagem prática

TITO 2:1-8

*Sejam meus imitadores,
como eu sou imitador de Cristo.*
—1 Coríntios 11:1

Quando meu filho tinha 6 anos dei-lhe um novo jogo de tabuleiro, mas ele se frustrou, pois não conseguia descobrir como se jogava. Mais tarde, quando um amigo que já sabia jogar veio ajudá-lo, ele finalmente aproveitou o seu presente. Ao vê-los jogar, lembrei-me de como é mais fácil aprender algo novo se você tem um professor experiente.

O apóstolo Paulo também entendeu isso. Escrevendo a Tito sobre como ele poderia ajudar sua igreja a crescer na fé, Paulo enfatizou o valor dos cristãos experientes que poderiam dar o exemplo da fé em Cristo. É claro que ensinar a "boa doutrina" era importante, mas isso não precisava apenas de palavras — necessitava ser vivenciado. Paulo escreveu que os "mais velhos devem exercitar o autocontrole", serem bondosos e amorosos (Tito 2:2-5). Ele também disse: "você mesmo deve ser exemplo" (v.7).

Sou grato pelas muitas pessoas que foram meus educadores nessas práticas. A vida deles exemplificou o que significa seguir a Cristo e me ajudou a ver como posso percorrer esse caminho também.

Amy Peterson

16 DE MARÇO

Servir e ser servido

FILIPENSES 4:10-19

…me alegro no Senhor por vocês terem voltado a se preocupar comigo! Sei que sempre se preocuparam comigo, mas não tinham oportunidade de me ajudar.
—Filipenses 4:10

Marilyn estava doente há semanas, e muitos a tinham encorajado nesse tempo difícil. Ela se preocupava: *Como retribuirei tantas gentilezas?* Certo dia, ela leu estas palavras de uma oração: "Ore para que as pessoas desenvolvam a humildade, permitindo-se não apenas servir, mas também a serem servidas". Nisso, ela percebeu que não precisava equilibrar essa balança, mas apenas ser grata e permitir que outros experimentassem a alegria de servir.

O apóstolo Paulo expressou sua gratidão por todos aqueles que se preocuparam com ele em sua "dificuldade" (Filipenses 4:14). Ele dependeu dos outros para apoiá-lo na medida em que pregava. Paulo compreendeu que as dádivas que lhe ofertavam eram, simplesmente a extensão do amor das pessoas por Deus: Recebi as "contribuições que vocês enviaram […]. Elas são um sacrifício de aroma suave, uma oferta aceitável e agradável a Deus" (v.18)

Com humildade podemos permitir que Deus cuide de nós por meio da bondade de outras pessoas.

Paulo escreveu: "E esse mesmo Deus que cuida de mim lhes suprirá todas as necessidades…" (v.19). Ele aprendeu em meio às suas provações. Deus é fiel e Sua provisão para nós é ilimitada.

Cindy

Deus salvou a minha vida

LEITURA: JOÃO 8:42-47

*Quando ele mente, age de acordo com seu caráter,
pois é mentiroso e pai da mentira.*

—João 8:44

Aos 15 anos, Arão (nome fictício) começou a invocar a Satanás e relata: "Senti como se nós fôssemos parceiros". Arão começou a mentir, roubar e manipular sua família e amigos. Ele também teve pesadelos: "Certa manhã acordei e vi o diabo ao pé da cama. Ele me disse que eu passaria nas provas escolares e depois morreria". No entanto, quando terminou seus exames, ele continuou vivo. E concluiu: "Ficou claro para mim que ele era um mentiroso".

Na esperança de conhecer mais garotas, Arão foi a um festival cristão, no qual um homem se ofereceu para orar por ele. "Enquanto ele orava", Arão sentiu algo "mais poderoso e mais libertador" do que o que sentira vindo de Satanás. Aquele homem que orou disse-lhe que Deus tinha um plano para a vida dele e que Satanás era um mentiroso. Ele confirmou as palavras de Jesus: ele "é mentiroso e pai da mentira" (João 8:44).

Arão entregou sua vida a Cristo. Hoje ele é ministro de Jesus e um testemunho do poder salvador de Deus, e afirma: "Posso dizer com confiança que Deus salvou minha vida".

Deus é a fonte de tudo o que é bom, sagrado e verdadeiro. Podemos nos voltar a Ele para encontrar a verdade.

Amy B. Pye

Confiando em Deus mesmo se...

DANIEL 3:13-25

...o Deus a quem servimos pode nos salvar. Sim, ele nos livrará de suas mãos, ó rei. —Daniel 3:17

Devido a uma lesão em 1992, sinto muita dor crônica nas costas, ombros e pescoço. Nos momentos mais excruciantes e desanimadores de intensa dor nem sempre é fácil confiar em ou louvar ao Senhor. Mas quando minha situação se torna insuportável, a constante presença de Deus me conforta. Ele me fortalece e me assegura da Sua bondade imutável e da Sua sustentadora graça. E quando me sinto induzida a duvidar do Senhor sou encorajada pela fé determinada de Sadraque, Mesaque e Abede-Nego. Eles adoraram a Deus e confiaram mesmo quando a situação deles parecia desesperadora.

Quando o rei Nabucodonosor ameaçou jogá-los na fornalha ardente caso não se afastassem do verdadeiro Deus para adorar a sua estátua de ouro (Daniel 3:13-15), eles demonstraram que a sua fé era corajosa e confiante. Nunca duvidaram que o Senhor fosse digno da adoração deles (v.17), "ainda que" Ele não os livrasse daquela situação (v.18). Deus não os deixou sozinhos no momento de necessidade; esteve com eles na fornalha (vv.24,25).

Deus também não nos deixa sozinhas. Permanece conosco em meio às nossas provações. Mesmo que o nosso sofrimento não termine deste lado da eternidade, Deus é e sempre será poderoso, confiável e bom. Podemos confiar em Sua presença constante e amorosa.

Xochitl

Cada história sussurra o Seu nome

LUCAS 24:17-27

*Então Jesus os conduziu por todos os escritos de
Moisés e dos profetas, explicando
o que as Escrituras diziam a respeito dele.*
—Lucas 24:27

Abri a Bíblia ilustrada das crianças e comecei a ler para o meu neto. Imediatamente nos encantamos à medida que a história do amor e provisão de Deus se derramou em prosa. Marcando a página, virei e li o título mais uma vez: *A Bíblia das histórias de Jesus: Cada história sussurra o Seu nome*. Cada história sussurra o Seu nome. Cada história.

Às vezes é difícil de compreender a Bíblia, especialmente o Antigo Testamento. Por que os que não conhecem a Deus parecem triunfar sobre os filhos de Deus? Como Ele pode permitir tal crueldade quando sabemos que o Seu caráter é puro e que os propósitos de Deus são para o nosso bem?

Após Sua ressurreição, Jesus encontrou dois discípulos na estrada para Emaús. Eles não o reconheceram e estavam sofrendo com a decepção pela morte de seu esperado Messias (Lucas 24:19-24). Eles tinham "esperança de que ele fosse aquele que resgataria Israel..." (v.21). Então Jesus os tranquilizou e "os conduziu por todos os escritos de Moisés e dos profetas, explicando o que as Escrituras diziam a respeito dele" (v.27).

Cada história sussurra o Seu nome indicando à redenção que Deus preparou para nós.

Elisa

20 DE MARÇO

Qual é o nome do seu pai?

JOÃO 8:39-47

*Mas, a todos que creram nele e o aceitaram,
ele deu o direito de se tornarem filhos de Deus…*
—João 1:12

Quando fui comprar meu celular no Oriente Médio, fizeram-me as típicas perguntas: nome, nacionalidade e endereço. Mas à medida que o funcionário preenchia o formulário, ele perguntou: "Qual o nome do seu pai?". Isso me surpreendeu e questionei o porquê desse detalhe ser importante. Foi-me dito então que isso era necessário para determinar minha identidade. Em algumas culturas, a ascendência é importante.

Os israelitas acreditavam na importância da ascendência também. Eles estavam orgulhosos de seu patriarca Abraão e achavam que ser parte do clã de Abraão os tornava filhos de Deus. Sua ascendência humana estava ligada, na opinião deles, à sua família espiritual.

Centenas de anos depois, quando Jesus falava com os judeus, Ele demonstrou que não era bem assim. Eles poderiam dizer que Abraão era seu antepassado terrestre, mas se não amassem Jesus, o enviado do Pai — não faziam parte da família de Deus.

Isso ainda é fato. Se cremos em Jesus, Deus nos concede o direito de nos tornarmos Seus filhos (João 1:12), e ao confiar em Jesus para o perdão dos seus pecados você se torna parte da família de Deus. Ele se torna o seu Pai espiritual. *Keila*

Sem a exigência de avalista

HEBREUS 6:13-20

*Quando a pessoa faz um juramento,
invoca alguém maior que ela. E, [...]
o juramento implica uma obrigação.*
—Hebreus 6:16

Algumas vezes, uma pessoa que quer fazer um empréstimo precisa de um avalista para obter o valor pretendido. Quem está solicitando o dinheiro pode não ter a credibilidade estabelecida, então precisa de um avalista para assumir a sua responsabilidade, caso o empréstimo não seja pago. É um compromisso com aquele de quem se empresta de que o empréstimo será pago.

Quando alguém nos promete algo, seja por razões financeiras, conjugais ou outras, esperamos que cumpram a promessa feita. Queremos ter a certeza de que Deus também cumprirá as Suas promessas. Quando Ele prometeu a Abraão que o abençoaria e multiplicaria "grandemente seus descendentes" (Gênesis 22:17; Hebreus 6:14), Abraão creu na palavra de Deus. Como Criador de tudo o que existe, não há ninguém maior do que o Senhor; somente Deus pode garantir Sua própria promessa.

Abraão precisou esperar pelo nascimento de seu filho (Hebreus 6:15) e nunca viu como a sua descendência se tornaria incontável, mas Deus foi fiel à Sua promessa. Quando o Senhor promete estar sempre conosco (Hebreus 13:5), manter-nos em segurança (João 10:29), e nos consolar (2 Coríntios 1:3,4), nós também podemos confiar que Ele é fiel à Sua palavra.

Kirsten

22 DE MARÇO

Filho de duas asas

ISAÍAS 38:1-8

Assim diz o SENHOR […]:
Ouvi sua oração e vi suas lágrimas.
—Isaías 38:5

Alguns anos atrás, um antigo selo de argila foi desenterrado perto da parte sul da antiga muralha da cidade de Jerusalém. Depois de muito estudo, um pesquisador que examinou cuidadosamente as letras do objeto de 3.000 anos descobriu que a inscrição, escrita em hebraico antigo, diz: "Pertencente a Ezequias [filho de] Acaz, rei de Judá".

No centro do selo, há um sol de duas asas cercado por duas imagens que simbolizam a vida. Os arqueólogos acreditam que o rei Ezequias começou a usar esse selo como um símbolo da proteção de Deus depois que o Senhor o curou de uma doença mortal (Isaías 38:1-8).

Ezequias estava implorando ao Senhor para curá-lo, e Deus ouviu a oração dele. O Senhor também deu ao rei um sinal de que Ele realmente faria o que havia prometido, dizendo: "Farei a sombra do sol recuar dez graus…" (v.8).

As pessoas na Bíblia estavam aprendendo, como nós, a invocar o Senhor. E mesmo quando as Suas respostas não são o que queremos ou esperamos, podemos ter a certeza de que Ele é compassivo e poderoso. Aquele que ordena o movimento do Sol certamente pode agir em nosso coração.

Poh Fang

23 DE MARÇO

Tesouro inestimável

2 CORÍNTIOS 4:5-7

Agora nós mesmos somos como vasos frágeis de barro que contêm esse grande tesouro. Assim fica evidente que esse grande poder vem de Deus, e não de nós.
—2 Coríntios 4:7

A casa do "homem do lixo" na periferia de Bogotá, Colômbia não parece especial. No entanto abriga uma biblioteca gratuita de 25 mil exemplares com livros descartados que José Alberto Gutierrez juntou para compartilhar com as crianças pobres em sua comunidade.

As crianças lotam a sua casa nos fins de semana durante as "horas da biblioteca". Rondando pelos quartos repletos de livros, as crianças veem essa casa humilde como mais do que a casa do senhor José —, é um tesouro inestimável.

Isso também é verdadeiro para os seguidores de Cristo. Somos feitos de barro humilde, cheios de rachaduras e facilmente quebráveis. Mas Deus permite que sejamos a habitação para o Seu poderoso Espírito, o qual nos capacita para levarmos as boas-novas de Cristo a um mundo ferido e arruinado. É um trabalho enorme para pessoas comuns e frágeis.

O apóstolo Paulo disse à sua congregação na antiga cidade de Corinto: "Agora nós mesmos somos como vasos frágeis de barro que contêm esse grande tesouro. Assim fica evidente que esse grande poder vem de Deus, e não de nós" (2 Coríntios 4:7).

Paulo também nos adverte a anunciarmos a respeito do Tesouro inestimável que habita em nós. Somente Jesus transforma a nossa vida comum num precioso tesouro. *Patrícia*

24 DE MARÇO

De fora para dentro?

GÁLATAS 3:23-29

Todos que foram unidos com Cristo no batismo se revestiram de Cristo. —Gálatas 3:27

"Mudança: de dentro para fora ou de fora para dentro?", dizia a manchete, refletindo a tendência popular de que as mudanças exteriores, tais como: a maquiagem ou a melhor postura possam ser uma maneira fácil de mudar o que sentimos em nosso interior, e até mesmo possam mudar a nossa vida.

Focar em mudanças externas simples oferece a esperança de que existe um caminho mais rápido para melhorar a nossa vida.

Entretanto, embora essas mudanças possam melhorar nossa vida, as Escrituras nos convidam a buscar uma transformação mais profunda, a qual é impossível de ocorrer por nosso esforço. Na verdade, Paulo argumentou que até mesmo a Lei de Deus, uma dádiva inestimável que revelou a Sua vontade, não pôde curar o abatimento do Seu povo (Gálatas 3:19-22). A verdadeira cura e liberdade exigiam que, pela fé, eles fossem "revestidos" em Cristo (v.27) por meio de Seu Espírito (5:5). Assim, eles encontrariam sua verdadeira identidade e valor, pois todos os que creem "são um em Cristo Jesus. E agora que pertencem a Cristo, são verdadeiros filhos de Abraão, herdeiros dele segundo a promessa de Deus (3:28,29).

É fácil dedicarmos muita energia às técnicas de autoaperfeiçoamento. Mas as mudanças mais profundas e gratificantes em nosso coração ocorrem quando conhecemos o amor que é "grande demais para ser inteiramente compreendido" (Efésios 3:17-19), o amor que transforma tudo. *Monica*

Olhos por detrás da cabeça

SALMO 33:6-19

*De seu trono [Deus] observa
todos os habitantes da terra.*
—Salmo 33:14

Fui tão travessa em meus primeiros anos e tentava esconder o meu mau comportamento para evitar problemas. Porém, minha mãe geralmente descobria o que eu tinha feito. Lembro-me de ficar espantada com a precisão com que ela descobria minhas travessuras. Quando eu lhe perguntava como ela sabia, a resposta era sempre: "Tenho olhos por detrás da cabeça". Isso, é claro, levou-me a observá-la sempre que ela virava de costas. Seus olhos eram invisíveis ou encobertos por seus cabelos ruivos? Finalmente, desisti de procurar por evidências de seus olhos extras e percebi que eu não era tão espertinha quanto acreditava ser. Seu olhar atento era a prova de seu amoroso cuidado por seus filhos.

Por mais grata que eu seja pelo cuidado atencioso de minha mãe, sou mais grata ainda por Deus ver "todos os habitantes da terra" quando nos olha lá do Céu (Salmo 33:13). Ele vê muito mais do que aquilo que fazemos; o Senhor enxerga as nossas tristezas, alegrias e o nosso amor uns pelos outros.

Deus vê o nosso verdadeiro caráter e sempre sabe o que precisamos. Com a Sua visão perfeita, Ele protege aqueles que o amam e depositam sua esperança nele (v.18). Ele é nosso amoroso e atencioso Pai.

Kirsten

Jesus disfarçado

MATEUS 25:31-40

E o Rei dirá: Eu lhes digo a verdade: quando fizeram isso ao menor destes meus irmãos, foi a mim que o fizeram.
—Mateus 25:40

Quando uma amiga cuidava de sua sogra incapacitada, perguntou-lhe o que ela mais desejava. Sua sogra lhe respondeu: "Que meus pés sejam lavados". Minha amiga admitiu que odiava essa tarefa! "Cada vez que ela me pedia isso, eu ficava ressentida, e pedia a Deus que escondesse os meus sentimentos para ela não os perceber."

Entretanto, certo dia a atitude de murmuração dela mudou num instante. Ela contou-me o que aconteceu quando preparou a bacia, a toalha, e ajoelhou-se aos pés da sogra: "Olhei para cima, e por um momento senti como se estivesse lavando os pés do próprio Jesus. Ele estava disfarçado de minha sogra". Depois disso, minha amiga se sentiu honrada ao exercer tal tarefa.

Quando ouvi esse relato comovente, pensei na história que Jesus ensinou sobre o fim dos tempos, quando Ele estava nas encostas do monte das Oliveiras. O Rei acolhe os Seus filhos e filhas em Seu reino, dizendo-lhes que quando eles visitavam os doentes ou alimentavam os famintos era por Ele que o faziam (Mateus 25:40). Nós também servimos o próprio Jesus quando visitamos os encarcerados ou doamos roupas aos necessitados.

Hoje, você pode imitar a minha amiga, que agora se autoquestiona quando conhece alguém novo: "Será que é Jesus disfarçado?".

Amy B. Pye

27 DE MARÇO

Solte os cabelos

JOÃO 12:1-8

*Então Maria pegou um frasco de perfume caro
feito de essência de óleo aromático,
ungiu com ele os pés de Jesus e os enxugou com os cabelos.*
—João 12:3

Pouco antes de Jesus ser crucificado, uma mulher chamada Maria derramou um frasco de perfume caro sobre os Seus pés. Em seguida, no que parece ter sido um ato ainda mais ousado, ela os enxugou com os seus cabelos (João 12:3). Maria não só sacrificou o que pode ter sido toda a sua economia, mas também sacrificou a sua reputação. Na cultura do Oriente Médio no primeiro século, as mulheres respeitáveis nunca soltavam seus cabelos em público. Mas a verdadeira adoração não se importa com o que os outros pensam de nós (2 Samuel 6:21,22). Para adorar Jesus, Maria não se importou que a achassem imodesta, talvez até mesmo imoral.

Nós podemos nos sentir pressionadas a parecer perfeitas quando vamos à igreja. Metaforicamente falando, trabalhamos duro para que o penteado dure, mas uma igreja saudável é aquela onde podemos soltar nossos cabelos e não esconder nossas falhas por trás de uma fachada de perfeição.

A adoração não significa comportar-se como se nada estivesse errado; é ter a certeza de que tudo está bem com Deus e uns com os outros. Quando o nosso maior medo é soltar os nossos cabelos, talvez o nosso maior pecado seja mantê-los presos.

Julie Link

28 DE MARÇO

Quem é este?

LUCAS 19:28-40

"Bendito é o Rei que vem em nome do Senhor!…".
—Lucas 19:38

Imagine-se em pé lado a lado com os espectadores por uma estrada de terra. A mulher atrás de você está na ponta dos pés, tentando ver quem está vindo. Ao longe, você vislumbra um homem montado em um jumentinho. Quando Ele se aproxima, "as multidões espalham seus mantos ao longo do caminho diante dele" (Lucas 19:36). De repente, você ouve uma árvore rachar atrás de você. Um homem está cortando ramos de palmeiras e as pessoas os espalham para Jesus passar por cima deles (João 12:12,13).

Os seguidores de Jesus o honraram zelosamente quando Ele entrou em Jerusalém alguns dias antes de Sua crucificação. A multidão se alegrou e louvou a Deus por "todos os milagres maravilhosos que tinham visto" (Lucas 19:37). Os seguidores de Jesus o cercaram, gritando: "Bendito é o rei!" (v.38). A sua honra cheia de entusiasmo impactou o povo de Jerusalém. Quando Jesus chegou, "toda a cidade estava em grande alvoroço. 'Quem é este?', perguntavam" (Mateus 21:10).

Hoje, as pessoas ainda estão curiosas a respeito de Jesus. Embora não possamos pavimentar o Seu caminho com ramos de palmeiras ou gritar louvores a Ele em pessoa, ainda podemos honrar o Senhor. Podemos falar sobre as Suas obras notáveis, ajudar as pessoas necessitadas e amar uns aos outros com veracidade. A partir disso, devemos estar prontas para responder aos espectadores que perguntam: "Quem é Jesus?".

Jennifer

Fugindo dos ruídos extras

1 REIS 19:9-13

...E, depois do fogo, veio um suave sussurro.
—1 Reis 19:12

Há alguns anos, a reitora de uma faculdade sugeriu que certa noite os alunos "desacelerassem". Mesmo concordando, eles relutaram em deixar o celular de lado ao entrar na capela. Durante uma hora, sentaram-se em silêncio num culto de louvor e oração. Mais tarde, um participante descreveu essa experiência como "uma oportunidade maravilhosa para se acalmar [...] uma ocasião de se desligar de todos os ruídos extras".

Às vezes, é difícil fugir do "ruído extra". O clamor do mundo interior e exterior pode ser ensurdecedor. Mas, quando estamos dispostas a "desacelerar", começamos a entender o lembrete do salmista para nos aquietarmos, pois assim saberemos quem é Deus (Salmo 46:10). Em 1 Reis 19, também descobrimos que, quando o profeta Elias buscou ao Senhor, não o encontrou no caos do vento nem no terremoto nem no fogo (vv.9-13). Elias ouviu o suave sussurro de Deus (v.12).

Quando abrimos silenciosamente o nosso coração, descobrimos que o tempo de interação com Deus é ainda mais doce. Como Elias, somos mais propensas a encontrar Deus na quietude. E, às vezes, se estivermos atentas, também ouviremos esse sussurro suave.

Cindy

30 DE MARÇO

Em casa com Jesus

JOÃO 14:1-4

*...e, quando tudo estiver pronto,
virei buscá-los, para que estejam
sempre comigo, onde eu estiver.*
—João 14:3

"Não há melhor lugar como o lar." Essa frase reflete um anseio profundamente enraizado dentro de nós por termos um lugar para descansar e pertencer. Jesus falou sobre este desejo de enraizamento, depois de Ele e Seus amigos terem feito a Sua última ceia juntos. Jesus, embora fosse partir, prometeu que lhes prepararia um lugar — um lar — e voltaria para buscá-los.

Jesus preparou um lugar para eles e para nós, ao cumprir os requisitos da lei de Deus ao morrer na cruz. O Senhor assegurou aos Seus discípulos que por se dispor a construir esse lar para eles, Ele voltaria para buscá-los e não os deixaria sozinhos. Os Seus discípulos não precisavam temer nem se preocupar com a vida deles, nem na Terra, nem no Céu.

Nós cremos e confiamos que Jesus está preparando um lugar para nós, que Ele faz a Sua morada em nós (v.23), e que o Senhor Jesus foi à nossa frente para preparar o nosso lar celestial. Seja qual for a morada em que vivemos, pertencemos a Jesus, somos sustentadas por Seu amor e cercadas por Sua paz. Com Ele, não há melhor lugar como o lar. *Amy B. Pye*

Via Dolorosa

HEBREUS 10:1-10

Pois a vontade de Deus era que fôssemos santificados pela oferta do corpo de Jesus Cristo, de uma vez por todas.
—Hebreus 10:10

Durante a Semana Santa, lembramo-nos dos dias finais antes da crucificação de Jesus. O caminho que o Senhor percorreu até a cruz pelas ruas de Jerusalém é conhecido como a Via Dolorosa, o caminho das dores.

Mas o autor de Hebreus viu o caminho que Jesus seguiu como mais do que apenas um caminho de dores. O caminho de sofrimento que Jesus percorreu voluntariamente até o Gólgota nos possibilitou um "caminho novo e vivo" à presença de Deus (Hebreus 10:20).

Durante séculos, o povo judeu procurou entrar na presença de Deus através de sacrifícios de animais e do cumprimento da Lei. Mas essa Lei constituía "apenas uma sombra, um vislumbre das coisas boas por vir", pois "é impossível que o sangue de touros e bodes remova pecados" (vv.1,4).

A jornada de Jesus pela Via Dolorosa levou à Sua morte e ressurreição, e por Seu sacrifício somos santificadas quando cremos nele para o perdão de nossos pecados. Assim, podemos nos achegar a Deus sem medo, totalmente confiantes de que somos acolhidas e amadas (vv.10,22).

O caminho do sofrimento de Cristo abriu para nós um caminho novo e vivo à presença de Deus. *Amy Peterson*

Olhe e fique em silêncio

LUCAS 23:44-49

…Olhem ao redor e vejam se há dor igual à minha…
—Lamentações 1:12

Na música *Look at Him* (Olhe para Ele), o compositor mexicano Rubén Sotelo descreve Jesus na cruz. Ele nos convida a olhar para Jesus e silenciarmos, pois realmente não há nada a dizer diante do tipo de amor que Jesus demonstrou na cruz.

Quando Jesus deu o Seu último suspiro, a multidão que "…tinha ido assistir à crucificação […] voltou para casa entristecida e batendo no peito" (Lucas 23:48). Outros "olhavam de longe" (v.49). Eles olhavam e ficavam silentes. No entanto, um dos centuriões disse: "Sem dúvida este homem era inocente" (v.47).

Muitos anos antes, Jeremias escreveu sobre o sofrimento de Jerusalém após a sua devastação. "Isso tudo nada significa para vocês que passam por mim?…" (Lamentações 1:12). Ele estava pedindo que as pessoas olhassem e vissem; o profeta concluiu que não havia sofrimento maior do que o de Jerusalém. No entanto, houve algum sofrimento como o sofrimento de Jesus?

Todas nós estamos passando pelo caminho da cruz. Vamos olhar e ver o Seu amor? Que separemos um momento para ponderar sobre a morte de Jesus. Na quietude de nosso coração, que possamos entregar a Ele a nossa mais profunda devoção.

Keila

2 DE ABRIL

Chuvas de primavera

OSEIAS 6:1-4

...Ele nos responderá, tão certo como chega
o amanhecer ou vêm as chuvas da primavera.
—Oseias 6:3

Enquanto eu caminhava num parque das proximidades, repentinamente o verde me chamou a atenção. Do solo lamacento surgiram rebentos de vida, que em poucas semanas seriam lindos narcisos silvestres, anunciando a primavera e o calor que se aproxima. Tínhamos sobrevivido a mais um inverno!

Ao lermos as passagens do livro de Oseias, podemos nos sentir, em parte, como num inverno implacável. O Senhor deu a esse profeta a pouco invejável tarefa de se casar com uma mulher infiel para demonstrar o amor do Criador por Seu povo Israel (Oseias 1:2,3). A esposa de Oseias, Gomer, não honrou os seus votos matrimoniais, mas o profeta a aceitou novamente, desejando que ela o amasse com dedicação (3:1-3). Dessa mesma maneira, o Senhor deseja que o amemos com a força e o empenho que não se evaporarão como a névoa da manhã.

Como nos relacionamos com Deus? Será que o buscamos em momentos de dificuldades e o ignoramos em nossas celebrações? Somos como os israelitas, facilmente seduzidas pelos ídolos do nosso tempo, tais como: a ocupação, o sucesso e a influência?

Que possamos nos comprometer novamente com o Senhor, que nos ama, tão certo como os botões desabrochando na primavera.

Amy B. Pye

O time da frente

JOÃO 14:1-14

Na casa de meu Pai há muitas moradas.
Se não fosse assim, eu lhes teria dito.
Vou preparar lugar para vocês...
—João 14:2

Recentemente uma amiga se preparava para se mudar a um lugar a mais de 1.600 quilômetros de onde morava. Ela e o marido dividiram as tarefas para cumprir o prazo tão curto que ainda tinham para isso. O marido procurou pela nova casa, enquanto a esposa embalava os pertences da família. Surpreendeu-me a habilidade dela em se mudar sem participar da busca pela casa. Mas minha amiga me disse que podia confiar no marido, que sempre se mostrara atento às suas preferências e necessidades.

No cenáculo, Jesus falou aos Seus discípulos sobre a traição e Sua morte que estava prestes a acontecer. As horas mais sombrias da vida terrena de Jesus, e dos discípulos também, estavam por vir. Jesus os consolou garantindo-lhes que prepararia um lugar para eles no Céu. Quando os discípulos o questionaram, Jesus os lembrou da história que compartilhavam com Ele e dos milagres que haviam testemunhado.

Em meio às nossas horas sombrias podemos confiar que Jesus nos guiará a um lugar de bondade. Quando andamos com Ele, nós também aprendemos a confiar cada vez mais em Sua fidelidade.

Kirsten

4 DE ABRIL

O sentido de estar viva

LUCAS 12:22-34

Cuidado! Guardem-se de todo tipo de ganância.
A vida de uma pessoa não é
definida pela quantidade de seus bens.
—Lucas 12:15

Embora quase todos os livros sobre finanças que consultei indiquem que a principal razão de cortar gastos hoje seja para viver como milionário no futuro, um deles ofereceu uma abordagem totalmente nova. Sugeriu que o essencial é viver com *simplicidade* sempre. Se você precisa de mais bens para sentir alegria no momento presente, o autor afirma que você "está perdendo o sentido de estar vivo".

Isso me lembrou da resposta de Jesus quando um homem lhe pediu que instasse o seu irmão a dividir uma herança com ele. Em vez de Jesus ser empático, Ele o repreendeu severamente sobre: "todo tipo de ganância", uma vez que "a vida de uma pessoa não é definida pela quantidade de seus bens" (Lucas 12:15). Na sequência, Jesus afirmou enfaticamente que os planos dessa mesma pessoa em armazenar a colheita e ter uma vida luxuosa, não lhe trariam qualquer bem, pois ela morreria naquela noite (vv.16-20).

As palavras de Jesus nos advertem para checarmos quais são as nossas motivações. O nosso coração deve estar em busca do reino de Deus — não apenas focado em garantir o próprio futuro (vv.29-31). Ao vivermos para o Senhor, e compartilharmos livremente com os outros, podemos desfrutar de uma vida rica com Jesus desde *agora* (vv.32-34). *Monica*

5 DE ABRIL

Cheia de alegria

JOÃO 15:9-16

Eu lhes disse estas coisas para que fiquem repletos da minha alegria. Sim, sua alegria transbordará!
—João 15:11

Nosso Deus certamente parece valorizar coisas comuns, mas belas. Mas em Sua criatividade, o comum é extraordinário. Deus continua a se alegrar com cada uma de nós no panorama de Sua criação. Além disso, Deus Pai, Filho e Espírito Santo compartilham do mesmo amor e alegria.

Em Romanos 14:17, Paulo escreveu: "Pois o reino de Deus não diz respeito ao que comemos ou bebemos, mas a uma vida de justiça, paz e alegria no Espírito Santo". E em Romanos 15:13, ele declarou: "Que Deus, a fonte de esperança, os encha inteiramente de alegria e paz, em vista da fé que vocês depositam nele…". A alegria é uma marca registrada da vida no reino, possibilitada pelo Espírito Santo na medida em que depositamos nossa confiança em Jesus.

Jesus diz: "Quando vocês obedecem a meus mandamentos, permanecem no meu amor [...]. Eu lhes disse estas coisas para que fiquem repletos da minha alegria. Sim, sua alegria transbordará!" (João 15:10,11). Mesmo em circunstâncias comuns, e naquelas que alguns podem considerar como monótonas, podemos experimentar a alegria transbordante que Ele exala! *— Marlena*

6 DE ABRIL

Plena paz

JOÃO 14:25-31

Eu lhes deixo um presente, a minha plena paz.
E essa paz que eu lhes dou é um presente
que o mundo não pode dar. Portanto,
não se aflijam nem tenham medo.
—João 14:27

Uma amiga compartilhou comigo que durante anos ela procurou por paz e contentamento. Ela e seu marido montaram um negócio bem-sucedido, e assim puderam comprar uma casa enorme, roupas extravagantes e joias caras. Mas nem esses bens nem suas amizades com pessoas influentes puderam satisfazer as suas aspirações pela paz. Certo dia, quando ela se sentia triste e desesperada, um amigo lhe falou sobre as boas-novas de Jesus. Na pessoa de Jesus Cristo ela encontrou o Príncipe da Paz, e a sua compreensão da verdadeira paz e do contentamento mudou para sempre.

Jesus falou sobre essa paz aos Seus amigos depois da última ceia que tiveram juntos (João 14). Ele os preparou para a sequência dos próximos acontecimentos: Sua morte, ressurreição e a vinda do Espírito Santo. Descrevendo a plena paz, Cristo queria que eles aprendessem como encontrariam o verdadeiro bem-estar mesmo diante das dificuldades.

Mais tarde, e já ressuscitado, Jesus apareceu aos Seus discípulos amedrontados, Ele os cumprimentou, dizendo: "Paz seja com vocês!" (João 20:19). O Senhor concedeu a eles, e a nós também, um novo discernimento sobre o significado da verdadeira paz.

Amy B. Pye

7 DE ABRIL

Em cima de uma árvore

JONAS 2:1-10

*…Em minha angústia,
clamei ao S<small>ENHOR</small>, e ele me respondeu…*
—Jonas 2:2

Quando a minha mãe encontrou a minha gatinha "Vívida" devorando o pão caseiro preparado para a família, ela a expulsou porta afora. Mais tarde, quando procurávamos por minha gatinha sumida, ouvíamos um miado fraco sussurrado ao vento. Olhei para o alto de um álamo e vi uma mancha preta que pendia num dos galhos.

Em sua ânsia de fugir da frustração de minha mãe, Vívida escolheu uma situação ainda mais precária. Você não acha que às vezes temos atitude semelhante ao fugir de nossos erros e nos colocarmos em perigo? E mesmo assim, Deus vem em nosso resgate!

O profeta Jonas fugiu em desobediência ao chamado de Deus para pregar em Nínive e foi engolido por um grande peixe. "Em minha angústia, clamei ao S<small>ENHOR</small>, e ele me respondeu…" (Jonas 2:1,2). Deus ouviu o clamor do profeta e "…ordenou que o peixe vomitasse Jonas na praia" (v.10). Na sequência, Deus concedeu outra chance a esse profeta desobediente (3:1).

Após exaurirmos os nossos esforços para atrair a gatinha novamente ao solo nós chamamos os bombeiros. Um homem bondoso subiu e a retirou do galho em que estava, e a colocou em segurança em meus braços.

Nas alturas e nas profundezes, Deus nos resgata de nossa desobediência com o Seu amor redentor! *Elisa*

8 DE ABRIL

Algo está errado

SALMO 34:11-18

O Senhor está perto dos que têm
o coração quebrantado e resgata os de espírito oprimido.
—Salmo 34:18

Na manhã seguinte após o nascimento do meu filho Allen, o médico sentou-se ao meu lado e disse: "Algo está errado". O nosso filho, aparentemente tão perfeito, tinha um defeito de nascença com risco de morte e seria necessário levá-lo a um hospital muito distante para cirurgia imediata.

Quando o médico lhe diz que algo está errado com o seu filho, toda a sua vida muda. O medo do que está por vir pode esmagar o seu espírito e você tropeçar pelo caminho, desesperada para que Deus a fortaleça.

Logo em seguida, meu marido, Hiram, chegou e recebeu a mesma notícia. Depois que o doutor nos deixou, meu marido me disse: " Vamos orar". Ele segurou minhas mãos e oramos: "Obrigado, Pai, por nos dar o Allen. Ele pertence a ti, não a nós. O Senhor o amava antes mesmo de nós o conhecermos, e ele te pertence. Fica com ele quando nós não pudermos estar ao lado de nosso filho. Amém".

Hiram sempre foi de poucas palavras, mas naquele dia, com o meu coração partido, meu espírito esmagado e pequena fé, Deus lhe deu a força para proferir as palavras que eu não poderia dizer. E segurando as mãos dele, em profundo silêncio e em meio a muitas lágrimas, senti que Deus estava muito próximo de nós.

Jolene

9 DE ABRIL

Enquadrando-se

MALAQUIAS 3:13-18

Então aqueles que temiam o Senhor falaram uns com os outros, e o Senhor ouviu o que disseram… —Malaquias 3:16

Luís é um bancário diligente e confiável e demonstra de maneira muito clara como testemunha a sua fé. Ele a revela de maneira prática, retirando-se do ambiente durante as conversas impróprias. Em um estudo bíblico, ele compartilhou: "Temo que esteja perdendo oportunidades de promoção por não me encaixar no grupo".

Os cristãos da época do profeta Malaquias enfrentaram um desafio semelhante. Eles haviam retornado do exílio e o Templo tinha sido reconstruído, mas havia certo ceticismo sobre o plano de Deus quanto ao futuro deles. Alguns israelitas estavam dizendo: "De que adianta servir a Deus? Que vantagem temos em obedecer a suas ordens […]? Pois os que praticam maldades enriquecem, e os que provocam a ira de Deus nenhum mal sofrem" (Malaquias 3:14,15).

Como podemos permanecer firmes em Deus numa cultura que nos incita a nos misturarmos? Os fiéis na época de Malaquias responderam a esse desafio reunindo-se com aqueles que criam o mesmo que eles para encorajar uns aos outros. Malaquias partilha conosco este detalhe muito importante: "e o Senhor ouviu o que disseram" (v.16).

Deus cuida de todos os que o temem e o honram. O Senhor não nos chama para nos "encaixarmos", mas para nos aproximarmos cada dia mais dele ao nos encorajarmos mutuamente. Vamos permanecer fiéis!

Poh Fang

Chamada pelo nome

JOÃO 20:11-18

"Maria!", disse Jesus. Ela se voltou para ele e exclamou: "Rabôni!" (que, em aramaico, quer dizer "Mestre!").
—João 20:16

Os publicitários concluíram que a palavra que chama mais atenção e que provoca mais as reações dos espectadores é o seu próprio nome. Assim, um canal de TV britânico introduziu anúncios personalizados nos serviços de transmissão ao vivo.

Mais do que isso, uma certa intimidade acompanha quando alguém que nos ama diz o nosso nome. Jesus capturou a atenção de Maria Madalena quando, no túmulo onde o Seu corpo fora colocado após a crucificação, Ele a chamou pelo seu nome (João 20:16). Com aquela única palavra, ela reconheceu o Mestre que tinha amado e o seguiu. A familiaridade com que Ele disse seu nome confirmou a ela que, sem dúvida, Aquele que a conhecia perfeitamente estava vivo.

Da mesma maneira que Maria, nós também somos individualmente amadas por Deus. Jesus disse a Maria que Ele subiria para Seu Pai (v.17), mas também tinha falado aos Seus discípulos que não os deixaria sozinhos (14:15-18). Deus enviaria o Espírito Santo para viver e habitar em Seus filhos (Atos 2:1-13).

A história de Deus não muda. Naquela época ou agora, Ele conhece aqueles a quem ama (João 10:14,15) e nos chama pelo nome.

Amy B. Pye

11 DE ABRIL

Nós temos o poder!

ROMANOS 7:14-25

Uma vez que vivemos pelo Espírito, sigamos a direção do Espírito em todas as áreas de nossa vida.
—Gálatas 5:25

Quando percebi que tinha ligado acidentalmente a cafeteira *vazia*, voltei correndo à cozinha. Desconectei o aparelho, segurei no cabo da jarra e depois a toquei no fundo para ver se ainda estava quente. E estava, a ponto de eu queimar as pontas dos dedos.

Quando meu marido cuidou da minha lesão, balancei a cabeça, dizendo: "Honestamente, nem sei por que a toquei".

Minha resposta lembrou-me da reação de Paulo a uma questão mais séria nas Escrituras — a natureza do pecado. O apóstolo admite que não sabe por que ele faz coisas que sabe que não deve fazer e que não quer fazer (Romanos 7:15). Paulo reconhece a verdadeira e complexa guerra que constantemente travamos entre a carne e o espírito na luta contra o pecado (vv.15-23). Confessando as suas próprias fraquezas, Paulo propõe esperança para obtermos a vitória agora e para sempre (vv.24,25).

Quando nos submetemos a Cristo, Ele nos concede o Seu Espírito Santo que nos capacita a escolher fazer o que é certo (8:8-10). À medida que Ele nos capacita a obedecer à Palavra de Deus, podemos evitar o pecado abrasador que nos separa da vida abundante que Deus promete aos que o amam.

Xochitl

12 DE ABRIL

Acabar com a inveja

ROMANOS 6:11-14

Cada um preste muita atenção em seu trabalho…
—Gálatas 6:4

O famoso artista francês Edgar Degas é lembrado mundialmente por suas pinturas de bailarinas. Poucos sabem que ele invejava seu amigo e rival artístico Édouard Manet, outro mestre da pintura. Sobre ele, Degas disse: "Ele acerta de primeira, enquanto eu sofro e nunca acerto".

A inveja é uma emoção estranha, e Paulo a classifica entre as piores, tão má quanto "toda espécie de perversidade, pecado, ganância, ódio, […] homicídio, discórdia, engano, malícia e fofocas" (Romanos 1:29). É o resultado de pensamentos tolos, de adoração aos ídolos em vez de adoração a Deus.

A escritora Christina Fox diz que, quando a inveja se desenvolve entre os cristãos, é "porque o nosso coração se afastou do nosso amor verdadeiro". Baseados nesse sentimento, "perseguimos os prazeres inferiores deste mundo em vez de olhar para Jesus. De fato, esquecemo-nos de quem somos".

No entanto, há remédio para a inveja. Voltar-se para Deus: "…ofereçam seu corpo como instrumento para fazer o que é certo para a glória de Deus", escreveu Paulo (6:13), especialmente o seu trabalho e sua vida. Em outra de suas cartas, Paulo alertou: "Cada um preste muita atenção em seu trabalho, pois então terá a satisfação de havê-lo feito bem e não precisará se comparar com os outros" (Gálatas 6:4).

Agradeça a Deus por Suas bênçãos, não apenas por coisas e circunstâncias, mas também pela liberdade de Sua graça. Encontramos o contentamento quando reconhecemos as dádivas que o Senhor nos concedeu.

Patrícia

13 DE ABRIL

Uma canção na noite

SALMO 42:1-11

*...se esperamos por algo que ainda não temos,
devemos fazê-lo com paciência e confiança.*
—Romanos 8:25

A vida do meu pai foi cheia de anseios. Ele ansiava por plenitude mesmo quando o mal de Parkinson incapacitava a sua mente e o seu corpo. Ansiava por paz, mas era atormentado pela depressão. Ansiava por sentir-se amado e acalentado, porém muitas vezes sentia-se profundamente só.

Ele se sentia menos desamparado quando lia as palavras do seu salmo favorito. Como ele, o salmista também conhecia a sede insaciável de cura (Salmo 42:1,2). O salmista conhecia a tristeza que parecia nunca ir embora (v.3), roubando-lhe os momentos de pura alegria (v.6). Como o meu pai, o salmista sentiu-se abandonado por Deus e perguntou: "Por quê?" (vv.7,9).

À medida que as palavras do salmo o inundavam lhe garantindo de que ele não estava só, meu pai desfrutava de uma paz silenciosa. Uma voz suave o cercava assegurando-lhe de que mesmo sufocado pelas ondas, ele ainda era plenamente amado (v.8).

Ouvir essa silenciosa canção de amor lhe bastava. Era o suficiente para ele agarrar-se às centelhas de esperança, amor e alegria e esperar com paciência o dia em que seus anseios seriam finalmente satisfeitos (vv.5,11). *Monica*

14 DE ABRIL

Um Deus irado?

ÊXODO 33:18,19; 34:1-7

*...Javé! O S*ENHOR*! O Deus de compaixão
e misericórdia! Sou lento para
me irar e cheio de amor e fidelidade.*
—Êxodo 34:6

Ao estudar a mitologia romana e grega na universidade, impressionei-me com o quanto os deuses se iravam facilmente. As pessoas que eram objetos dessa ira tinham suas vidas destruídas por mero capricho.

Eu era rápida em zombar dessas pessoas, imaginando como alguém poderia acreditar em deuses como aqueles. Então me questionei: *Será que a minha visão do verdadeiro Deus é muito diferente? Não o vejo como um Deus que se irrita facilmente sempre que duvido dele?* Infelizmente, sim.

Por isso aprecio o pedido de Moisés a Deus para que Ele mostrasse a sua "presença gloriosa" (Êxodo 33:18). Tendo sido escolhido para liderar um grupo de pessoas que resmungava com frequência contra ele, Moisés queria certificar-se de que Deus o ajudaria verdadeiramente. Seu pedido foi recompensado pela demonstração da glória de Deus. O Senhor anunciou a Moisés o Seu nome e as Suas características. Ele é o "...Deus de compaixão e misericórdia! [...] lento para [se] irar e cheio de amor e fidelidade" (34:6).

Podemos ver Deus e Sua glória em Sua paciência conosco, na palavra encorajadora de um amigo, num belo pôr do sol ou, melhor de tudo, no sussurro do Espírito Santo em nosso interior.

Linda

Bacia de amor

JOÃO 13:1-7

*Depois, derramou água numa bacia
e começou a lavar os pés de seus discípulos...*
—João 13:5

Às vezes, perdemos ou negligenciamos as "coisas" da vida simplesmente porque não conseguimos assimilar tudo. E, outras vezes, não vemos algo que sempre esteve diante de nós.

Aconteceu recentemente isso comigo quando reli sobre Jesus lavando os pés dos discípulos. A história é conhecida, pois costuma ser lida durante a Semana da Paixão. Surpreende-nos o fato do nosso Salvador e Rei se inclinar para limpar os pés dos Seus discípulos. Nos dias de Jesus, até os servos judeus eram poupados dessa tarefa vista como algo indigno para eles. Mas o que eu não havia percebido antes era que Jesus, o Homem-Deus, lavou os pés de Judas. Sabendo que Judas o trairia, como vemos em João 13:11, mesmo assim, Jesus se humilhou e lavou os pés desse discípulo.

O amor foi derramado numa bacia de água — amor que Ele compartilhou até mesmo com quem o trairia. Quando refletirmos sobre os acontecimentos da semana da Paixão que antecedem a celebração da ressurreição de Jesus, que também recebamos o dom da humildade, para podermos estender o amor de Jesus aos nossos amigos e inimigos. *Amy B. Pye*

Continue

ÊXODO 10:21-29

Pela fé, [Moisés] saiu do Egito sem medo da ira do rei...
—Hebreus 11:27

Trabalhar no mundo corporativo permitiu que eu interagisse com muitas pessoas talentosas e bem equilibradas. Entretanto, um projeto liderado por um supervisor à distância foi uma exceção. Apesar do progresso da equipe, esse líder criticava o nosso trabalho e exigia mais esforço em cada encontro semanal online. Esses desentendimentos me deixaram desencorajada e temerosa. Muitas vezes, senti vontade de pedir demissão.

É possível que Moisés tenha sentido vontade de desistir quando encontrou o Faraó durante a praga das trevas. Deus tinha lançado oito outros desastres épicos no Egito, e o Faraó finalmente explodiu: "Fora daqui! [...], nunca mais apareça diante de mim! No dia em que vir meu rosto, você morrerá!" (Êxodo 10:28).

Apesar dessa ameaça, Moisés foi usado por Deus para libertar os israelitas do domínio do Faraó. "Pela fé, [Moisés] saiu do Egito sem medo da ira do rei e prosseguiu sem vacilar, como quem vê aquele que é invisível" (Hebreus 11:27). Moisés venceu o Faraó por acreditar que Deus manteria a Sua promessa de libertação (Êxodo 3:17).

Hoje, podemos confiar na promessa de que Deus está conosco em qualquer situação, sustentando-nos por intermédio do Seu Espírito Santo. O Espírito provê a coragem que precisamos para prosseguir. *Jennifer*

17 DE ABRIL

A coroa do Rei

MATEUS 27:27-31

*[Eles] Teceram uma coroa de espinhos
e a colocaram em sua cabeça.*
—Mateus 27:29

Sentamo-nos ao redor da mesa, cada pessoa adicionando um palito ao disco de espuma diante de nós. Em nossa refeição noturna nas semanas que antecederam a Páscoa, fizemos uma coroa de espinhos — com cada palito de dente significando algo que havíamos feito naquele dia pelo qual lamentávamos e pelo qual Cristo já tinha pagado o castigo.

A coroa de espinhos que fora confeccionada para Jesus usar fazia parte de um jogo cruel que os soldados romanos realizavam antes da crucificação. Eles também o vestiram com um manto vermelho e lhe deram um caniço como se fosse um cetro de rei, o qual usaram para bater na cabeça de Jesus. Zombavam dele, chamando-o de "rei dos judeus" (Mateus 27:29), sem saber que as suas ações seriam lembradas milhares de anos depois. Este não era um rei comum. Ele é o Rei dos reis cuja morte seguida por Sua ressurreição nos trouxe vida eterna.

Na manhã da Páscoa, comemoramos o presente do perdão e da nova vida, substituindo os palitos de dente por flores. Que alegria sentimos ao saber que Deus apagou os nossos pecados e nos deu liberdade e vida para sempre! — *Amy B. Pye*

Adeus, por enquanto

1 TESSALONICENSES 4:13-18

*...não se entristeçam como aqueles
que não têm esperança.*
—1 Tessalonicenses 4:13

Minha neta Allyssa e eu seguimos uma rotina ao nos despedirmos. Abraçamo-nos e lamentamos com soluços dramáticos por uns vinte segundos. Então nos afastamos e casualmente dizemos "Até logo". Apesar dessa brincadeira ao nos despedirmos, sempre esperamos nos ver de novo e logo.

Às vezes a dor da separação das pessoas de quem gostamos pode ser difícil. Quando o apóstolo Paulo disse adeus aos anciãos de Éfeso, "Todos choraram muito enquanto se despediam dele com abraços e beijos. [...] O que mais os entristeceu foi ele ter dito que nunca mais o veriam" (Atos 20:37,38).

A tristeza mais profunda, contudo, vem quando a morte nos separa e dizemos adeus pela última vez a alguém que amamos. Essa separação parece algo impensável. Como podemos enfrentar a dor?

Ainda assim... não nos entristecemos como aqueles que não têm esperança. Paulo escreve sobre uma reunião futura para os que creem que Jesus morreu e ressuscitou (1 Tessalonicenses 4:13-18). Ele declara: "Pois o Senhor mesmo descerá do céu...", e teremos uma grande reunião.

E, melhor de tudo, estaremos *para sempre* com Jesus.

Cindy

19 DE ABRIL

Glória ao Produtor

MARCOS 4:26-29

*Não importa quem planta ou quem rega,
mas sim Deus, que faz crescer.*
—1 Coríntios 3:7

Certo dia, notei uma mancha amarela à direita da entrada de nossa casa. Seis talos de narcisos floresceram altos e brilhantes, apertados entre duas enormes pedras. Como eu não os tinha plantado, não conseguia entender como as flores tinham brotado em nosso jardim.

Jesus ilustrou o mistério do crescimento espiritual em uma parábola sobre o brotar das sementes. Ele compara o reino de Deus a um fazendeiro que espalha as suas sementes no solo (v.26). Quem espalhou as sementes talvez tenha feito o que pôde para cuidar do solo. Mas Jesus disse que elas brotaram independentemente de qualquer ação do homem (vv.27,28).

A maturação das sementes nessa parábola de Jesus, como o brotar dos meus narcisos, ocorreu no tempo de Deus e por causa do Seu poder de fazer a planta crescer. Se considerarmos o nosso crescimento espiritual ou o plano de Deus para a expansão da Igreja até que Jesus volte, reconheceremos que os caminhos misteriosos do Senhor não dependem de nossas habilidades ou compreensão de Suas obras. Ainda assim, Deus nos convida a conhecer, servir e louvar o Produtor e a colher os benefícios da maturidade espiritual que Ele cultiva em nós e por nosso intermédio. *Xochitl*

Removendo as barreiras

FILEMOM 1:8-16

*...é um irmão amado, especialmente para mim.
Agora ele será muito mais importante
para você, como pessoa e como irmão no Senhor.*
—Filemom 1:16

Eu via Maria todas as terças-feiras ao visitar "a Casa": um lar que auxilia ex-prisioneiras a se reintegrarem à sociedade. Minha vida parecia diferente da vida dela que acabara de sair da prisão, que lutava contra os vícios e fora separada de seu filho. Ela vivia à margem da sociedade.

Da mesma maneira que Maria, Onésimo sabia o que significava viver à margem da sociedade. Como escravo, ele aparentemente havia ofendido o seu mestre cristão, Filemom, e agora estava preso. Na prisão, ele conheceu Paulo e encontrou a fé em Cristo (v.10). Embora agora Onésimo fosse um homem transformado, ele ainda era escravo. Paulo o enviou novamente a Filemom com uma carta pedindo que este o recebesse bem, pois "já não é um escravo para você; [...] mas um irmão amado" (v.16).

Filemom teve uma escolha: Ele poderia tratar Onésimo como seu escravo ou recebê-lo como um irmão em Cristo. Eu também precisei fazer esse tipo de escolha a respeito da Maria. Eu a fiz, e como minha irmã no Senhor, nós tivemos o privilégio de caminhar juntas em nossa jornada de fé.

Os muros do status socioeconômico, classe ou diferenças culturais podem nos separar. O evangelho remove essas barreiras, transformando a nossa vida diária e os nossos relacionamentos para sempre.

Karen

Amor e paz

SALMO 16

*...não deixarás minha alma entre os mortos [...]
me mostrarás o caminho da vida e [...]
a alegria da tua presença...*
—Salmo 16:10,11

Sempre me surpreende a forma como a paz — a poderosa e inexplicável "paz que excede todo o entendimento" (Filipenses 4:7) — pode encher o nosso coração mesmo em meio à nossa dor mais profunda. Passei por isso recentemente no funeral do meu pai. Quando a longa fila de conhecidos passava oferecendo condolências, senti-me aliviada em ver um amigo da adolescência. Em silêncio, ele me envolveu com um longo abraço apertado. Seu entendimento silencioso fluiu em mim com a primeira sensação de paz em meio a toda a dor, um poderoso lembrete de que eu não estava sozinha como pensava.

O tipo de paz e alegria que Deus traz à nossa vida não é provocado pela escolha de reprimir a dor em tempos difíceis. Davi insinua que ela é mais como uma dádiva que não podemos deixar de usufruir quando nos refugiamos em Deus (Salmo 16:1,2).

A vida que Deus nos concedeu, até mesmo com a dor que lhe é inerente ainda é boa e linda. E podemos nos render aos Seus braços de amor que carinhosamente nos sustentam, em meio à dor, para a paz e a alegria que nem a morte é capaz de extinguir (vv.6-8,11). *Monica*

22 DE ABRIL

Além das estrelas

SALMO 8:1-9

...tua glória é mais alta que os céus!
—Salmo 8:1

Em 2011, a Administração Nacional de Aeronáutica e Espaço (NASA) comemorou 30 anos de pesquisa espacial. Nessas três décadas, as naves e ônibus espaciais levaram mais de 355 pessoas que ajudaram a construir a Estação Espacial Internacional. Depois de aposentar cinco naves, a NASA passou a priorizar a exploração do espaço profundo.

A raça humana já investiu muito tempo e dinheiro, inclusive com o sacrifício da vida de alguns astronautas para estudar a imensidão do Universo. Todavia, a evidência da majestade de Deus vai muito além do que podemos medir.

Quando pensamos no Escultor e Sustentador do Universo, que conhece cada estrela pelo nome (Isaías 40:26), podemos compreender o motivo de o salmista Davi louvar e enaltecer a majestade divina (Salmo 8:1). Os dedos do Senhor estão na "lua e [nas] estrelas" que Ele ali colocou (v.3). O Criador dos Céus e da Terra reina acima de tudo, porém continua perto de todos os Seus filhos amados, cuidando de cada um íntima e pessoalmente (v.4). Com amor, Deus nos concede poder, responsabilidade e o privilégio de cuidar e explorar o mundo que Ele nos confiou (vv.5-8).

À medida que observamos os nossos céus noturnos pontilhados de estrelas, nosso Criador nos convida a buscá-lo com paixão e perseverança. O Senhor ouve as orações e os cânticos de louvor que saem dos nossos lábios. *Xochitl*

23 DE ABRIL

O conforto de um amigo

JÓ 2:7-13

*...Não disseram nada, pois viram
que o sofrimento de Jó era grande demais.*
—Jó 2:13

Certa mãe surpreendeu-se muito ao ver a filha enlameada da cintura para baixo ao voltar para casa após a aula. A filha lhe explicou que uma amiga tinha caído em uma poça de lama. Enquanto um colega de classe correu para buscar ajuda, a pequenina sentiu pena de sua amiga. Então, ela se sentou na poça de lama com a amiga até a chegada da professora.

Quando Jó experimentou a perda devastadora de seus filhos e foi afligido com feridas dolorosas por todo o corpo, seu sofrimento era esmagador e três dos seus amigos quiseram consolá-lo. "...rasgaram seus mantos e jogaram terra ao ar, sobre a cabeça. Depois, sentaram-se no chão com ele durante sete dias e sete noites. Não disseram nada, pois viram que o sofrimento de Jó era grande demais" (Jó 2:12,13).

Inicialmente, os amigos de Jó demonstraram uma compreensão excepcional. Embora mais tarde tenham dado alguns conselhos ruins a Jó, a primeira reação deles foi boa, demonstrando verdadeira empatia.

Frequentemente, a melhor coisa que podemos fazer ao confortar um amigo que está sofrendo é permanecermos ao seu lado enquanto durar o sofrimento. *Lisa*

Como criança

MARCOS 10:13-16

*Deixem que as crianças
venham a mim. Não as impeçam...*
—Marcos 10:14

A menina dançava alegre e graciosamente com a música de louvor. Ela era a única no corredor, mas isso não evitou que rodopiasse, balançasse os braços e levantasse os pés com a música. Sua mãe, sorrindo, não tentou impedi-la.

Meu coração se alegrou ao observá-la, e desejava me juntar a ela — mas não o fiz. Há muito tempo já tinha perdido essa alegria que se expressa inconscientemente e a admiração da infância. Sei que devemos crescer, amadurecer e deixar as *criancices* para trás, porém, jamais deveríamos perder a alegria e a admiração, especialmente em nosso relacionamento com Deus.

Quando Jesus viveu na Terra, Ele acolheu as crianças e frequentemente referiu-se a elas em Seus ensinamentos (Mateus 11:25; 18:3; 21:16). Certa ocasião, Ele repreendeu os discípulos por tentarem evitar que os pais trouxessem seus filhos para serem abençoados, dizendo: "Deixem que as crianças venham a mim. Não as impeçam, pois o reino de Deus pertence aos que são como elas" (Marcos 10:14).

A alegria e admiração infantil abrem o nosso coração para sermos mais receptivas ao Senhor. Jesus espera que corramos para os Seus braços.

Alyson

25 DE ABRIL

Você vai voltar?

OSEIAS 3:1-5

O Senhor me disse: ame sua esposa outra vez [...].
Isso mostrará que o Senhor ainda ama Israel...
—Oseias 3:1

O casamento de Ronaldo e Nancy estava se deteriorando rapidamente. Ela teve um caso, mas, após algum tempo, Nancy admitiu o seu pecado a Deus. Ela sabia o que Deus queria que fizesse, mas foi difícil. Ela compartilhou a verdade com o marido. Em vez de divorciar-se, Ronaldo decidiu dar-lhe a chance de reconquistar a sua confiança e Deus restaurou o casamento deles.

As atitudes desse marido refletem o amor e o perdão de Deus. O profeta Oseias entendeu isso perfeitamente. Deus ordenou que o profeta se casasse com uma mulher infiel a fim de demonstrar a Israel a condição de infidelidade deles diante do Senhor (Oseias 1). Como se isso não fosse desolador o suficiente, quando a esposa do profeta o deixou, Deus disse a ele para pedir que ela voltasse: "ame sua esposa outra vez, embora ela cometa adultério com um amante..." (3:1).

Assim como Oseias amou a sua esposa infiel, buscou-a e se sacrificou por ela, da mesma maneira Deus amou o Seu povo. O Seu ciúme e a Sua justa ira foram motivados pelo Seu grande amor.

Deus quer que nos acheguemos a Ele. Quando nos aproximamos do Senhor com fé, podemos confiar que nele encontraremos a completa plenitude. *Estera*

26 DE ABRIL

De vazio a completo

2 REIS 4:1-7

Logo, todas estavam cheias até a borda.
"Traga mais uma vasilha", disse ela a um dos filhos...
—2 Reis 4:6

Um livro de histórias infantis relata sobre um pobre rapaz do campo que tirou o chapéu para honrar o rei Derwin. No mesmo instante, apareceu outro chapéu idêntico na cabeça do jovem, e esse aparente desrespeito incitou a ira do rei. Bartolomeu retirava chapéu após chapéu ao ser escoltado à punição no palácio, mas cada vez, aparecia um novo em sua cabeça. Os chapéus eram cada vez mais sofisticados. O 500.º chapéu causou inveja ao rei, que perdoou o garoto e comprou-lhe o chapéu por 500 peças de ouro. Por fim, a cabeça do rapaz ficou descoberta; e ele foi para casa livre e com muito dinheiro para sustentar sua família.

Uma viúva veio a Eliseu com problemas financeiros, temendo que seus filhos fossem vendidos como escravos para pagar as suas dívidas (2 Reis 4). Seu único bem era uma botija de azeite. Deus multiplicou esse azeite para encher vasilhames emprestados suficientes para liquidar as dívidas, além de atender suas necessidades diárias (v.7).

Deus proveu as necessidades financeiras daquela viúva, da mesma forma que Ele nos oferece a salvação. Eu estava arruinada pelo pecado, mas Jesus pagou a minha dívida — e me oferece a vida eterna! Sem Jesus não temos meios de pagar o nosso Rei pelas ofensas que cometemos contra Ele. Com Ele temos vida abundante para sempre.

Kirsten

Criadas para nos relacionar

GÊNESIS 2:15-25

O Senhor Deus disse: "Não é bom que o homem esteja sozinho. Farei alguém que o ajude e o complete".
—Gênesis 2:18

Em muitos países, aumenta o comércio de "aluguel de uma família" para atender às necessidades dos solitários. Uns o usam para manter as aparências, de modo que, num evento social, aparentam ter uma família feliz. Alguns contratam atores para representar os parentes afastados, para que possam sentir, ainda que brevemente, a conexão familiar que desejam.

Os seres humanos foram criados para relacionarem-se entre si. Na história da criação, encontrada no início da Bíblia, Deus olha para cada coisa que fez e vê que é "muito bom" (Gênesis 1:31). No entanto, quando Deus pondera sobre Adão, Ele diz: "Não é bom que o homem esteja sozinho…" (2:18). O ser humano precisava de outro semelhante.

A Bíblia nos ensina onde encontrarmos relacionamentos: entre os seguidores de Jesus. O Salvador, ao morrer, disse ao amigo João para considerar a mãe dele como sua. Eles seriam familiares um do outro, mesmo após Jesus partir (João 19:26,27). E Paulo instruiu os cristãos a tratar os outros como pais e irmãos (1 Timóteo 5:1,2). O salmista nos diz que parte da obra redentora de Deus no mundo é conceder "uma família aos que vivem sós" (Salmo 68:6). Deus projetou a Igreja como um dos melhores lugares para prover a comunidade.

Agradeçamos a Deus, que nos criou para nos relacionarmos e nos concedeu o Seu povo para ser a nossa família!

Amy Peterson

28 DE ABRIL

Exausta espiritualmente?

1 REIS 19:1-9

*...um anjo o tocou e disse:
"Levante-se e coma!".* —1 Reis 19:5

"Emocionalmente, às vezes trabalhamos um dia inteiro em apenas uma hora", escreve Zack Eswine em seu livro *O pastor imperfeito* (Ed. Fiel, 2014). Ele se referia aos fardos que os pastores carregam frequentemente, mas isso se aplica a todos. As pesadas emoções e as responsabilidades podem nos exaurir.

O profeta Elias encontrou-se numa situação de esgotamento em todos os sentidos (1 Reis 19). A rainha Jezabel ameaçou matá-lo (vv.1,2) após descobrir que ele havia matado os profetas de Baal (18:16-40). Elias temeu tanto que fugiu e orou para que ele mesmo morresse (19:3,4).

Nessa aflição, ele se deitou quando um anjo o tocou duas vezes e lhe disse: "levante-se e coma" (vv.5,7). Depois do segundo toque, Elias foi fortalecido pelo alimento que Deus proveu, e ele "viajou quarenta dias e quarenta noites" até chegar a uma caverna (vv.8,9). Lá, o Senhor lhe apareceu, e Elias se sentiu revigorado e capaz de continuar a missão que Deus lhe confiara (vv.9-18).

Às vezes também precisamos ser encorajados no Senhor por meio de uma conversa com outro cristão, um cântico de adoração ou pelo tempo em oração e meditação na Palavra de Deus.

Você se sente exausta? Entregue os seus fardos a Deus, hoje, e seja renovada!

Julie Schwab

29 DE ABRIL

Segundas chances

RUTE 4:13-17

*"O Senhor o abençoe!", disse Noemi à nora.
"O Senhor não deixou de lado
sua bondade tanto pelos vivos como pelos mortos…"*
—Rute 2:20

Por tomar algumas decisões erradas, Linda tinha sido encarcerada numa prisão num país que não era o seu. Após 6 anos, ao ser libertada, não tinha para onde ir. Ela pensou que sua vida tivesse acabado! Mas a família dela juntou o dinheiro para o seu retorno, e um bondoso casal lhe ofereceu hospedagem, alimentação e uma mão amiga nesse meio período. Linda sentiu-se tão tocada pela bondade deles que ouviu com boa vontade quando lhe falaram sobre as boas novas do evangelho. Descobriu que Deus a amava e queria lhe dar uma segunda chance.

Linda me faz lembrar de Noemi, uma viúva que perdeu o marido e dois filhos em uma terra estrangeira e pensou que sua vida tivesse acabado (Rute 1). No entanto, o Senhor não tinha se esquecido dela, e por meio do amor de sua nora Rute e a compaixão de um homem piedoso chamado Boaz, Noemi reconheceu o amor de Deus e recebeu uma segunda chance (4:13-17).

Deus ainda cuida de nós e Ele quer nos dar um recomeço. Precisamos apenas ver a mão de Deus em nossa vida cotidiana e perceber que Ele nunca cessa de nos demonstrar Sua bondade.
Keila

30 DE ABRIL

O amor nos transforma

ATOS 9:1-22

*Logo, começou a falar de Jesus nas sinagogas,
dizendo: "Ele é o Filho de Deus".*
—Atos 9:20

Antes de conhecer Jesus, eu estava tão ferida a ponto de evitar relacionamentos próximos por medo de magoar-me ainda mais. Minha mãe era a minha melhor amiga até eu me casar com Alan. Sete anos depois e na iminência do divórcio, levei nosso filho pequeno, Xavier, a um culto. Sentei-me próxima à saída, temia confiar em alguém, mas estava desesperada e desejando receber ajuda.

Reconhecidamente, os cristãos nos acolheram, oraram por nossa família e me ensinaram a nutrir um relacionamento com Deus. Com o tempo, o amor de Cristo e dos Seus seguidores me transformou.

Dois anos mais tarde, a família toda foi batizada. Tempos depois, minha mãe comentou: "Você está diferente. Fale-me mais de Jesus". Logo depois ela também aceitou a Cristo como seu Salvador.

Jesus transforma vidas… Ele transformou a vida de Saulo, um dos mais temidos perseguidores da Igreja (vv.1-5). Outros ajudaram Saulo a aprender mais sobre Jesus (vv.17-19). A drástica transformação dele se somou à credibilidade de seu ensinamento capacitado pelo Espírito (vv.20-22).

À medida que as pessoas percebem como o amor de Cristo nos transforma, teremos oportunidades de lhes dizer o que o Senhor fez por nós.

Xochitl

A expectativa da espera

SALMO 130:1-6

Anseio pelo Senhor, mais que as sentinelas anseiam pelo amanhecer; sim, mais que as sentinelas anseiam pelo amanhecer. —Salmo 130:6

No Brasil e em Portugal, no dia 1.º de Maio todos se alegram por ter mais um feriado para descansar. Ao romper da manhã, muitos reúnem-se e aguardam para participar de caminhadas e manifestações em favor dos trabalhadores e para lutar por seus direitos com a esperança de obter melhores condições de trabalho e salários.

Como eles, eu também aguardo. Anseio por respostas. No Salmo 130, o autor escreve sobre estar em profunda angústia, numa situação que parece a mais escura das noites. Ele decide confiar em Deus e se manter alerta como um sentinela ao anunciar a alvorada. "Anseio pelo Senhor, mais que as sentinelas anseiam pelo amanhecer…" (v.6).

A expectativa da fidelidade de Deus rompendo a escuridão traz esperança ao salmista. Firmado nas promessas de Deus, essa esperança lhe permite que continue esperando, mesmo ainda não tendo visto os primeiros raios de luz.

Sinta-se encorajada, se você estiver em meio a uma noite escura. O amanhecer está vindo! Enquanto isso, não perca a esperança. Mantenha-se vigilante pela libertação do Senhor. Ele será fiel.

Lisa

Doação anônima

MATEUS 6:1-4

...quando ajudarem alguém necessitado, não deixem que a mão esquerda saiba o que a direita está fazendo.
—Mateus 6:3

Quando me formei na faculdade, precisei adotar um orçamento restrito para alimentação, R$ 80,00 por semana, para ser exata. Eu havia finalizado minhas compras e suspeitei que elas custariam ligeiramente mais do que o dinheiro que eu tinha. "Pare quando chegarmos a R$ 80,00", disse ao caixa, e quase consegui comprar tudo que tinha selecionado, exceto um pacote de pimentas.

Quando entrei no carro para voltar para casa, um homem parou ao lado e disse: "Aqui estão suas pimentas, moça", entregando-me o pacote. Antes que eu pudesse lhe agradecer, ele já tinha ido embora.

Esse simples gesto de bondade me traz à mente as palavras de Jesus em Mateus 6. Criticando os que se exibiam ao fazer doações (v.2), Jesus ensinou aos Seus discípulos um jeito diferente. Ele realçou que a doação deveria ser feita tão secretamente, a ponto de a mão esquerda não saber que a mão direita está doando (v.3)!

Doar nunca deve ser atribuído como mérito próprio. Doamos por causa do que o nosso Deus tão generosamente nos concedeu (2 Coríntios 9:6-11). Ao doarmos discreta e generosamente, refletimos quem Ele é — e Deus recebe a nossa gratidão (v.11).

Monica

Um bom final

APOCALIPSE 22:1-5

*...o trono de Deus e do Cordeiro estará ali,
e seus servos o adorarão. Verão seu rosto...*
—Apocalipse 22:3,4

À medida que as luzes se apagaram e nos preparamos para assistir *Apollo 13*, meu amigo sussurrou: "Vergonha, todos morreram!". Eu assisti ao filme sobre a nave de 1970 com apreensão, esperando ver tragédia. Somente ao ler os créditos finais percebi que fora enganada. Apesar de os astronautas enfrentarem muitas dificuldades, todos voltaram vivos para casa.

Em Cristo, podemos conhecer o final da história, também chegaremos vivas ao lar eterno. Com isso, quero dizer que viveremos para sempre com o nosso Pai celestial. O livro de Apocalipse nos diz que o Senhor vai criar "...um novo céu e uma nova terra..." (21:1,5). Nessa nova cidade, o Senhor Deus acolherá o Seu povo para viver com Ele, sem medo e sem a noite. Conhecer o fim da história nos traz esperança.

Isso pode transformar os momentos de extrema dificuldade, como acontece quando as pessoas enfrentam a perda de um ente querido. Embora recuemos ante o pensamento de morrer, ainda assim, podemos acolher a promessa da eternidade. Ansiamos pela cidade onde viveremos para sempre à luz de Deus (22:5). *Amy B. Pye*

O maior presente

JOÃO 1:43-51

…Encontramos […] Jesus de Nazaré, filho de José.
—João 1:45

Ao longo dos anos, minha amiga Bárbara já me deu inúmeros cartões de encorajamento e mimos. Depois que lhe contei que eu recebi Jesus como Salvador, ela me deu um belo presente, minha primeira Bíblia dizendo: "Você pode se achegar a Deus, encontrar-se com Ele todos os dias, ler as Escrituras, orar, confiar e o obedecer". Minha vida mudou quando ela me sugeriu que conhecesse melhor a Deus.

Bárbara me faz lembrar de Filipe. Depois de Jesus o convidar para segui-lo (João 1:43), o apóstolo imediatamente disse ao seu amigo Natanael que Jesus era "aquele sobre quem Moisés, na lei, e os profetas escreveram" (v.45). Quando Natanael duvidou, Filipe não discutiu, não o criticou nem desistiu do amigo. Simplesmente o convidou para conhecer Jesus face a face dizendo: "Venha e veja você mesmo…" (v.46).

Imagino a alegria de Filipe ao ouvir Natanael declarar Jesus como "o Filho de Deus" e "o Rei de Israel" (v.49). Que bênção saber que seu amigo não deixaria de ver as "coisas maiores que essa" que Jesus prometeu que eles veriam (vv.50,51).

O Espírito Santo inicia o nosso relacionamento íntimo com Deus e então passa a habitar naqueles que respondem com fé. O Senhor nos capacita a conhecê-lo pessoalmente e a convidarmos outros a encontrá-lo todos os dias por Seu Espírito e nas Sagradas Escrituras. Um convite para conhecer melhor a Jesus é um grande presente para se oferecer e receber. *Xochitl*

5 DE MAIO

Outra perspectiva

JÓ 36:1-25

*Todos viram suas obras,
ainda que apenas de longe.*
—Jó 36:25

Enfrentar circunstâncias inesperadas com os entes queridos é difícil, e às vezes nos sentimos impotentes por não conseguirmos responder ao questionamento deles: "Por quê?". Em nosso desespero, vasculhamos nossos pensamentos na tentativa de pelo menos lhes aliviar a dor. Mas aqueles que passaram por profundas provações podem confirmar que o silêncio de um amigo é mais valioso do que as palavras ditas da maneira errada, especialmente quando a tentativa de dar respostas causa apenas mais dor.

A história de Jó serve para provar esta verdade eterna: *Não podemos responder por Deus*. O trabalho de Suas mãos está simplesmente além do nosso entendimento finito (Romanos 11:33,34), algo que achamos difícil de aceitar.

Os amigos de Jó falaram um pouco da verdade, mas seu entendimento era limitado. Eliú, amigo de Jó, por exemplo, apesar de tentar fazer mais do que apenas forçar Jó a se arrepender de algum pecado não confessado como os outros tinham feito, ainda assim não teve uma visão do todo. O sofrimento de Jó não envolvia apenas o seu relacionamento com Deus.

Os momentos de sofrimento revelam o quanto nós dependemos de Deus. No entanto, a jornada por águas profundas se torna uma oportunidade de revelação e crescimento — para nós e também para os outros.

Regina

6 DE MAIO

O que Deus vê

2 CRÔNICAS 16:7-9

Os olhos do Senhor passam por toda a terra para mostrar sua força àqueles cujo coração é [...] dedicado a ele.
—2 Crônicas 16:9

Certa manhã, surpreendi-me ao ver na floresta atrás de minha casa uma águia-careca num galho alto vigiando o terreno como se tudo lhe pertencesse. Provavelmente, estava procurando o "café da manhã". Seu olhar abrangente parecia majestoso.

Em 2 Crônicas 16, Hanani (profeta de Deus) informou ao rei que as suas ações estavam sob a contemplação do Senhor. Ele disse a Asa, rei de Judá: "você confiou no rei da Síria, em vez de confiar no Senhor, seu Deus" (v.7). E explicou: "Os olhos do Senhor passam por toda a terra para mostrar sua força àqueles cujo coração é inteiramente dedicado a ele" (v.9). Por causa da dependência equivocada do rei Asa, ele sempre estaria em guerra.

Podemos ter a falsa sensação de que Deus observa os nossos movimentos para poder nos atacar. Mas as palavras de Hanani enfatizam o positivo. Deus nos vigia e espera continuamente que clamemos por Ele quando temos necessidade.

Como a águia-careca vigiando o meu quintal, será que os olhos de Deus contemplam o nosso mundo, nesse exato momento, buscando encontrar a fidelidade? De que maneira o Senhor pode prover a esperança e a ajuda que precisamos?

Elisa

O que permanece à vista

SALMO 104:24-35

Ó Senhor, que variedade de coisas criaste!
—Salmo 104:24

O beija-flor obtém seu nome em inglês *(hummingbird)* do zumbido feito por suas asas que batem rapidamente. Em outras línguas, é conhecido como "beija-flor" (português) ou "joia voadora" (espanhol). Um dos meus nomes favoritos para este pássaro é *biulu*, "o que permanece nos olhos" (*Zapotec* mexicano). Em outras palavras, se você vê um beija-flor, jamais o esquecerá.

G. K. Chesterton escreveu: "O mundo nunca passará fome por falta de maravilhas, mas apenas por falta de maravilhamento". O beija-flor é uma dessas maravilhas. O que é tão fascinante sobre essas pequenas criaturas? Talvez seja o seu pequeno tamanho ou a velocidade de suas asas que podem bater de 50 a 200 vezes por segundo.

O autor do Salmo 104 sentiu-se cativado pela beleza da natureza. Depois de descrever as maravilhas da criação como os cedros do Líbano e os jumentos selvagens, ele canta: "...o Senhor tem prazer em tudo que criou!" (v.31). E ora: "Todos os meus pensamentos lhe sejam agradáveis..." (v.34).

A natureza tem muitas belezas que podem permanecer em nossos olhos por causa de suas maravilhas. Podemos observar, meditar e agradecer a Deus ao contemplarmos a Sua criação e nos maravilharmos.

Keila

Precisamos uns dos outros

COLOSSENSES 3:12-17

...que a paz de Cristo governe o seu coração, pois, [...] vocês são chamados a viver em paz.
—Colossenses 3:15

Enquanto caminhava com meus filhos, descobrimos uma planta verde clara e macia crescendo em pequenas moitas na trilha. Essa planta é comumente chamada de musgo de cervo, mas na verdade não é um musgo. É um líquen; um fungo e uma alga que crescem juntos em uma relação mutualista na qual ambos os organismos se beneficiam um do outro. Nem o fungo, nem a alga conseguem sobreviver por conta própria, mas juntos formam uma planta resistente que pode viver em algumas áreas alpinas por até 4.500 anos.

A relação entre o fungo e a alga me faz lembrar de nossas interações humanas. Confiamos uns nos outros. Para crescer e florescer, precisamos nos relacionar uns com os outros — mutuamente.

Paulo descreve como os nossos relacionamentos devem ser. Devemos nos revestir de "compaixão, bondade, humildade, mansidão e paciência" (v.12). Devemos perdoar uns aos outros e viver em paz "como membros do mesmo corpo" (v.15).

Nem sempre é fácil viver em paz com os outros. Mas, quando o Espírito nos capacita a isso em nossos relacionamentos, nosso amor uns pelos outros traz honra a Cristo (João 13:35) e glorifica a Deus.

Amy Peterson

Seguidoras do Filho

LUCAS 8:11-15

E as que caíram em solo fértil representam os que, com coração bom e receptivo, ouvem a mensagem, a aceitam e, com paciência, produzem uma grande colheita.
—Lucas 8:15

Os girassóis brotam despreocupadamente em todo o mundo. Polinizados pelas abelhas eles surgem em muitos lugares. No entanto, para produzir uma colheita, os girassóis precisam de solo fértil para que dele se possa extrair sementes saborosas, óleo puro e para que seja também o meio de subsistência dos produtores que trabalham arduamente.

Nós também precisamos de "solo fértil" para o crescimento espiritual (Lucas 8:15). Como Jesus ensinou em Sua parábola do semeador: a Palavra de Deus pode brotar até mesmo entre as pedras ou espinhos (vv.6,7), mas prospera somente no coração de pessoas "…com coração bom e receptivo, [que] ouvem a mensagem, a aceitam e, com paciência, produzem uma grande colheita" (v.15).

O crescimento dos girassóis também é lento. Eles seguem o movimento solar ao longo do dia e diariamente se voltam para o Sol num processo chamado heliotropismo. Os girassóis mais amadurecidos voltam-se para o leste permanentemente, aquecendo a face da flor para aumentar a frequência da polinização e isso resulta numa colheita ainda maior.

Como os cultivadores dos girassóis, que possamos ser solo fértil para a Palavra de Deus crescer apegando-nos aos Seus ensinos e seguindo os passos do Filho de Deus. Esse processo é diário. Que sigamos o Filho e cresçamos! *Patrícia*

10 DE MAIO

Não é o que parece

2 REIS 6:8-17

"Não tenha medo!", disse Eliseu. "Pois do nosso lado há muitos mais que do lado deles!"
—2 Reis 6:16

Duque é um cão da raça *border collie* que vive numa fazenda entre as montanhas. Certa manhã, ele e seu dono, Tomás, foram verificar as condições de alguns animais e utilizaram uma camionete utilitária. Ao chegarem, Tomás saiu do veículo esquecendo-se de acionar o freio. Com Duque no assento do motorista, o veículo desceu uma colina e atravessou duas faixas de tráfego antes de parar com segurança. Para os motoristas que presenciaram a cena, parecia que o cão estava dando uma voltinha matinal. Na verdade, as coisas nem sempre são como parecem.

Parecia que Eliseu e seu servo estavam prestes a serem capturados e levados ao rei da Síria. As forças do rei haviam cercado a cidade onde Eliseu e seu servo estavam. O servo acreditava que eles estavam perdidos, mas Eliseu lhe disse: "Não tenha medo! […]. Pois do nosso lado há muitos mais que do lado deles!" (2 Reis 6:16). Quando Eliseu orou, o servo conseguiu ver a multidão de forças sobrenaturais que estava ali para protegê-los.

As situações que parecem sem esperança nem sempre são da maneira como as percebemos. Quando nos sentimos sobrecarregadas e em minoria, podemos nos lembrar de que Deus está ao nosso lado (Salmo 91:11). *Jennifer*

Sobre santos e pecadores

LUCAS 22:54-62

...ele [Jesus] perguntou: "Simão, [...] você me ama?".
[...] "O Senhor sabe todas as coisas. Sabe que eu o amo".
—João 21:17

Antes de morar no deserto seguindo o exemplo de João Batista, Maria do Egito (344–421 d.C.) passou a juventude em busca de prazeres ilícitos. No auge de sua sórdida carreira, ela viajou a Jerusalém para corromper os peregrinos. Porém, a jovem teve a profunda convicção dos próprios pecados e, desde então, passou a viver em arrependimento e solidão no deserto. A transformação radical de Maria do Egito ilustra a magnitude da graça de Deus e o poder restaurador da cruz.

Pedro negou conhecer a Jesus três vezes, mas, poucas horas antes de negá-lo, o discípulo havia declarado sua disposição de morrer por Jesus (Lucas 22:33). Assim, o fracasso foi um golpe pesado (vv.61,62). Após a morte e ressurreição de Cristo, Pedro estava pescando com alguns dos outros discípulos quando o Senhor lhe apareceu. Jesus lhe deu a chance de declarar o seu amor por Ele três vezes — uma chance para cada uma das negações (João 21:1-3). Em cada declaração, o Mestre o encarregou de cuidar do Seu povo (vv.15-17). O resultado dessa demonstração maravilhosa da graça de Cristo foi o fato de Pedro desempenhar um papel fundamental na edificação da Igreja.

A biografia de qualquer uma de nós poderia começar com uma invocação dos nossos fracassos e derrotas. Mas a graça de Deus sempre nos permite a redenção e um fim diferente.

Remi

Enraizada em Deus

JEREMIAS 17:5-8

É como árvore plantada junto ao rio, com raízes que se estendem até as correntes de água...
—Jeremias 17:8

Quando os meus amigos plantaram glicínias perto da cerca da sua casa eles aguardavam com expectativa a flor de lavanda que apareceria. Ao longo de duas décadas eles apreciaram esta planta. Mas, de repente, as glicínias morreram, pois os seus vizinhos tinham derramado um pouco de herbicida pelo outro lado da cerca. O veneno penetrou nas raízes da glicínia e as plantas pereceram, ou assim eles pensavam. Para surpresa deles, no ano seguinte, alguns brotos surgiram pelo chão.

O profeta Jeremias nos traz à mente a visão de imagens de árvores florescendo e perecendo e as relaciona com o povo de Deus que ou confia no Senhor ou ignora os Seus caminhos. Aqueles que seguem a Deus direcionarão as suas raízes ao solo próximo da água e darão fruto (Jeremias 17:8), mas os que seguem seus próprios corações serão como um arbusto no deserto (vv.5,6). O profeta afirma que aqueles que confiam no Deus verdadeiro e vivo serão como a "árvore plantada junto ao rio" (v.8).

Sabemos que o nosso "Pai é o lavrador" (João 15:1) e que nele podemos confiar e ter esperança (Jeremias 17:7). Que possamos segui-lo com todo o nosso coração enquanto produzimos frutos que permanecem.

Amy B. Pye

13 DE MAIO

Celebrando a criatividade

GÊNESIS 1:1-21

Então Deus disse:
"Encham-se as águas de seres vivos…".
—Gênesis 1:20

Uma água-viva raramente vista valsava com as correntes a 120 metros de profundidade no oceano. O corpo da criatura brilhava com tons fluorescentes de azul, púrpura e rosa contra o pano de fundo da água escura. Tentáculos elegantes ondulavam graciosamente com o pulsar do corpo em formato de sino. Ao ver a filmagem incrível da medusa *Halitrephes maasi* no *National Geographic*, pensei sobre como Deus escolheu um design específico para essa criatura bela e gelatinosa. Ele também moldou os outros 2.000 tipos de águas-vivas que os cientistas já identificaram.

Isso deve nos fazer contemplar a profunda verdade revelada em Gênesis 1. Nosso maravilhoso Deus criou a luz e a vida no mundo diversificado que Ele moldou com o poder de Sua palavra. Ele projetou "os grandes animais marinhos e todos os seres vivos que se movem em grande número pelas águas" (Gênesis 1:21).

Deus também esculpiu intencionalmente cada pessoa do mundo, designando Seu propósito a cada dia da nossa vida antes mesmo de nascermos (Salmo 139:13-16). Ao celebrarmos a criatividade do Senhor, também podemos nos alegrar nas muitas formas como Ele nos ajuda a imaginar e a sermos criativas para a Sua glória.

Xochitl

14 DE MAIO

Lamento esperançoso

LAMENTAÇÕES 3:49-58

*Mas, lá do fundo do poço,
invoquei teu nome, S<small>ENHOR</small>.*
—Lamentações 3:55

Visitar o Parque Nacional Clifton Heritage em Nassau, Bahamas, é revisitar um momento trágico da história. Perto da beira do mar, os degraus de pedra levam a um penhasco. Os escravos trazidos em barcos no século 18 subiam aqueles degraus, muitas vezes deixando a família para traz para iniciar uma vida de tratamento desumano. No topo, há um memorial a esses escravos. As árvores de cedro foram entalhadas no formato de mulheres olhando para o mar, em direção à sua terra natal e à família que perderam. E cada escultura carrega marcas do chicote do capataz.

Essas esculturas são as lembranças das injustiças do nosso mundo e nos relembram que é importante lamentar essas crueldades. Lamentar, ser sincero diante de Deus a respeito dos problemas deveria ser uma postura comum aos cristãos. No livro de Salmos, 40% de seus escritos são lamentos, e no livro de Lamentações, o povo de Deus clama pelo Senhor após suas cidades terem sido destruídas por invasores (3:55).

O lamento é esperança: quando lamentamos o que não está certo, chamamos a nós e aos outros à proatividade na busca de mudanças.

Esse jardim de esculturas em Nassau recebeu o nome de "Gênesis". Esse lugar de lamentos é reconhecido como o lugar dos novos começos.

Amy Peterson

O que dura para sempre?

SALMO 102:25-28

Tu, porém, és sempre o mesmo;
teus dias jamais terão fim.
—Salmo 102:27

Minha amiga, que já tinha passado por tantas dificuldades, escreveu: "Enquanto reflito nos últimos quatro semestres da faculdade, tantas coisas já mudaram. É realmente amedrontador, nada dura para sempre".

É verdade, muitas coisas podem acontecer em apenas 2 anos. Boas ou ruins. Uma mudança de vida pode estar à espreita ao virar da esquina, pronta para o ataque! Que grande conforto é saber que o nosso amoroso Pai celestial jamais muda.

O salmista diz: "Tu, porém, és sempre o mesmo; teus dias jamais terão fim" (Salmo 102:27). Deus é para sempre piedoso, justo e sábio. O professor de ensino bíblico Arthur W. Pink declara: "Quaisquer que fossem os atributos de Deus antes de o Universo ter sido criado, eles são exatamente os mesmos agora e permanecerão assim para sempre".

Ao enfrentarmos transformações circunstanciais, podemos estar bem seguras de que o nosso bom Deus será sempre consistente com o Seu caráter.

Pode parecer que nada dure para sempre, mas o nosso Deus permanecerá consistentemente bom para aqueles que lhe pertencem.

Poh Fang

16 DE MAIO

O melhor presente

LUCAS 11:9-13

Procurem, e encontrarão.
—Lucas 11:9

Quando estava fazendo as malas para voltar para casa, minha mãe me presenteou com um anel que lhe pertencia e que eu admirava. Surpresa, perguntei-lhe o porquê. Ela respondeu: "Acho que você deve aproveitar e usá-lo desde já. Por que esperar até eu morrer?". Com um sorriso, recebi esse presente inesperado, uma herança prematura que me traz alegria.

Ela me deu um presente material, porém Jesus promete que Seu Pai nos concede uma dádiva de maior importância: o Espírito Santo (Lucas 11:13). Por meio dessa dádiva (João 16:13), podemos experimentar a esperança, o amor, a alegria e a paz mesmo em tempos difíceis — e podemos compartilhar essas mesmas dádivas com os outros.

Na infância, podemos ter tido pais incapazes de nos amar e nos cuidar integralmente. Talvez tenhamos tido mães e pais que foram exemplos brilhantes de amor incondicional. Ou a nossa experiência pode ter sido um meio-termo. Seja o que for que tenhamos vivido com nossos pais terrenos, podemos nos firmar na promessa de que o nosso Pai celestial nos ama incessantemente. Deus concedeu aos Seus filhos a dádiva do Espírito Santo.

Amy B. Pye

17 DE MAIO

Plenamente limpa

JEREMIAS 2:13,20-22

*...o sangue de Jesus, seu Filho,
nos purifica de todo pecado.*
—1 João 1:7

Eu não podia acreditar! Uma caneta de gel azul escondida entre minhas toalhas brancas sobrevivera à máquina de lavar, apenas para explodir na secadora. As manchas escuras e feias arruinaram as minhas toalhas.

Enquanto, com relutância, eu entregava as toalhas à pilha de trapos, lembrei-me do lamento de Jeremias descrevendo os efeitos prejudiciais do pecado. Ao rejeitar a Deus e se voltar para os ídolos (Jeremias 2:13), o profeta declarou que o povo de Israel tinha causado uma mancha permanente no relacionamento deles com Deus: "Por mais sabão ou soda que use [...]; ainda vejo a mancha de sua culpa. Eu, o SENHOR Soberano, falei!" (v.22). Eles eram impotentes para desfazer o dano.

Por nós mesmas, é impossível removermos a mancha do nosso pecado. Mas Jesus já fez o que nós não podíamos fazer. Pelo poder de Sua morte e ressurreição, Ele "purifica [os que creem nele] de todo pecado" (1 João 1:7). Não há dano do pecado que Jesus não possa remover plenamente. Deus pode lavar os efeitos do pecado daquele que quiser se voltar a Ele (v.9). Por meio de Cristo, podemos viver cada dia em liberdade e esperança.

Lisa

18 DE MAIO

A fonte da sabedoria

1 REIS 3:16-28

Dá a teu servo um coração compreensivo...
—1 Reis 3:9

Um homem processou uma mulher, alegando que ela estava com o cachorro dele. No tribunal, a mulher insistiu que o cachorro lhe pertencia. A verdadeira identidade do proprietário foi revelada quando o juiz soltou o animal na sala de audiências. Balançando a cauda, o cãozinho correu em direção ao homem!

Salomão precisou resolver uma questão difícil sobre uma maternidade verdadeira. Duas mulheres diziam ser a mãe do mesmo garotinho. Depois de considerar os argumentos de ambas, ele pediu uma espada para cortar a criança ao meio. A mãe verdadeira implorou que ele desse o bebê à outra mulher, escolhendo salvar a vida do filho mesmo que não pudesse tê-lo (v.26). Salomão descobriu nesse gesto a sua sentença e entregou a criança à verdadeira mãe.

Se valorizamos a justiça, nós podemos pedi-la a Deus, como Salomão o fez (v.9). Deus pode responder o nosso pedido ajudando-nos a equilibrar as nossas necessidades e desejos com os interesses dos outros. Ele também pode nos ajudar a comparar os benefícios imediatos com os ganhos de longo prazo (às vezes eternos) para que assim o honremos com a nossa vida.

Nosso Deus não é apenas um juiz sábio, Ele também é um Conselheiro pessoal que está disposto a nos conceder a sabedoria divina (Tiago 1:5).

Jeniffer

19 DE MAIO

Promessa de um lar pacífico

SALMO 91

Ele o cobrirá com as suas penas e o abrigará
sob as suas asas; a sua fidelidade é armadura e proteção.
—Salmo 91:4

Quando penso em proteção, não penso automaticamente nas penas de um pássaro. Embora elas possam parecer uma forma frágil de proteção, as penas contêm algo mais do que é possível os olhos verem.

As penas de pássaros são um exemplo incrível do projeto de Deus. Elas têm uma parte lisa e uma parte fofa. A parte lisa possui farpas duras com pequenos ganchos que se prendem como os pinos de um zíper. A parte fofa mantém o pássaro quente. Juntas, ambas protegem o pássaro do vento e da chuva.

A imagem de Deus "[nos cobrindo] com as suas penas" no Salmo 91:4 e em outras passagens da Bíblia (Salmo 17:8) inspira conforto e proteção. Como um pai cujos braços são um lugar seguro para o refúgio durante uma tempestade assustadora ou de uma mágoa, a presença reconfortante de Deus proporciona segurança e proteção contra as tempestades emocionais da vida.

Podemos enfrentar problemas e mágoas sem medo, enquanto nossos rostos estiverem voltados para Deus. Ele é o nosso refúgio (91:2,4,9). *Linda*

Provada

LUCAS 22:15-34

...supliquei em oração por você, Simão, para que sua fé não vacile. Portanto, quando tiver se arrependido e voltado para mim, fortaleça seus irmãos. —Lucas 22:32

Quando eu era criança e ajudava a minha mãe na cozinha um utensílio que me fascinava era a peneira. Ao chacoalhar o cabo lentamente, eu gostava de observar como a bola de farinha passava pelos buraquinhos da tela de metal para se tornar algo leve e macio.

Lucas 22:15-34 registra uma das interações finais de Jesus com Seus discípulos antes de Sua crucificação. Embora já tivesse abordado a necessidade de Pedro em confiar na vontade de Deus acima da sua (Mateus 16:23), Jesus sabia que a confiança desse apóstolo em suas próprias habilidades continuava sendo um problema.

Os discípulos começaram o perigoso jogo de comparação (Lucas 22:23-34). *Quem escolheria a autoproteção em detrimento do chamado de Cristo?* Você e eu escolheríamos.

Deus não permitiria o peneirar espiritual se isso não gerasse transformação. Porém sempre, temos uma escolha de como reagiremos ao processo. Permaneceremos orgulhosas com o conhecimento espiritual ou seremos transformadas em humildes mensageiras da Sua verdade?

Como Pedro aprendeu, superamos os nossos desafios espirituais quando permitimos que Deus nos prove e transforme, tornando-nos uma pessoa que Ele possa verdadeiramente usar em Sua obra.

Regina

21 DE MAIO

O apagador de dívidas

SALMO 103:1-12

De nós ele afastou nossos pecados, tanto como o Oriente está longe do Ocidente. —Salmo 103:12

Segurei as lágrimas ao revisar minhas despesas médicas. Com o severo corte no salário do meu marido após o desemprego prolongado, pagar metade do saldo exigiria anos de parcelas mensais. Orei antes de ligar para o consultório do médico para explicar-lhe a nossa situação e solicitar um plano parcelado de pagamento. Depois de ficar à espera por alguns momentos, a recepcionista me informou que o médico havia zerado a nossa dívida.

Soluçando, agradeci. Essa generosidade me encheu de gratidão a Deus. Pensei até em guardar a conta do médico como uma lembrança do que Deus tinha feito.

A decisão do meu médico me trouxe à mente a escolha de Deus em perdoar a dívida insuperável dos meus pecados. As Escrituras nos asseguram que Deus é "compassivo e misericordioso" e "lento para se irar e cheio de amor" (Salmo 103:8). Ele "não nos castiga por nossos pecados, nem nos trata como merecemos" (v.10). Ele remove os nossos pecados, "como o Oriente está longe do Ocidente" (v.12), quando nos arrependemos e aceitamos Cristo como nosso Salvador. Seu sacrifício "zera" completamente a dívida que um dia tivemos. Completamente.

Em resposta ao Seu amor, podemos adorá-lo com dedicação e generosa gratidão — vivendo para o Senhor e compartilhando sobre Ele com os outros.

Xochitl

22 DE MAIO

O bom Pastor

ISAÍAS 40:6-11

Como pastor, ele alimentará seu rebanho; levará os cordeirinhos nos braços e os carregará junto ao coração...
—Isaías 40:11

Sentei-me no quarto do hospital com meu marido e ficamos aguardando ansiosamente as notícias. Nosso filho mais novo se submetia a uma cirurgia corretiva nos olhos e eu, movida pela preocupação, senti um frio na barriga. Tentei orar, pedindo a Deus que me concedesse a Sua paz. Enquanto folheava minha Bíblia, lembrei-me do texto em Isaías 40, e procurei essa passagem que me era tão familiar, questionando-me se ali encontraria algo novo.

Enquanto a lia, prendi o fôlego, pois as palavras escritas tantos anos atrás me lembraram de que o Senhor como um pastor "alimentará seu rebanho; levará os cordeirinhos nos braços e os carregará junto ao coração" (Isaías 40:11).

Minha ansiedade se dissipou e percebi que o Senhor estava nos cuidando e guiando. *Era exatamente isso o que eu precisava, Senhor,* respirei em silêncio. Senti-me envolvida pela paz de Deus durante e após a cirurgia (que felizmente foi bem-sucedida).

O Senhor prometeu ao Seu povo, por meio do profeta Isaías, que Ele seria o Seu pastor. Nós também podemos usufruir desse Seu cuidado carinhoso quando lhe expomos as nossas ansiedades. O Senhor é o nosso Bom Pastor e nos carrega junto ao Seu coração.

Amy B. Pye

23 DE MAIO

A beleza do amor

PROVÉRBIOS 5

Seja abençoada a sua fonte!...
—Provérbios 5:18

A dança de cortejo "Jarabe Tapatío" ou a "dança mexicana do chapéu" é uma dança típica bem conhecida que celebra o romance. Nessa dança contagiante, o homem coloca o seu sombreiro no chão e ao final, a mulher o ajuda. O par se esconde atrás do sombreiro para selar o seu romance com um beijo.

Essa dança me lembra da importância da fidelidade no casamento. Em Provérbios 5, depois de explicar o alto preço da imoralidade, o autor diz que o casamento é exclusivo: "Beba a água de sua própria cisterna" (v.15). Dançando o *Jarabe* no salão, cada pessoa se foca apenas no próprio parceiro. Podemos nos alegrar num compromisso profundo e integral com o nosso cônjuge (v.18).

O nosso romance também está sendo observado. Enquanto os dançarinos se divertem com seus parceiros, sabem que alguém os observa. Da mesma forma, lemos: "Pois o Senhor vê com clareza o que o homem faz e examina todos os seus caminhos" (v.21). Deus quer proteger o nosso casamento e Ele nos observa constantemente. Nós o agradamos com a lealdade que demonstramos um ao outro.

Assim como na dança *Jarabe*, a vida deve seguir um ritmo. Quando nos mantemos no ritmo do nosso Criador sendo fiéis a Ele — quer sejamos casadas ou não, encontramos bênçãos e alegria.

Keila

Qual é o melhor presente?

2 CRÔNICAS 2:1-10

O templo que vou construir será imponente,
pois nosso Deus é maior que todos os outros deuses.
—2 Crônicas 2:5

Meu marido celebrou recentemente mais uma década de seu aniversário. Pensei muito sobre qual seria a melhor maneira de homenageá-lo. Propus aos nossos filhos algumas ideias para eles me ajudarem a decidir sobre o que seria melhor. Eu queria que a celebração refletisse a importância dessa nova década e, como ele é precioso em nossa família e que também demonstrasse a importância desse marco na vida dele.

O rei Salomão queria dar a Deus um presente muito maior do que um "grande aniversário" mereceria. Ele quis que o Templo que estava construindo fosse digno da presença do Senhor. Para garantir matérias-primas, enviou mensagens ao rei de Tiro e lhe escreveu que o templo seria enorme, "…pois nosso Deus é maior que todos os outros deuses" (v.5). O rei reconheceu que a imensa bondade de Deus excede em muito o que jamais poderia ser construído por mãos humanas, mesmo assim, eles cumpriram essa tarefa para demonstrar amor e adoração.

Nosso Deus é realmente majestoso. Ele tem feito grandes maravilhas e nos instiga a trazer-lhe preciosas ofertas de amor. Salomão sabia que a sua dádiva não era páreo para o que Deus merece, mesmo assim, com alegria, colocou sua oferta diante do Senhor. E nós também podemos! *Kirsten*

25 DE MAIO

O aroma de Cristo

2 CORÍNTIOS 2:14-17

Somos o aroma de Cristo que se eleva até Deus […] por aqueles que estão sendo salvos…
—2 Coríntios 2:15

Com calor e empoeirado, Beto desceu do ônibus que ele havia pegado rumo a uma cidade longe de casa. Ele estava cansado do longo dia de viagem e agradecido por poder jantar com amigos de amigos que moravam naquela região. Eles o receberam, e Beto imediatamente experimentou uma sensação de paz. Sentiu-se em casa: confortável, seguro e valorizado.

Mais tarde, refletindo sobre a paz que sentira nesse lugar desconhecido, Beto descobriu a resposta em 2 Coríntios. O apóstolo Paulo descreve as pessoas que seguem a Deus como sendo o agradável "aroma de Cristo". "É isso mesmo!", Beto concluiu. Seus anfitriões tinham demonstrado o "aroma de Cristo".

Quando Paulo afirma que Deus conduz o Seu povo "triunfantemente", espalhando o aroma da Sua verdade, refere-se a uma prática do mundo antigo. Os exércitos vitoriosos queimavam incenso ao marchar pelas ruas. Para os apoiadores, o aroma levava alegria. Da mesma forma, Paulo diz que o povo de Deus leva um aroma agradável aos que creem.

Beto é o meu pai, e essa viagem aconteceu há mais de 40 anos, porém, ele jamais a esqueceu. Ele ainda conta a história das pessoas que tinham o agradável aroma de Cristo.

Amy Peterson

Coração de serva

MARCOS 9:33-37

*...Quem quiser ser o primeiro,
que se torne o último e seja servo de todos.*
—Marcos 9:35

Cozinhar, planejar eventos, ser nutricionista ou enfermeira. Essas são apenas algumas das responsabilidades desempenhadas regularmente pelas mães atuais. As pesquisas recentes estimam que as mães trabalham provavelmente entre 59 e 96 horas por semana realizando tarefas relacionadas aos filhos.

Não é de admirar que elas estejam sempre exaustas! Ser mãe significa investir muito tempo e energia para cuidar dos filhos, que precisam de muita ajuda para aprender a transitar pelo mundo.

Talvez por isso, eu sinta enorme esperança ao ver Jesus valorizando os que o servem. Os discípulos estavam discutindo sobre qual deles seria o maior. Jesus calmamente os relembrou que: "...Quem quiser ser o primeiro, que se torne o último e seja servo de todos" (Marcos 9:35). Logo depois disso, Jesus tomou uma criança em Seus braços para ilustrar a importância de servir aos outros, especialmente aos mais desamparados (vv.36,37).

O padrão de Cristo é que tenhamos a disposição de cuidar dos outros. E Jesus prometeu que a Sua presença fortalecedora estará com aqueles que servem (v.37).

À medida que você o serve, sinta-se encorajada por saber que Jesus muito valoriza o tempo e o esforço que você dedica para servir aos outros.

Lisa

27 DE MAIO

De minhocas à guerra

JUÍZES 6:11-16,36-40

"Fique em paz", respondeu o Senhor.
"Não tenha medo; você não morrerá."
—Juízes 6:23

Era a primeira pescaria de Célio, de 10 anos, e ele olhava receoso para o balde de iscas parecendo hesitar em começar. Finalmente, ele disse ao meu marido: "Quero que você me ajude, eu tenho medo de minhocas!". Seu pavor o paralisava.

O medo pode paralisar os homens crescidos também. Gideão deve ter paralisado com medo quando o anjo do Senhor lhe disse que ele tinha sido escolhido por Deus para liderar o Seu povo na batalha (Juízes 6:12-14).

E qual foi a reação de Gideão? "'Mas, Senhor, como posso libertar Israel?', […] 'Meu clã é o mais fraco de toda a tribo de Manassés, e eu sou o menos importante de minha família!'" (v.15). Depois de ter se assegurado da presença do Senhor, Gideão ainda parecia temeroso e pediu sinais de que Deus o usaria para salvar Israel como Ele tinha prometido (vv.36-40). E Deus atendeu aos pedidos de Gideão. Os israelitas foram bem-sucedidos na batalha e viveram em paz por 40 anos.

Todos nós temos medos de vários tipos, de minhocas às guerras. A história de Gideão nos ensina que podemos estar confiantes de que, se Deus nos pede para fazer algo, Ele nos dará a força e o poder para o efetuar.

Anne

Amor destemido

1 JOÃO 4:7-12

Nós amamos porque ele nos amou primeiro.
—1 João 4:19

Por anos, usei o escudo do medo para me proteger. Ele se tornou a minha desculpa para evitar experimentar coisas novas, seguir meus sonhos e obedecer a Deus. Porém, medos como o da perda, mágoa e rejeição me impediram de desenvolver relacionamentos de intimidade com Deus e com os outros também. O medo me transformou numa esposa insegura, ansiosa, ciumenta e mãe superprotetora.

Na medida em que continuo o meu aprendizado sobre o quanto Deus me ama, Ele vai transformando a maneira como me relaciono com Ele e com os outros. Por saber que Deus cuidará de mim, sinto-me mais segura e disposta a colocar as necessidades dos outros antes das minhas.

Deus é amor (vv.7,8). A morte de Cristo na cruz, a suprema manifestação do amor, demonstra a profundidade de Sua paixão por nós (vv.9,10). Por Deus nos amar, podemos amar os outros com base em quem Ele é e no que Ele fez (vv.11,12).

Aumentar a nossa confiança e fé nele pode eliminar o medo gradualmente, pois sabemos que Deus nos ama profunda e completamente (vv.18,19).

Ao experimentarmos o amor pessoal e incondicional de Deus, podemos nos arriscar a nos relacionarmos com Ele e com os outros com o amor sem medo. *Xochitl*

29 DE MAIO

Excessivamente melhor

1 CRÔNICAS 17:1-15

Ele é que construirá uma casa para mim,
e estabelecerei seu trono para sempre.
—1 Crônicas 17:12

Meu aniversário é no dia seguinte ao de minha mãe. Como adolescente, eu me esforçava para pensar num presente que a agradasse e coubesse em meu orçamento. Ela sempre recebia os meus presentes com apreço, e no dia do meu aniversário, ela me entregava o meu presente. Os recursos financeiros dela eram muito superiores aos meus e, os presentes que me dava, sempre superaram amplamente o valor financeiro dos que ela recebia.

Meu desejo de presenteá-la lembra-me do desejo de Davi em construir uma habitação para Deus. Impelido pelo contraste entre o seu palácio e a tenda onde Deus se manifestava, Davi desejou construir um Templo para o Senhor. Em vez de conceder-lhe esse desejo, Deus respondeu, dando-lhe uma dádiva muito melhor. Prometeu-lhe que o seu filho Salomão não só construiria o Templo (v.11), mas que a partir de Davi, o Senhor instituiria uma dinastia. Essa promessa iniciou-se a partir de Salomão, mas teve o seu cumprimento final em Jesus, cujo trono foi de fato estabelecido "para sempre" (v.12). Davi queria dar ao Senhor os seus recursos finitos, mas Deus lhe prometeu algo infinito.

Que possamos sempre ser movidas a ofertar a Deus por gratidão e amor e sempre reconhecermos o quanto mais abundantemente Ele nos concedeu em Jesus. *Kirsten*

Pelos vales

SALMO 23

*Mesmo quando eu andar pelo escuro vale da morte,
não terei medo, pois tu estás ao meu lado…*
—Salmo 23:4

Certa mulher esteve presa num campo de trabalhos forçados na Coreia do Norte por ter cruzado a fronteira do seu país. Seus dias e noites transformaram-se numa tortura: vigilância brutal, trabalho extenuante, poucas horas de sono no chão gelado e repleto de ratos e piolhos. Mas Deus a ajudou diariamente, inclusive, mostrando-lhe com quais prisioneiras ela poderia fazer amizades e compartilhar a sua fé.

Essa senhora foi colocada em liberdade e foi morar na Coreia do Sul. Ao refletir sobre esse tempo na prisão ela afirmou que o Salmo 23 resumia a sua experiência. Embora aprisionada num vale sombrio, Jesus, o seu Pastor, trouxe-lhe paz: "Ainda que eu me sentisse literalmente em um vale cheio de sombras da morte, eu não sentia medo. Deus me consolava todos os dias e eu sabia que ali experimentaria a bondade e o amor divino". Ela também reconhecia que permaneceria na presença de Deus para sempre.

Apesar das circunstâncias terríveis, ela sentiu o amor e a direção de Deus; o Senhor a sustentou e dissipou o medo que ela sentia. Da mesma maneira, se seguirmos Jesus, Ele nos guiará gentilmente pelos momentos difíceis de hoje e viveremos "na casa do Senhor para sempre" (v.6). *Amy B. Pye*

31 DE MAIO

Amor inexplicável

JOÃO 13:3-35

*"...Assim como eu os amei,
vocês devem amar uns aos outros".*
—João 13:34

Nossa pequena congregação decidiu surpreender o meu filho em seu aniversário de 6 anos. Os membros da igreja decoraram a sala de aula da Escola Bíblica Dominical com balões e montaram uma pequena mesa com um bolo. Quando o meu filho abriu a porta, todos gritaram e cantaram: "Feliz aniversário!".

Mais tarde, enquanto eu cortava o bolo, meu filho se aproximou e sussurrou em meu ouvido: "Mãe, por que todos aqui me amam?". O meu questionamento era igual ao dele! Essas pessoas nos conheciam há apenas 6 meses e nos tratavam como amigos de longa data.

O amor deles por meu filho refletia o amor de Deus por nós. Podemos não entender o motivo do Seu amor, mas Ele nos ama e o Seu amor é concedido livremente. Não fizemos nada para merecê-lo, e mesmo assim Ele nos ama generosamente. As Escrituras declaram: "...Deus é amor" (1 João 4:8). O amor faz parte de quem o Senhor é.

As pessoas em nossa pequena comunidade da igreja nos amam porque o amor de Deus está nelas. Demonstram esse amor e isso os identifica como seguidores de Jesus. Não podemos compreender plenamente o amor de Deus, mas podemos derramá-lo sobre outros sendo amostras do Seu amor inexplicável.

Keila

1.º DE JUNHO

Doce e amargo

SALMO 119:65-72

*Tu és bom e fazes somente o bem;
ensina-me teus decretos.*
—Salmo 119:68

Algumas pessoas gostam de chocolate amargo e outras preferem o doce. Os antigos Maias da América Central gostavam de beber chocolate e o temperavam com pimenta. Gostavam dessa "água amarga", como a chamavam. Muitos anos mais tarde, o chocolate foi introduzido na Espanha, mas os espanhóis preferiam o chocolate doce, então eles acrescentavam açúcar e mel para neutralizar o seu amargor natural.

Como o chocolate, os dias podem ser amargos ou doces. Um monge francês do século 17, chamado Irmão Lawrence, escreveu: "Se soubéssemos o quanto Deus nos ama, estaríamos sempre prontos a receber de Sua mão, igualmente, o doce e o amargo". Aceitar igualmente o doce e o amargo? Isso é difícil! Sobre o que o Irmão Lawrence estava falando? O segredo está nos atributos de Deus. O salmista disse: "Tu és bom e fazes somente o bem; ensina-me teus decretos" (Salmo 119:68).

Acolhamos a vida com seus diferentes sabores e confiemos na bondade de Deus. Que possamos dizer: "Muitas coisas boas me tens feito, Senhor, como prometeste" (v.65).

Keila

2 DE JUNHO

Silenciosa reverência

SALMO 104:10-24

Ó SENHOR, que variedade de coisas criaste!
Fizeste todas elas com sabedoria;
a terra está cheia das tuas criaturas.
—Salmo 104:24

Minha vida muitas vezes segue um ritmo frenético. Certo domingo, completamente exausta, desabei na rede do nosso jardim. Meu celular e minha família estavam dentro de casa. Eu tinha planejado descansar apenas por um momento, mas comecei a notar coisas que me convidavam a permanecer por ali mais tempo. Pude ouvir o ruído do vai e vem da rede, o zumbido de uma abelha numa flor de lavanda bem próxima e as batidas das asas de um pássaro. O céu estava brilhantemente azul e as nuvens se moviam com o vento.

Chorei com emoção reagindo a tudo o que Deus criara. Quando consegui assimilar tanta coisa maravilhosa senti-me tocada a louvar o poder criativo de Deus. O salmista estava igualmente quebrantado pela obra das mãos do Criador, percebendo que Deus "enche a terra com o fruto do [Seu] trabalho" (Salmo 104:13).

Em meio a uma vida de preocupações, um momento de quietude pode nos lembrar da força criativa de Deus! *Kirsten*

Beleza escondida

1 SAMUEL 16:1-7

...As pessoas julgam pela aparência exterior,
mas o Senhor, olha para o coração.
—1 Samuel 16:7

Meus filhos precisaram de um pouco de persuasão para acreditar que valia a pena colocar o equipamento de mergulho e espiar o fundo do mar. E depois do mergulho, eles emergiram extasiados: "Há milhares de peixes de todos os tipos! É lindo! Nunca vimos peixes tão coloridos!". Se eles não tivessem mergulhado teriam perdido a beleza escondida sob a superfície.

Quando o profeta Samuel foi a Belém ungir um dos filhos de Jessé para ser o próximo rei, ele se impressionou com a aparência de Eliabe, o filho mais velho. Ele pensou que já havia encontrado o homem certo, mas o Senhor rejeitou Eliabe. Deus lembrou a Samuel que "O Senhor não vê as coisas como o ser humano as vê. As pessoas julgam pela aparência exterior, mas o Senhor olha para o coração" (1 Samuel 16:7).

À medida que essa história prossegue, Samuel ungiu o filho mais novo de Jessé, o jovem pastor de ovelhas. Ele não se fixou na aparência do jovem que via, e Davi foi o escolhido.

Normalmente olhamos para as pessoas apenas superficialmente, e nem sempre investimos tempo para ver a sua beleza interior, tantas vezes escondida. Nem sempre valorizamos o que Deus valoriza. Mas se espiarmos abaixo da superfície, poderemos encontrar um grande tesouro. *Lisa*

4 DE JUNHO

A suprema satisfação

ISAÍAS 55:1-7

*Venha e beba, mesmo que não tenha dinheiro!
Venha, beba vinho ou leite; tudo é de graça!* —Isaías 55:1

Quando estávamos distribuindo lanchinhos para as crianças do programa da Escola Bíblica Dominical, notamos um garotinho que devorou o seu lanche. Depois, ele ainda comeu o resto dos petiscos das crianças à sua mesa. Mesmo depois de lhe dar um saco de pipoca, ele ainda não estava satisfeito e ficamos preocupados com o porquê de tanta fome.

Penso que podemos ser como aquele garotinho no que se refere às nossas emoções. Buscamos maneiras de satisfazer nossos anseios mais profundos, mas nunca encontramos o que nos satisfaz completamente.

O profeta Isaías convida aqueles que têm fome e sede: "venha e beba" (Isaías 55:1). Mas depois pergunta: "Por que gastar seu dinheiro com comida que não fortalece? Por que pagar por aquilo que não satisfaz?" (v.2). Isaías não está falando apenas sobre a fome física. Deus pode satisfazer nossa fome espiritual e emocional pela promessa da Sua presença. A "aliança permanente" (v.3) é um lembrete da promessa que Deus fez a Davi em 2 Samuel 7:8-16. Por meio da linhagem de Davi viria o Salvador para reconciliar as pessoas com Deus. Quando Jesus habitou entre nós Ele estendeu o mesmo convite que Isaías fez, identificando-se como o Salvador profetizado (João 6:35; 7:37).

Você está faminta? Deus a convida a vir e satisfazer-se com a Sua presença.   *Linda*

Contagem de confiança

DEUTERONÔMIO 1:21-33

Vejam, o Senhor, seu Deus, colocou a terra diante de vocês! Vão e tomem posse dela... —Deuteronômio 1:21

Antes de meu marido e eu entregarmos a nossa vida a Cristo, tínhamos considerado o divórcio. Mas depois de prometermos um ao outro a amar e obedecer a Deus, comprometemo-nos mutuamente. Buscamos conselhos sábios e convidamos o Espírito Santo para nos transformar. O nosso Senhor nos ajuda a desenvolvermos habilidades de comunicação saudáveis, ensinando-nos a amar e a confiar nele, e um no outro, não importa quais forem as circunstâncias.

Mesmo após celebrarmos juntos o nosso 25.º aniversário, esqueço-me ocasionalmente de tudo o que Deus tem feito em nossas provações e através delas. Às vezes, luto com um profundo medo do desconhecido em vez de confiar no histórico do que Deus fez.

Moisés reafirma a confiabilidade do Senhor em Deuteronômio 1. Ele encorajou os israelitas a avançarem na fé para que pudessem desfrutar da sua herança. Mas o povo de Deus exigiu detalhes sobre o que estaria à frente e o que receberiam antes de se comprometerem a confiar no Senhor por seu futuro (vv.22-33).

A preocupação pode nos distanciar da dependência da fé e pode até mesmo prejudicar o nosso relacionamento com Deus e com os outros. O Espírito Santo pode nos ajudar a depender da fidelidade do Senhor, dando-nos a plena confiança de que Deus é totalmente confiável. *Xochitl*

Esperança no luto

LUCAS 24:13-32

*Então os olhos deles foram abertos e o reconheceram.
Nesse momento, ele desapareceu.*
—Lucas 24:31

Eu tinha 19 anos quando uma de minhas melhores amigas morreu num acidente de carro. Andei por um túnel de luto durante muitos meses. A dor de perder alguém tão jovem e maravilhosa me turvou a visão. Sentia-me tão cega pela dor e pelo luto, que simplesmente não podia ver Deus.

Confusos e abatidos após a morte de Jesus, dois discípulos não entenderam que estavam andando com o seu Mestre ressurreto, mesmo depois de Ele ter-lhes explicado, pelas Escrituras, por que o Salvador prometido tinha que morrer e ressuscitar. Somente quando Jesus pegou o pão e o partiu, "os olhos deles foram abertos" e reconheceram que estavam na presença do Senhor (Lucas 24:30,31). Através da ressurreição de Jesus, Deus lhes trouxe a esperança.

Nós também podemos nos sentir sobrecarregadas pela confusão ou luto. Porém, encontramos conforto no fato de Jesus estar vivo e agindo neste mundo, e em nós. Embora ainda enfrentemos abatimento e dor, podemos "convidar" Cristo para andar conosco em nosso túnel de sofrimento. Sendo a Luz do mundo (João 8:12), Ele pode nos trazer raios de esperança para iluminar o nosso sombrio caminho.

Amy B. Pye

Louvor em meio aos problemas

JÓ 1:13-22

*…Aceitaremos da mão de Deus
apenas as coisas boas e nunca o mal?…*
—Jó 2:10

"É câncer". Eu queria ter sido forte quando mamãe me disse essas palavras, mas caí em lágrimas. Ninguém quer ouvir isso. Era a terceira batalha dela contra o câncer. E dessa vez era um tumor maligno sob o braço.

Apesar de a notícia ser ruim para ela, ainda assim, precisou me consolar. Sua reação me deu o alerta: "Sei que Deus é sempre bom comigo. Ele é sempre fiel". Mesmo tendo enfrentado uma cirurgia difícil, seguida por radioterapia, mamãe tinha certeza da presença e fidelidade de Deus.

Tal como Jó, que perdeu os seus filhos, riqueza e saúde, porém, ao saber das notícias: "…prostrou-se com o rosto no chão em adoração" (Jó 1:20). Quando aconselhado a maldizer a Deus, ele respondeu: "…Aceitaremos da mão de Deus apenas as coisas boas e nunca o mal?…" (2:10). Que resposta radical! Por fim Jó reconheceu que Deus estava ao seu lado e que ainda se importava com ele.

Para a maioria de nós, louvar não é a nossa reação imediata às dificuldades. Às vezes a dor é tão sufocante que a atacamos com medo ou raiva. Mas a reação de minha mãe lembrou-me de que Deus ainda está presente, e ainda é bom. Ele nos ajudará nos momentos difíceis.

Linda

8 DE JUNHO

Escrito em Suas mãos

ISAÍAS 49:14-18

Vejam, escrevi seu nome na palma de minhas mãos...
—Isaías 49:16

Nos muitos anos de Charles Spurgeon como pastor de uma igreja em Londres, no século 19, ele apreciava pregar sobre as riquezas contidas no texto de Isaías 49:16. O versículo afirma que Deus escreve o nosso nome nas palmas de Suas mãos. Esse pensamento é tão valioso que deveríamos remoê-lo em nossa mente várias e várias vezes.

Spurgeon faz a maravilhosa conexão entre essa promessa do Senhor ao Seu povo, os israelitas, e o Filho de Deus, Jesus, ao morrer na cruz por nós. Spurgeon questionou: "O que são estas chagas nas Suas mãos? [...] A ferramenta usada para gravá-las foi o prego e o martelo. Ele teve de ser pregado à Cruz para que o Seu povo pudesse verdadeiramente ter o seu nome escrito nas palmas de Suas mãos?". Quando o Senhor prometeu gravar o nome do Seu povo nas palmas de Suas mãos, Jesus estendeu os braços na cruz, recebendo nelas aqueles pregos a fim de que pudéssemos ser perdoadas dos nossos pecados.

Se e quando estivermos propensas a pensar que Deus se esqueceu de nós, precisamos simplesmente olhar para a palma das nossas mãos e nos lembrar da promessa de Deus. Ele colocou marcas inapagáveis em Suas mãos por nós; Ele nos ama com tamanha intensidade.

Amy B. Pye

Mais do que sentimentos

2 REIS 17:35–18:6

Removeu os santuários idólatras, quebrou as colunas sagradas e derrubou os postes de Aserá. Despedaçou a serpente de bronze que Moisés havia feito...
—2 Reis 18:4

Sorri frente ao meu telefone enquanto olhava para a mensagem em *emoji* que minha filha tinha enviado. Como era possível um símbolo tão pequeno conseguir capturar perfeitamente o olhar impaciente e o tom levemente irritado da minha filha adolescente ao dizer: "Mãe"?

Embora minha resposta ao texto de minha filha naquele dia tenha sido leve, percebi que nem sempre exercitamos bem as nossas emoções. Muitas vezes tornamos o nosso estado emocional o barômetro do que acreditamos ou a nossa bússola para tomar as decisões.

A limpeza radical que Ezequias fez no Templo revela como pode ser abrangente o impacto quando não resistimos à idolatria (2 Reis 17:41). Uma dádiva para trazer cura, a serpente de bronze se tornara um objeto de adoração, porque era mais palpável do que o Deus invisível (Números 21:8,9; 2 Reis 18:4).

Deus nos criou para vivermos na plenitude de Sua imagem, incluindo as emoções. Mas é essencial que escolhamos, como Ezequias, confiar na "grande força e [...] braço poderoso" de Deus para nos guiar (2 Reis 17:36). Independentemente de nossas emoções, encontramos a verdadeira segurança por meio da obediência fiel Àquele que permanece consistente e digno de confiança.

Regina

Nada falta

MARCOS 6:7-12

Deus é capaz de lhes conceder todo tipo de bênçãos, para que, em todo tempo, vocês tenham tudo de que precisam, e muito mais ainda, para repartir com outros.
—2 Coríntios 9:8

Imagine fazer uma viagem sem bagagem. Sem necessidades básicas. Sem trocas de roupa. Sem dinheiro. Isso não lhe soa como insensato e aterrorizante? Mas foi exatamente isso o que Jesus disse aos Seus 12 discípulos para fazerem quando os enviou em sua primeira missão de pregar e curar. "Instruiu-os a não levar coisa alguma na viagem, exceto um cajado…" (Marcos 6:8,9).

Quando Jesus os preparava para o seu trabalho após Ele partir, Ele disse aos Seus discípulos: "…Agora, porém, peguem dinheiro e uma bolsa de viagem. E, se não tiverem uma espada, vendam sua capa e comprem uma" (Lucas 22:36). Então, qual é a questão aqui? Trata-se de confiar que Deus cuidará em prover.

Referindo-se à primeira viagem, Jesus perguntou aos discípulos: "…Quando eu os enviei para anunciar as boas novas sem dinheiro, sem bolsa de viagem e sem sandálias extras, alguma coisa lhes faltou?…". E eles responderam: "Não" (v.35). O Senhor foi capaz de supri-los com o poder para fazer a Sua obra (Marcos 6:7).

Será que nós confiamos em Deus para suprir as nossas necessidades? Estamos também assumindo a responsabilidade pessoal e o planejamento? Tenhamos fé de que Ele nos dará o que precisamos para realizar a Sua obra. *Poh Fang*

11 DE JUNHO

Onde encontrar esperança

ROMANOS 5:1-11

E essa esperança não nos decepcionará, pois sabemos quanto Deus nos ama, uma vez que ele nos deu o Espírito Santo para nos encher o coração com seu amor.
—Romanos 5:5

Bete lutava há muito tempo com o vício em drogas e, quando se recuperou, quis retribuir ajudando outras pessoas. Para isso, ela escreveu bilhetes e os colocou por toda a sua cidade. Ela os colocava nos limpadores de para-brisas e nos postes. Antes, ela procurava desesperadamente por sinais de esperança, hoje ela os deixa para outras pessoas. Um dos bilhetes termina assim: "Com muito amor, envio esperança".

Esperança com amor — é isso o que Jesus oferece. Ele nos concede o Seu amor a cada novo dia e nos fortalece com essa esperança. Seu amor flui livremente do Seu coração e é derramado abundantemente em nosso coração: "…sabemos quanto Deus nos ama, uma vez que ele nos deu o Espírito Santo para nos encher o coração com seu amor" (Romanos 5:5). Ele deseja usar os momentos difíceis para desenvolver a perseverança e o caráter e conduzir-nos a uma vida de satisfação, plena de esperança (vv.3,4). Mesmo quando estamos longe dele, Ele ainda nos ama (vv.6-8).

Você procura por sinais de esperança? O Senhor concede esperança e com amor nos convida a crescermos em comunhão com Ele. Nossa esperança por uma vida gratificante é ancorada em Seu amor infalível.

Anne

12 DE JUNHO

Até quando?

HABACUQUE 1:2-11

Até quando, Senhor, terei de pedir socorro? Tu, porém, não ouves. Clamo: "Há violência por toda parte!", mas tu não vens salvar. —Habacuque 1:2

Quando me casei, pensei que logo em seguida teria filhos, mas isso não ocorreu. A dor da infertilidade me deixou prostrada. Muitas vezes clamei a Deus: "Até quando?". Sabia que Ele podia mudar minhas circunstâncias. Por que não mudava?

Você está esperando em Deus? Está se questionando: "Até quando, Senhor, antes que a justiça prevaleça em nosso mundo? Antes que exista a cura para o câncer? Antes que eu não tenha mais dívidas?".

O profeta Habacuque estava bem familiarizado com esse sentimento. No século 7 a.C., ele clamou: "Até quando, Senhor, terei de pedir socorro? Tu, porém, não ouves. […] Por que preciso assistir a tanta opressão?…" (Habacuque 1:2,3). Ele orou por um longo tempo, lutando para compreender como o Deus justo e poderoso permitiria que a maldade, a injustiça e a corrupção continuassem em Judá. *Por que Deus não fazia algo?*

Há dias em que também sentimos como se Deus não estivesse agindo. Mas, da mesma maneira que Ele ouviu Habacuque, Deus ouve os nossos clamores. Devemos continuar a lançar os nossos fardos ao Senhor porque Ele cuida de nós. Ele nos ouve. Em Seu tempo, Ele nos dará uma resposta. *Karen*

13 DE JUNHO

O Pai perfeito

SALMO 27

*Mesmo que meu pai e minha mãe me abandonem,
o Senhor me acolherá.*
—Salmo 27:10

Em pé no corredor cheio da loja, eu buscava o cartão ideal para o Dia dos Pais. Embora tivéssemos nos reconciliado após anos de tensão, eu nunca tinha me sentido muito próxima dele.

A mulher ao meu lado reclamou e escolheu outro cartão no mostruário, dizendo: "Por que não fazem cartões para quem não tem boas relações com o pai, mas que está tentando acertar as coisas?".

Ela se afastou antes que eu pudesse reagir, então orei por ela. Agradecendo a Deus por afirmar que somente Ele poderia ser o Pai perfeito, pedi que Ele fortalecesse o meu relacionamento com o meu pai.

Eu também desejo profunda intimidade com o meu Pai Eterno. Quero ter a mesma confiança de Davi na constante presença, poder e proteção de Deus (Salmo 27:1-6). Quando Davi clamou por socorro, ele ansiava pelas respostas de Deus (vv.7-9). Muitas vezes Davi lutava, mas o Espírito Santo o ajudava a perseverar na confiança e dependência do Senhor (v.14).

Nós encontraremos relacionamentos difíceis neste lado da eternidade, porém mesmo quando as pessoas nos decepcionam, falham conosco ou nos magoam, ainda assim somos completamente amadas e protegidas pelo único Pai perfeito.

Xochitl

14 DE JUNHO

Cores comuns

1 CORÍNTIOS 9:19-23

...tento encontrar algum ponto em comum com todos, fazendo todo o possível para salvar alguns. Faço tudo isso para espalhar as boas-novas e participar de suas bênçãos.
—1 Coríntios 9:22,23

No espaço de dois dias, vi dois camaleões; um era verde brilhante e o outro marrom escuro. O marrom estava num tronco de árvore; demorei um pouco para encontrá-lo e ver sua demonstração de como um camaleão muda de cor como forma de camuflagem.

Mas essa camuflagem é apenas parcialmente verdadeira! O fato é que um camaleão muda de cor principalmente como um sinal visual de humor e agressividade, de posse de território e do comportamento de acasalamento.

O apóstolo Paulo sofreu transformações inteligentes em si mesmo. Ele se tornou como os outros para se comunicar de maneira semelhante aos que o cercavam para que muitos tivessem a oportunidade de conhecer e crer em Jesus (1 Coríntios 9:19). Quando Paulo estava com os judeus, ele vivia como eles, jamais ignorando ou violando a Lei de Deus (vv.20,21). Ele disse: "Quando estou com os fracos, também me torno fraco, pois quero levar os fracos a Cristo" (v.22).

Que encontremos as pessoas onde elas estão hoje e compartilhemos as boas novas de Jesus com respeito e relevância à medida que Ele nos orienta! *Ruth*

Amor radical

LUCAS 14:7-14

*Em vez disso, convide os pobres,
os aleijados, os mancos e os cegos.*
—Lucas 14:13

Uma semana antes do seu casamento, o noivado de Sara terminou. Apesar da tristeza e decepção, ela decidiu não desperdiçar a comida comprada para a recepção. Entretanto, mudou os planos da comemoração. Retirou a mesa de presentes e modificou a lista de convidados, e convocou os moradores de abrigos dos sem-teto locais para o banquete.

Jesus encorajou esse tipo de bondade sem limites quando disse aos fariseus: "Em vez disso, convide os pobres, os aleijados, os mancos e os cegos. […]; você será recompensado…" (Lucas 13,14). Ele ressaltou que a bênção viria de Deus, pois tais convidados não poderiam retribuir ao anfitrião. Jesus aprovou o ato de ajudar as pessoas que não tinham como fazer doações, ter conversas brilhantes ou interações sociais.

Amar, já descobri, é doar para suprir as necessidades de outros sem esperar nada em troca. É assim que Jesus ama cada uma de nós. Ele viu a nossa pobreza interior e reagiu dando a Sua vida por nós.

Conhecer a Cristo pessoalmente é uma jornada rumo ao Seu amor infinito. Todas nós somos convidadas a explorar "…a largura, o comprimento, a altura e a profundidade do amor de Cristo" (Efésios 3:18,19). *Jennifer*

16 DE JUNHO

Deixe que parta!

GÊNESIS 12:1-9

*O Senhor tinha dito a Abrão: "Deixe sua terra natal
seus parentes e a família de seu pai
e vá à terra que eu lhe mostrarei…".* —Gênesis 12:1

Para o nosso aniversário de casamento, meu marido emprestou uma bicicleta *tandem* com assento duplo para que pudéssemos desfrutar de uma aventura romântica juntos. Quando começamos a pedalar, percebi que a estrada à minha frente se escondia por trás dos ombros largos do meu marido e piloto. Além disso, o meu guidão era fixo; e não afetava o movimento da bicicleta. Somente o guidão da frente determinava a nossa direção; o meu servia apenas como apoio para a parte superior do meu corpo. Eu tinha a opção de sentir-me frustrada por minha falta de controle ou apreciar o percurso e confiar em meu marido.

Quando Deus pediu a Abraão para deixar a sua terra natal e família, Ele não lhe ofereceu muitas informações sobre o destino. Nenhuma coordenada geográfica. Nenhuma descrição da nova terra nem de seus recursos naturais. Nem mesmo uma indicação sobre quanto tempo levaria para alcançá-la. Deus simplesmente disse. "vá" para a terra que o Senhor lhe mostrará. A obediência de Abraão à instrução de Deus, mesmo sem saber a maioria dos detalhes, como os seres humanos anseiam lhe foi creditado como ato de "fé" (Hebreus 11:8).

Se estivermos lutando com as incertezas ou o descontrole em nossa vida, que busquemos adotar o exemplo de Abraão. Sigamos em frente e confiemos em Deus. O Senhor nos conduzirá bem.

Kirsten

17 DE JUNHO

Tem conexão *wi-fi*?

PROVÉRBIOS 15:9-21

*O sábio tem fome de conhecimento,
enquanto os tolos se alimentam de insensatez.*
—Provérbios 15:14

Quando eu me preparava para uma viagem missionária com alguns jovens, o que mais eles me perguntavam era: "Vai ter *wi-fi*?". E eu lhes garantia que sim. Imaginem as lamentações e os gemidos na noite em que a conexão caiu!

Muitas de nós ficamos impacientes quando nos separamos do celular. E quando o temos em mão, podemos ficar grudadas na tela. A internet e os dispositivos que ela nos permite acessar podem tornar-se um transtorno ou uma bênção. Depende de como a utilizamos. Lemos em Provérbios: "O sábio tem fome de conhecimento, enquanto os tolos se alimentam de insensatez" (15:14).

Aplicando a sabedoria da Palavra de Deus à vida, podemos nos questionar: Será que verificamos nossas redes sociais compulsivamente ao longo do dia? O que isso diz sobre as coisas das quais temos fome? As coisas que lemos ou visualizamos online nos encorajam a seguirmos um estilo de vida sensato (vv.16-21) ou estamos nos alimentando de seu lixo?

À medida que nos rendemos ao Espírito Santo, podemos encher a nossa mente com "…tudo que é verdadeiro, tudo que é nobre, tudo que é correto, tudo que é puro, tudo que é amável e tudo que é admirável" (Filipenses 4:8). Pela sabedoria de Deus, podemos fazer boas escolhas que o honram.

Poh Fang

18 DE JUNHO

Observando as obras-primas

SALMO 139:11-18

Tu formaste o meu interior e me teceste no ventre de minha mãe. —Salmo 139:13

Meu pai fabrica aljavas customizadas para os arqueiros transportarem suas flechas. Ele esculpe figuras da vida selvagem em pedaços de couro, antes de alinhavar as peças e finalizá-las.

Certo dia eu o observei ao criar uma de suas obras de arte. Suas mãos cuidadosas pressionavam a lâmina afiada sobre o couro macio. Depois, ele molhou o pano num corante carmim e cobriu o couro com toques compassados, ampliando a beleza de sua criação.

Ao admirar a destreza dele com artesanatos, percebi o quanto sou falha em apreciar a criatividade de meu Pai celestial manifestada nos outros e até mesmo em mim. Lembrei-me da afirmação do rei Davi de que Deus criou o nosso "interior", e que fomos feitas de "modo tão extraordinário" (Salmo 139:13,14).

Podemos louvar o nosso Criador com confiança, pois as Suas obras "são admiráveis" (v.14). E nos encorajar a respeitar mais a nós mesmas e aos outros, especialmente ao lembrarmos de que o Criador do Universo nos conhecia interior e exteriormente e Ele planejou os nossos dias "quando ainda nenhum deles existia" (vv.15,16).

Todas nós fomos intencionalmente projetadas para sermos únicas e uma obra-prima amada por Deus, e que reflete a Sua magnificência. *Xochitl*

Sempre serei filha de Deus

ROMANOS 8:9-17

*Porque todos que são guiados
pelo Espírito de Deus são filhos de Deus.*
—Romanos 8:14

Durante um culto que assisti com os meus pais, demos as mãos ao orarmos juntos o Pai Nosso. De pé, com uma das mãos segurando a mão da minha mãe e a outra a do meu pai, atinei ao fato de que sempre serei a filha deles. Embora esteja na meia-idade, ainda posso ser chamada de "filha do Leo e da Phyllis". Refleti que não sou apenas filha deles, mas que serei sempre filha de Deus.

O apóstolo Paulo queria que as pessoas da igreja de Roma entendessem que a identidade delas se alicerçava no fato de serem membros adotados da família de Deus (Romanos 8:15). Por terem nascido do Espírito (v.14), eles eram "herdeiros [de Deus] e, portanto, co-herdeiros com Cristo" (v.17).

Que diferença isso faz? É bastante simples, toda! A nossa identidade como filhas de Deus nos proporciona um alicerce e molda a nossa autoimagem e a maneira como enxergamos o mundo. Saber que somos parte da família de Deus nos traz confiança para falarmos livremente sobre a nossa fé no Senhor.

Por que não paramos para pensar sobre o que significa ser filha de Deus?

Amy B. Pye

20 DE JUNHO

Melhor do que uma *Piñata*

EFÉSIOS 2:1-10

Mas Deus é tão rico em misericórdia e nos amou tanto que, embora estivéssemos mortos por causa de nossos pecados, ele nos deu vida juntamente com Cristo. É pela graça que vocês são salvos! —Efésios 2:4,5

Não pode haver uma festa mexicana sem *piñata* — uma caixa de papelão ou de barro cheia de doces e guloseimas. As crianças batem com um graveto e tentam quebrá-la, na esperança de apreciar seu conteúdo.

Os monges usaram *piñatas* no século 16 para ensinar lições aos povos indígenas do México. As *piñatas* eram estrelas com sete pontas que representavam os sete pecados capitais. Bater nela mostrava a luta contra o mal e, uma vez que as guloseimas caíssem no chão, as pessoas podiam levá-las para casa para lembrarem-se das recompensas por manter a fé.

Mas não podemos combater o mal sozinhas. Deus não está esperando por nossos esforços, para que Ele demonstre a Sua misericórdia. Paulos ensina que "vocês são salvos pela graça, por meio da fé […] é uma dádiva de Deus" (Efésios 2:8). Nós não vencemos o pecado; Cristo o venceu por nós.

Nós recebemos essas bênçãos espirituais porque cremos em Jesus e não apenas porque mantemos a fé e somos fortes. As bênçãos espirituais vêm somente através da graça — dessa graça imerecida!

Keila

Força para a sua jornada

HABACUQUE 3:16-19

*O Senhor [...] torna meus pés firmes como os da corça,
para que eu possa andar em lugares altos.*
—Habacuque 3:19

Essa clássica alegoria da vida cristã *Pés como os da corça nos lugares altos* (Ed. Vida, 2009), baseia-se em Habacuque 3:19. A história segue a jornada da personagem Grande-Medrosa em sua caminhada com o Pastor. Amedrontada, Grande-Medrosa pede que o Pastor a carregue.

Ele lhe diz que se o Pastor a carregar aos lugares altos em vez de deixá-la escalar até o topo, ela jamais desenvolverá os "pés de corça" que são tão necessários para acompanhá-lo, por onde quer que ele for. Grande-Medrosa nos traz à mente as perguntas do profeta Habacuque (e de todas nós): "Por que devo sofrer?"; "Por que a minha jornada é difícil?".

Habacuque viveu em Judá antes que os israelitas fossem para o exílio. A sociedade negligenciava a injustiça social e era paralisada pelo medo do cerco babilônio (Habacuque 1:2-11). O profeta pediu que o Senhor os libertasse e removesse o sofrimento deles (1:13). Deus respondeu que agiria justamente em Seu tempo (2:3). Pela fé, Habacuque confiou no Senhor.

O Senhor é a força que nos ajudará a suportar o sofrimento. Nós podemos usar as jornadas mais desafiantes da vida para aprofundar a nossa comunhão com Cristo. *Lisa*

Quando estamos esgotadas

GÁLATAS 6:1-10

...não nos cansemos de fazer o bem. No momento certo, teremos uma colheita de bênçãos, se não desistirmos.
—Gálatas 6:9

Recentemente enviei uma oração por e-mail para encorajar um amigo, apenas para receber uma resposta zangada. Minha reação imediata foi uma mescla de mágoa e ira. *Como pude ser tão mal-entendida?*

Antes de eu responder, lembrei-me de que nem sempre veremos os resultados positivos ao falarmos para alguém que Jesus o ama. Quando fazemos coisas boas pelos outros esperando aproximá-los de Deus, eles podem reagir com desprezo. Nossos esforços para encorajá-los podem ser ignorados.

Em Gálatas, temos uma boa passagem para lermos quando nos sentimos desencorajadas pela reação de alguém aos nossos esforços sinceros. Paulo nos encoraja a considerarmos os nossos motivos, a cuidar e prestar "muita atenção" no que falamos e fazemos (Gálatas 6:1-4). Quando tivermos feito isso, ele nos encoraja a perseverar: "Portanto, não nos cansemos de fazer o bem. No momento certo, teremos uma colheita de bênçãos, se não desistirmos. Por isso, sempre que tivermos oportunidade, façamos o bem a todos" (Gálatas 6:9,10).

Deus quer que continuemos a viver para Ele, o que inclui orar pelos outros e falar sobre "o bem" que Ele faz. Os resultados virão de Deus.

Alyson

Aos nossos amigos

JOÃO 15:5-17

Este é meu mandamento:
Amem uns aos outros como eu amo vocês.
—João 15:12

No romance de Emily Brontë *O morro dos ventos uivantes* (Ed. Lua de Papel, 2009), um homem mal-humorado que cita a Bíblia com frequência para criticar os outros é descrito como "o mais incômodo e presunçoso fariseu que esquadrinhou a Bíblia para usufruir das suas promessas apenas para si e lançar as maldições aos seus vizinhos".

Isso é cômico, e pode nos lembrar de algumas pessoas. Mas não somos *todas* um pouquinho desse jeito — propensas a condenar as falhas dos outros enquanto desculpamos as nossas? Nas Escrituras, algumas pessoas fizeram o oposto; dispuseram-se a abrir mão das promessas pessoais de Deus e a serem amaldiçoadas, caso isso viesse a salvar outras pessoas. Veja Moisés que preferiu ter o seu nome riscado do livro de Deus a ver os israelitas não perdoados (Êxodo 32:32). Ou Paulo, que disse que optaria por ser "separado de Cristo" se isso levasse seu povo a encontrar a Cristo (Romanos 9:3).

Por fim, esse tipo de amor traz destaque para Jesus, que ensinou: "Não existe amor maior do que dar a vida por seus amigos" (João 15:13).

Por intermédio de Cristo, somos amadas dessa forma (15:9-12). E ao derramarmos sobre os outros o amor inimaginável de Cristo, o mundo terá um vislumbre dele. *Monica*

24 DE JUNHO

Ricas expressões de amor

2 CORÍNTIOS 9:6-15

*Em tudo vocês serão enriquecidos
a fim de que possam ser sempre generosos*
—2 Coríntios 9:11

Em nosso aniversário de casamento, meu marido, sempre me dá um buquê de flores. Quando ele perdeu o emprego devido à reestruturação da empresa, não imaginei que tal demonstração visível de seu afeto fosse continuar. Mas em nosso 19.º aniversário, o buquê coloriu a nossa mesa de jantar. Alan tinha economizado um pouco por mês para ter o suficiente para comemorar com essa demonstração individual de afeto.

Essa exuberante generosidade é semelhante ao incentivo de Paulo aos cristãos em Corinto. O apóstolo elogiou a igreja pelas ofertas intencionais e entusiastas (2 Coríntios 9:2,5), lembrando-os de que Deus ama "quem dá" com generosidade e alegremente (vv.6,7). Afinal, ninguém dá mais do que o nosso amoroso Provedor, que está sempre pronto a suprir tudo o que precisamos (vv.8-10).

Podemos ser generosas em todos os tipos de doação, pois o Senhor supre todas as nossas necessidades materiais, emocionais e espirituais (v.11). Doando, expressamos a nossa gratidão por tudo o que Deus nos concedeu. Doar liberalmente é uma expressão de amor e gratidão que demonstra a nossa confiança na provisão de Deus a todo o Seu povo. *Xochitl*

25 DE JUNHO

Pedras memoriais

JOSUÉ 3:14–4:7

*Lembrem-se das maravilhas que ele fez,
dos milagres que realizou e dos juízos que pronunciou.*
—Salmo 105:5

Algumas manhãs, quando entro no *Facebook*, ele me mostra "memórias" — coisas que postei naquele dia nos anos anteriores. Essas memórias como as fotos de casamento do meu irmão, ou um vídeo de minha filha brincando com a minha avó, geralmente, me fazem sorrir. Mas, às vezes, elas têm um efeito mais profundo. Quando vejo uma nota sobre uma visita ao meu cunhado durante sua quimioterapia ou uma foto da minha mãe, com grampos no couro cabeludo, após sua cirurgia no cérebro há três anos, relembro-me da presença fiel de Deus durante as circunstâncias difíceis.

Todas nós temos a tendência de esquecer as coisas que Deus tem feito por nós. Precisamos de lembretes. Depois de Josué ter conduzido o povo de Deus na travessia do rio Jordão (Josué 3:15,16) cujas águas Deus separou miraculosamente (v.17), eles edificaram um memorial. Tomaram 12 pedras do meio do leito do rio e as empilharam do outro lado (4:3,6,7). Mais tarde quando fossem perguntados sobre o significado daquelas pedras, o povo de Deus contaria a história do que o Senhor havia feito naquele dia.

Os lembretes palpáveis da fidelidade de Deus no passado podem nos recordar de confiar no Senhor no presente — e no futuro.

Amy Peterson

26 DE JUNHO

Conselho do meu pai

PROVÉRBIOS 3:1-7

*Confie no Senhor de todo o coração;
não dependa de seu próprio entendimento.*
—Provérbios 3:5

Depois de ter sido demitida como editora, orei a Deus pedindo ajuda para encontrar um novo emprego. Porém, quando as semanas se passaram e nada surgia de minhas tentativas de recolocação no mercado do trabalho, comecei a murmurar. "O Senhor não sabe como é importante eu ter um emprego?", perguntei a Deus.

Quando conversei sobre a minha situação com o meu pai, que sempre me relembra de que eu devo crer nas promessas de Deus, ele me disse: "Desejo que você chegue ao ponto de confiar no que Deus diz".

O conselho de meu pai me lembra dos sábios conselhos de um pai a um filho amado. Essa passagem estava relacionada especialmente à minha situação: "Confie no Senhor de todo o coração; não dependa de seu próprio entendimento. Busque a vontade dele em tudo que fizer, e ele lhe mostrará o caminho que deve seguir" (vv.5,6). "Mostrará o caminho" significa que Deus nos guiará segundo o Seu objetivo para o nosso crescimento.

Esses caminhos nem sempre serão fáceis de trilhar, mas podemos confiar que a Sua direção e o Seu tempo são, principalmente, para o meu bem.

Você está esperando por uma resposta de Deus? Achegue-se a Ele e confie em Sua orientação. *— Linda*

27 DE JUNHO

Você me ama?

MALAQUIAS 1:1-5

"…Eu sempre amei vocês", diz o Senhor.
Mas vocês perguntam: "De que maneira nos amou?".
—Malaquias 1:2

Na adolescência, passei pelo típico período de revolta contra a autoridade de minha mãe. Meu pai morreu antes dessa fase, e ela teve que navegar essas águas turbulentas da parentalidade sem a ajuda dele.

Lembro-me de pensar que mamãe nunca queria que eu me divertisse e talvez nem mesmo me amasse porque dizia "não" com frequência. Hoje vejo que ela negava atividades que não eram boas para mim, precisamente *por* me amar.

Os israelitas questionaram o quanto Deus os amava, por causa do tempo de cativeiro na Babilônia. Mas essa era a punição de Deus pela contínua rebelião deles. Quando Deus lhes enviou o profeta Malaquias, as palavras iniciais do Senhor foram: "Eu sempre amei vocês…" (Malaquias 1:2). Israel reagiu ceticamente, como se dissessem: "Verdade, de que maneira?". Mas Deus, através de Malaquias, lembrou-lhes de como Ele tinha demonstrado aquele amor: Ele os tinha escolhido, não aos edomitas.

Quando queremos questionar o amor de Deus por nós durante os momentos difíceis, lembremo-nos das muitas formas que Ele já nos demonstrou o Seu infalível amor. Quando paramos para considerar a Sua bondade, vemos realmente que Ele é um Pai amoroso.

Kirsten

28 DE JUNHO

Mistérios difíceis

NAUM 1:1-7

*O Senhor é lento para se irar,
mas tem grande poder…*
—Naum 1:3

Minha amiga e eu caminhávamos e conversávamos sobre o nosso amor pela Bíblia. Ela me surpreendeu quando disse: "Não gosto muito do Antigo Testamento. Toda aquela coisa pesada e vingança, quero Jesus!".

Podemos ecoar suas palavras quando lemos um livro como Naum, talvez ressaltando uma declaração como: "…o Senhor é Deus zeloso, cheio de vingança e ira…" (Naum 1:2). Ainda assim, o versículo seguinte nos enche de esperança: "O Senhor é lento para se irar, mas tem grande poder…" (v.3).

Quando examinamos a questão da ira de Deus, entendemos que quando Ele a exerce, com frequência está defendendo o Seu povo ou o Seu nome. Por causa do Seu transbordante amor, Ele busca a justiça pelos erros cometidos e redenção aos que se voltaram contra o Senhor. Vemos isso quando Deus envia o Seu Filho para ser o sacrifício por nossos pecados.

Podemos confiar que Deus não apenas exerce a justiça, mas que também é a fonte de todo amor. Não precisamos ter medo dele, pois "O Senhor é bom; é forte refúgio quando vem a aflição. Está perto dos que nele confiam" (v.7).

Amy B. Pye

O que há em seu interior?

2 CORÍNTIOS 4:7-18

Agora nós mesmos somos como vasos frágeis de barro que contêm esse grande tesouro. Assim, fica evidente que esse grande poder vem de Deus, e não de nós. —2 Coríntios 4:7

Minha amiga me perguntou: "Você quer ver o que tem dentro?". Eu tinha acabado de elogiá-la pela boneca de pano à moda antiga que a filha dela segurava em seus braços. Quando respondi que sim, ela virou o rosto da boneca para baixo e abriu um discreto zíper costurado nas costas. De dentro do corpo de tecido, Emília suavemente removeu um tesouro: a boneca de pano que ela tinha segurado e amado ao longo dos anos de sua própria infância. A boneca "exterior" era meramente uma "casca" sem esse "núcleo" interior para lhe dar força e forma.

Paulo descreve a verdade da vida, morte e ressurreição de Jesus como um tesouro, que se revelou na frágil humanidade do povo de Deus, "vasos frágeis" (2 Coríntios 4:7). Esse tesouro capacita os que confiam no Senhor a suportar adversidades impensáveis e a continuar servindo-o. Quando o fazem, Sua luz — Sua vida — brilha intensamente através das "rachaduras" de sua humanidade.

Como a boneca "interior", o tesouro do evangelho em nosso interior concede propósito e fortaleza de espírito à nossa vida. Quando a força de Deus brilha através de nós, ela convida os outros a perguntar: "O que há em seu interior?". Daí então nós podemos revelar a promessa de salvação em Cristo.

Kirsten

Florescendo no deserto

ISAÍAS 35:1-10

*…Ali o Senhor mostrará sua glória,
o esplendor de nosso Deus.*
—Isaías 35:2

O Deserto de Mojave tem dunas de areia, cânions, planaltos e montanhas como a maioria dos desertos. O biólogo norte-americano, Edmund Jaeger, observou que de tempos em tempos a abundância de chuvas traz "tamanha riqueza de flores que quase toda areia ou cascalho se esconde sob um cobertor de flores". Os pesquisadores confirmam que o solo precisa ser encharcado por tempestades e aquecido pelo Sol, nos momentos certos, antes que as flores cubram o deserto com cores vibrantes.

Essa imagem de Deus trazendo vida ao terreno árido me faz lembrar do profeta Isaías. Ele compartilhou uma visão encorajadora de esperança depois de entregar a mensagem do julgamento divino sobre todas as nações. Descrevendo o futuro em que Deus "fará tudo se realizar", o profeta diz: "As regiões desabitadas e o deserto exultarão; a terra desolada se alegrará e florescerá…" (Isaías 35:1). O povo resgatado de Deus entrará em Seu reino "…cantando […] coroados com alegria sem fim…" (v.10).

Profundamente enraizadas no amor de Deus podemos crescer florescendo à Sua semelhança, até que, na hora certa, Jesus retorne e corrija todas as coisas. *Xochitl*

1.º DE JULHO

Aproveite o tempo

LUCAS 19:1-10

…Zaqueu, desça depressa!
Hoje devo hospedar-me em sua casa.
—Lucas 19:5

Rima é uma senhora síria que recém-chegou ao nosso país. Ela tentou explicar com mímica e poucas palavras o porquê de estar chateada ao seu mantenedor. Rima chorava enquanto segurava um belo prato de *fatayer* (torta com carne, queijo e espinafre) que tinha feito. E disse: "Um homem", e apontou para a porta da frente, depois para a sala e de volta apontou à porta da frente. Aparentemente as pessoas de uma igreja próxima visitariam a sua família e trariam alguns presentes. Mas tinha aparecido apenas um homem. E quando ele veio, entrou rapidamente, deixou uma caixa com pertences e saiu apressadamente. Rima e sua família estavam solitários e ansiosos por comunhão e queriam compartilhar o seu *prato típico* com seus novos amigos.

Jesus usava bem o Seu tempo com as pessoas. Ele ia aos jantares, ensinava multidões e dedicava-se a interagir individualmente. O Mestre até mesmo se convidou para ir à casa de Zaqueu (Lucas 19:1-9). Como resultado disso, a vida desse coletor de impostos se transformou para sempre.

Nós nem sempre dispomos de tempo para visitar outras pessoas. Mas quando o fazemos, temos o maravilhoso privilégio de observar o Senhor agir por nosso intermédio.

Anne

2 DE JULHO

Pare

SALMO 46

Aquietem-se e saibam que eu sou Deus!…
—Salmo 46:10

Minha amiga e eu nos sentamos na areia à beira do bem ritmado oceano. Conforme o sol se punha, uma onda atrás da outra se formava e quebrava em direção aos nossos pés, parando cada vez mais próxima. "Amo o oceano", ela sorriu dizendo: "Ele se move, e daí eu não preciso me mover".

Que pensamento! Nós lutamos para *parar*. Fazemos, fazemos, fazemos e vamos, vamos e vamos temendo que se de alguma forma cessarmos os nossos esforços deixaremos de existir. Ou que, ao pararmos nos exporemos às realidades que batalhamos para manter distantes.

No Salmo 46:8,9, Deus flexiona os Seus músculos onipotentes, colocando o Seu poder à mostra. "Venham, contemplem as gloriosas obras do Senhor, […] Acaba com as guerras em toda a terra, quebra o arco e parte ao meio a lança…". Deus pode instituir a calma em meio ao caos de nossos dias.

E no versículo 10, lemos: "Aquietem-se e saibam que eu sou Deus!…"

O convite do salmista para cessarmos as lutas nos acena com uma maneira diferente de conhecermos a Deus. Podemos parar, e mesmo assim continuarmos a ser nós mesmas porque Deus nunca para. É o poder de Deus que nos concede o verdadeiro valor, a proteção e a paz. *Elisa*

A bênção dos encorajadores

ATOS 9:26-31

Então Barnabé o levou [Saulo] aos apóstolos...
—Atos 9:27

O filme *O Discurso do Rei* (2010) conta a história de George VI, rei da Inglaterra, que se tornou monarca quando o seu irmão abdicou do trono. Com a iminência da Segunda Guerra Mundial, o governo queria um líder articulado, no entanto, o rei George VI era gago.

Cativou-me a atuação da esposa de George, Elizabeth. Durante a luta dolorosa do marido, ela foi sua constante fonte de estímulo. Sua dedicação ajudou a prover o apoio necessário para o rei superar o problema de gagueira e governar bem em meio à guerra.

Após a sua conversão, Paulo precisou do apoio de Barnabé, cujo nome significa literalmente "filho de encorajamento". Os discípulos temiam Paulo, mas Barnabé responsabilizou-se por ele, colocando em risco a própria reputação (Atos 9:27). Esse apoio foi essencial para que Paulo fosse acolhido pela comunidade cristã. Mais tarde, Barnabé foi o companheiro de ministério de Paulo (Atos 14).

Os cristãos ainda hoje são convocados para animar e edificar "uns aos outros" (1 Tessalonicenses 5:11). Que possamos estar desejosas de oferecer ânimo para apoiar outras pessoas, especialmente ao enfrentarem circunstâncias difíceis. *Lisa*

4 DE JULHO

Abre os meus olhos

JOÃO 14:23-31

*...o Espírito Santo, como meu representante,
ele lhes ensinará todas as coisas...*
—João 14:26

Na primeira vez em que visitei a linda Igreja de Chora, em Istambul, consegui reconhecer algumas histórias bíblicas nos afrescos e mosaicos bizantinos do teto. Mas perdi muita coisa. Na segunda vez, entretanto, tive um guia que destacou todos os detalhes que eu tinha perdido anteriormente e, de repente, tudo fez perfeito sentido! O primeiro corredor, por exemplo, descreve a vida de Jesus segundo os registros no evangelho de Lucas.

Às vezes, quando lemos a Bíblia, questionamos sobre as suas interconexões — aqueles detalhes que tecem as Escrituras numa única história perfeita. Sim, temos os comentários e estudos bíblicos, mas também precisamos de um guia — alguém que abra os nossos olhos e nos ajude a ver as maravilhas da revelação de Deus. Nosso guia é o Espírito Santo, que nos ensina "todas as coisas" (João 14:26). Paulo escreveu que Ele explica com "...palavras que nos foram ensinadas pelo Espírito..." (1 Coríntios 2:13).

Como é maravilhoso ter o Autor do Livro para nos mostrar as maravilhas do Seu Livro! Oremos e digamos como o salmista: "Abre meus olhos, para que eu veja as maravilhas de tua lei" (Salmo 119:18). *Keila*

5 DE JULHO

O cuidado de Deus por nós

GÊNESIS 3:1-13

*E o S*ENHOR *Deus fez roupas*
de peles de animais para Adão e sua mulher.
—Gênesis 3:21

Meus netinhos gostam de se vestir sozinhos. Às vezes, eles colocam a camiseta de trás para a frente, e o mais novo frequentemente calça os sapatos com os pés trocados. Geralmente não lhes aponto o erro, além disso, acho essa inocência cativante.

Amo muito ver o mundo através dos olhos deles, pois para as crianças tudo é uma aventura: seja andar sobre o tronco de uma árvore caída, espiar uma tartaruga tomando sol, ou ver animadamente um caminhão de bombeiros passando. Mas sei que nem mesmo os meus netinhos são verdadeiramente inocentes. Mesmo assim, eu os amo profundamente.

Imagino Adão e Eva, as primeiras criaturas humanas feitas por Deus, de certa forma, como os meus netos. Tudo o que viam no jardim enquanto andavam com Deus, devia ser uma maravilha. Mas um dia eles desobedeceram deliberadamente. Comeram da única árvore proibida (Gênesis 2:15-17; 3:6). E aquela desobediência imediatamente os levou às mentiras e trocas de culpa (3:8-13).

Ainda assim, Deus os amou e cuidou deles. Sacrificou animais para vesti-los (v.21) e mais tarde forneceu um caminho de salvação para todos os pecadores através do sacrifício de Seu Filho (João 3:16). Ele nos ama a esse ponto! — *Alyson*

Tirou-me das profundezas

2 SAMUEL 22:17-20

...tirou-me de águas profundas.
—2 Samuel 22:17

Examinei a água atentamente, procurando por sinais de problemas. Durante os meus turnos de seis horas como salva-vidas, eu observava detalhadamente para garantir a segurança de quem nadava. Deixar o meu posto ou afrouxar minha atenção poderia ter graves consequências. Se um nadador estivesse em perigo por causa de um ferimento ou falta de habilidade, era minha a responsabilidade de tirá-lo da água e colocá-lo em segurança.

Depois de experimentar a ajuda de Deus na batalha contra os filisteus (2 Samuel 21:15-22), Davi compara o seu resgate ao ato de ser tirado de "águas profundas" (22:17). A vida de Davi, e de seus homens, estava em sério perigo por causa dos seus inimigos. Deus sustentou Davi enquanto ele mergulhava em sérios problemas. Ao passo que os salva-vidas são pagos para garantir a segurança dos nadadores, Deus salvou Davi porque se *agradou* dele (v.20). Como é reconfortante perceber que Deus não cuida de mim e me protege porque é obrigado a isso, mas porque Ele *quer*.

Quando nos sentimos subjugadas pelos problemas da vida, podemos descansar no conhecimento de que Deus, o nosso Salva-vidas, vê a nossa luta e nos protege. *Kirsten*

Sendo sincera com Deus

1 PEDRO 5:6-10

Entreguem-lhe todas as suas ansiedades,
pois ele cuida de vocês.
—1 Pedro 5:7

Curvo a cabeça, fecho os olhos, junto as mãos e começo a orar. "Senhor amado, entro na Tua presença como tua filha. Reconheço o Teu poder e bondade...".

De repente, abro os olhos, lembrando que o meu filho não terminou seu projeto de História a ser entregue no dia seguinte, lembro-me de que ele tem jogo de basquete depois da aula e imagino-o acordado até à meia-noite para terminar suas tarefas escolares. Preocupo-me ao pensar que esse cansaço poderá levá-lo a contrair uma gripe!

Escrevendo sobre as distrações durante a oração em seu livro *Cartas de um Diabo a seu Aprendiz* (Ed. Martins Fontes, 2009) C. S. Lewis concluiu que era melhor aceitar "as distrações como um problema nosso, entregá-las a Deus e torná-las o tema principal das nossas orações".

Uma preocupação persistente ou um pensamento pecaminoso que interrompa a oração pode tornar-se o ponto central da nossa conversa com Deus. O Senhor quer que sejamos sinceras quando falamos com Ele. O Seu interesse em nós é semelhante à atenção que recebemos de uma amiga próxima. Somos encorajadas a entregar todas as nossas preocupações e ansiedades a Deus porque Ele cuida de nós (1 Pedro 5:7).

Jennifer

8 DE JULHO

Capaz e disponível

SALMO 46

*Deus é nosso refúgio e nossa força,
sempre pronto a nos socorrer em tempos de aflição.*
—Salmo 46:1

Meu marido estava no trabalho quando eu recebi a informação sobre o diagnóstico de câncer da minha mãe. Deixei-lhe uma mensagem e procurei os amigos e familiares. Ninguém estava disponível. Cobrindo o meu rosto com as mãos trêmulas, solucei. "Ajuda-me, Senhor". A certeza de que Deus estava comigo me confortou quando me senti tão só.

Agradeci ao Senhor quando o meu marido voltou para casa e recebi o apoio dos amigos e familiares. Mesmo assim, a percepção da reconfortante presença de Deus que senti naquelas primeiras horas de aflição solitária confirmaram que o Senhor está pronto e fielmente disponível onde e quando eu precisar de ajuda.

No Salmo 46, o salmista proclama que Deus é o nosso refúgio e força e sempre pronto a nos socorrer (Salmo 46:1). Quando sentimos como se estivéssemos cercadas pelo caos ou tudo o que pensávamos que era estável se despedaça ao nosso redor, não precisamos temer (vv.2,3). Deus não vacila (vv.4-7). Seu poder é evidente e eficaz (vv.8,9).

Quando clamamos a Deus, podemos confiar que Ele cumprirá as Suas promessas para nos prover. Deus nos consolará por meio do Seu povo e também por intermédio da Sua presença.

Xochitl

9 DE JULHO

Pedindo ajuda

MARCOS 10:46-52

*"O que você quer que eu lhe faça?",
perguntou Jesus.* —Marcos 10:51

O e-mail dela chegou ao final de um longo dia. Na verdade, nem o abri, porque eu estava trabalhando muito para ajudar um membro da minha família que estava seriamente doente. Portanto, eu não tinha tempo para distrações sociais.

Na manhã seguinte, entretanto, ao clicar na mensagem da minha amiga, vi a pergunta: "Posso ajudá-la de alguma forma?". Envergonhada, comecei respondendo que não. Depois, percebi que a pergunta dela me soava familiar — se não divina.

Jesus também fez essa pergunta. Ouvindo um mendigo cego chamá-lo pelo nome na estrada de Jericó, Jesus parou e perguntou algo parecido a Bartimeu. *Posso ajudar?* Ou: "O que você quer que eu lhe faça?" (Marcos 10:51).

A pergunta é impressionante e mostra Jesus, o Médico divino, que anseia por nos ajudar. Mas primeiro, devemos admitir que necessitamos da Sua presença em nós e darmos um passo de humildade. Bartimeu era um pedinte "profissional" e respondeu a Jesus que a sua necessidade mais básica era enxergar.

Foi um apelo honesto. Jesus o curou imediatamente dessa necessidade primária. Você sabe qual é a sua necessidade básica hoje? Quando alguém lhe perguntar, responda. Em seguida, leve essa pessoa a pensar nas coisas do alto. Leve-a ao Senhor Deus.

Patrícia

10 DE JULHO

O farol

ISAÍAS 61:1-6

[O Senhor concede] a eles uma coroa de beleza em vez de cinzas, o óleo de alegria em vez de luto.
—Isaías 61:3

Por sua natureza, o Centro Ministerial Farol, em Ruanda, simboliza a redenção. Essa estrutura foi construída no terreno de uma antiga casa incendiada e foi erigida pelos cristãos como um farol de luz. Ruanda continua a se recuperar do genocídio ocorrido em 1994. Nesse Centro, funciona um instituto bíblico e outros serviços para a comunidade. Das cinzas surgiu nova vida. Aqueles que construíram o Farol olham para Jesus como a sua fonte de esperança e redenção.

Quando Jesus foi à sinagoga em Nazaré no sábado, Ele leu o livro de Isaías e anunciou que era o Ungido que veio para "anunciar que os cativos serão soltos" e "que é chegado o tempo do favor do Senhor" (Lucas 4:14-21). Em Jesus, vemos a beleza ressurgindo das cinzas (Isaías 61:3).

As atrocidades do genocídio de Ruanda, quando os combates intertribais custaram a vida de mais de meio milhão de seres humanos, foram angustiantes e mal sabemos o que dizer sobre eles. No entanto, sabemos que o Senhor pode redimir as atrocidades, aqui na Terra ou no Céu. Aquele que dá o óleo de alegria nos concede esperança, mesmo em meio às situações mais sombrias.
Amy B. Pye

O remédio para o humor

SALMO 94:2,16-23

*Quando minha mente estava cheia de dúvidas,
teu consolo me deu esperança e ânimo.*
—Salmo 94:19

Enquanto esperava na estação de trem para o meu deslocamento semanal, os pensamentos negativos invadiram minha mente: o estresse por dívidas, alguns comentários cruéis e o sentimento de desamparo diante de uma injustiça feita recentemente a um membro da família. Quando o trem finalmente chegou, eu já estava de péssimo humor.

No interior do trem, outro pensamento me veio à mente: escreva uma nota para Deus, entregando-lhe o seu lamento. Logo depois que terminei de derramar minhas queixas, peguei meu celular e ouvi as músicas de louvor de minha *playlist*. Meu humor mudou rápida e completamente.

Sem saber, eu estava seguindo um padrão estabelecido pelo salmista que primeiro derramou as suas queixas ao Senhor: "Levanta-te, ó Juiz da terra, dá aos orgulhosos o que merecem [...]. Quem me defenderá dos que praticam o mal?" (Salmo 94:2,16).

Ele falou apaixonadamente a Deus sobre a injustiça cometida às viúvas e órfãos. Após o seu lamento, o salmista fez uma transição para o louvor: "Mas o Senhor é a minha fortaleza…" (v.22).

Deus nos convida a levarmos os nossos lamentos a Ele. O Senhor pode transformar as nossas dificuldades em louvor.

Linda

12 DE JULHO

Brilhar como a luz

FILIPENSES 2:14-16

Levem uma vida pura [...] brilhando como luzes resplandecentes [...]. Apeguem-se firmemente à mensagem da vida. —Filipenses 2:15,16

"Brilha, brilha, estrelinha" é uma canção de ninar. A letra é um poema de Jane Taylor e capta a maravilha do Universo criado por Deus, no qual as estrelas brilham "lá nos altos céus". Nas últimas estrofes, raramente publicadas, a estrela age como um guia: "Seu brilho pequenininho ilumina os viajantes no escuro".

Paulo desafia os cristãos em Filipos a manterem-se irrepreensíveis e puros, "brilhando como luzes resplandecentes" ao propagar as boas novas do evangelho a todos que os rodeavam (Filipenses 2:15,16). Muitas vezes, sentimo-nos inadequadas e lutamos para admitir que a nossa "luz" seja brilhante a ponto de fazer a diferença. Mas as estrelas não *tentam* ser estrelas; elas simplesmente o são. A luz transforma o nosso mundo e nos transforma também. Deus trouxe a luz física ao nosso mundo (Gênesis 1:3); e, por meio de Jesus, Deus traz a luz espiritual à nossa vida (João 1:1-4).

Devemos brilhar de tal forma que as pessoas que nos rodeiam vejam essa luz e sejam atraídas a Deus. Quando brilhamos, seguimos a instrução de Paulo que nos insta a nos apegarmos "firmemente à mensagem da vida" num mundo de profunda escuridão e assim atraímos os outros para a fonte da nossa esperança: Jesus.

Elisa

Do medo à fé

HABACUQUE 3:16-19

O Senhor Soberano é minha força!
Ele torna meus pés firmes como os da corça,
para que eu possa andar em lugares altos.
—Habacuque 3:19

As palavras do médico entraram no coração dela como um baque. Era câncer. Seu mundo parou ao pensar em seu marido e filhos. Eles tinham orado persistentemente, esperando um resultado diferente. O que eles fariam? Com lágrimas escorrendo pelo rosto, ela disse num sussurro: "Deus, isso está além do nosso controle. Por favor, sê a nossa força".

O que fazemos quando o prognóstico é devastador? Para onde seguimos quando as perspectivas parecem desanimadoras?

A situação do profeta Habacuque estava fora do seu controle e o medo que ele sentia o aterrorizava. O julgamento vindouro seria catastrófico (Habacuque 3:16,17). No entanto, em meio ao caos iminente, Habacuque escolheu viver por sua fé (2:4) e se alegrar em Deus (3:18). Ele colocou a sua confiança e fé na bondade e grandeza de Deus. Sua confiança em Deus o levou a proclamar: O Senhor Soberano é minha força!..." (v.19).

Quando nos deparamos com circunstâncias difíceis: doenças, crises familiares, problemas financeiros, nós também devemos apenas depositar a nossa fé e confiança em Deus. Ele está conosco em tudo que enfrentamos. *Karen*

14 DE JULHO

Pergunte aos animais

JÓ 12:7-10

Pergunte aos animais, e eles lhe ensinarão;
pergunte às aves do céu, e elas lhe dirão.
—Jó 12:7

Extasiados, os nossos netos deram uma boa olhada, mais de perto, numa águia-de-cabeça-branca. A voluntária do zoológico nos falou que essa incrível ave, cuja extensão das asas era de quase 2 metros, pesava apenas 3 quilos.

Lembrei-me da majestosa águia que eu vira pairando sobre um lago. E imaginei outra ave grande — a garça-azul que eu avistara parada imóvel à beira de um lago, pronta para lançar o longo bico na água. Eram apenas duas aves entre as quase 10 mil espécies que podem direcionar os nossos pensamentos para o nosso Criador.

No livro de Jó, os seus amigos debatendo sobre os motivos do sofrimento dele perguntam: "Acaso você pode desvendar os mistérios de Deus?" (Jó 11:5-9). Jó responde: "Pergunte aos animais, e eles lhe ensinarão; pergunte às aves do céu, e elas lhe dirão" (Jó 12:7). Os animais são o testemunho verdadeiro de que Deus projetou a criação e que a controla e lhe cuida: "Em suas mãos está a vida de todas as criaturas e o fôlego de toda a humanidade" (v.10).

Se Deus cuida das aves (Mateus 6:26; 10:29), podemos ter a certeza que Ele nos ama e cuida de nós, mesmo quando não entendemos as nossas circunstâncias. Olhe ao redor e aprenda do Senhor.

Alyson

15 DE JULHO

Seduzidas

TIAGO 1:5,6,12-15

*A tentação vem de nossos próprios desejos,
que nos seduzem e nos arrastam.*
—Tiago 1:14

No verão de 2016, minha sobrinha me convenceu a jogar *Pokémon Go* no smartphone e usando a câmera do telefone. O objetivo do jogo é capturar pequenas criaturas chamadas *Pokémons* que são apanhados mais facilmente quando o jogador usa uma isca para atraí-los.

Os personagens *Pokémons* não são os únicos que podem ser seduzidos. Em sua carta aos cristãos, Tiago, o irmão de Jesus, lembra-nos que a "...tentação vem de nossos *próprios* desejos, que nos seduzem..." (Tiago 1:14). Em outras palavras, os nossos desejos se unem à tentação, e juntos agem para nos atrair ao caminho errado. Embora possamos ser tentadas a culpar a Deus ou mesmo a Satanás por nossos problemas, o verdadeiro perigo encontra-se em nosso interior.

Todavia, nós temos boas notícias. Podemos escapar da tentação falando com Deus a respeito das coisas que nos tentam. Tiago nos explica que "...Deus nunca é tentado a fazer o mal, e ele mesmo nunca tenta alguém" (1:13). O Senhor compreende o nosso desejo humano de fazer o que é errado. Temos apenas que pedir a sabedoria que Deus prometeu nos prover (1:1-6).

Linda

16 DE JULHO

O que posso dar a Jesus?

SALMO 103:1-18

*Todo o meu ser louve o S*ENHOR*;*
que eu jamais me esqueça de suas bênçãos.
—Salmo 103:2

Certo ano, os responsáveis pela decoração da igreja para o Natal deram a cada pessoa uma etiqueta vermelha ou verde em vez dos tradicionais enfeites. Num dos lados de cada etiqueta, elas deveriam escrever qual o presente que gostariam de receber de Jesus; no outro lado, deveriam escrever qual o presente que dariam ao Aniversariante.

Qual presente você pediria e qual ofereceria? A Bíblia nos dá muitas sugestões. Deus promete suprir todas as nossas necessidades; então, poderíamos pedir um novo emprego, ajuda para superar os problemas financeiros, cura física ou a restauração de um relacionamento. Talvez estejamos nos questionando sobre quais são os nossos dons espirituais que nos capacitariam para servir a Deus. Muitos deles estão descritos em Romanos 12 e 1 Coríntios 12. Ou talvez desejemos demonstrar mais do fruto do Espírito Santo: sermos mais amorosas, pacíficas, pacientes, amáveis, bondosas, fiéis, mansas e com autocontrole (Gálatas 5:22,23).

O presente mais importante que podemos receber de Deus é a dádiva do Seu Filho, nosso Salvador, e por meio dele o perdão, a restauração e a promessa de vida eterna. E o presente mais importante que podemos dar a Deus é entregar o nosso coração a Jesus.

Marion

17 DE JULHO

Julgamento por fogo

TIAGO 1:1-12

Feliz é aquele que suporta com paciência as provações e tentações, porque depois receberá a coroa da vida que Deus prometeu àqueles que o amam. —Tiago 1:12

Você sabia que uma árvore de troncos delgados e brancos num bosque de álamos pode crescer a partir de uma única semente e compartilhar o mesmo sistema radicular? Esses sistemas radiculares podem existir por milhares de anos, produzindo ou não árvores. Eles dormitam no subsolo à espera de incêndios, inundações ou avalanches para lhes abrir um espaço na floresta. Depois que um desastre natural limpa a terra, as raízes desse álamo podem finalmente sentir a luz do sol. As raízes, então, produzem novas mudas, que se tornam árvores.

Para esses álamos, a devastação causada pela natureza lhes possibilita o crescimento. Tiago escreve que o nosso crescimento na fé também se torna possível por meio das dificuldades: "…considerem motivo de grande alegria […] sempre que passarem por qualquer tipo de provação, pois sabem que, quando sua fé é provada, a perseverança tem a oportunidade de crescer" (Tiago 1:2-4). E isso conduz à maturidade.

É difícil permanecermos alegres durante as provações, mas podemos ter esperanças por sabermos que Deus usará as circunstâncias difíceis para nos ajudar a atingir a maturidade. Como as árvores de álamo, a fé pode crescer em tempos de provações quando as dificuldades liberam espaços em nosso coração para a luz de Deus nos tocar. — *Amy Peterson*

Espalhando alegria

JOÃO 16:16-24

...mas o anjo lhes disse: "Não tenham medo! Trago boas notícias, que darão grande alegria a todo o povo.
—Lucas 2:10

Quando Janete ensinava inglês numa escola no exterior, ela sentiu a atmosfera sombria e depressiva. As pessoas faziam o seu trabalho, mas não pareciam felizes. Elas não se ajudavam nem se encorajavam mutuamente. Mesmo assim Janete estava agradecida por tudo o que Deus tinha feito por ela e expressava a sua gratidão em tudo o que fazia. Ela sorria, era amigável, ajudava os outros e cantarolava canções e hinos.

Pouco a pouco, à medida que Janete compartilhava o seu contentamento, a atmosfera da escola mudou. As pessoas começaram a sorrir e a se ajudarem entre si. Quando um administrador visitante perguntou ao diretor por que essa escola era tão diferente, o diretor, que não era cristão, respondeu: "Jesus traz alegria".

É verdade, o evangelho de Lucas nos diz que quando Deus enviou um anjo a pastores comuns para anunciar um nascimento extraordinário, ele fez a surpreendente proclamação de que o bebê recém-nascido traria "grande alegria a todo o povo" (Lucas 2:10), o que, de fato, Jesus cumpriu.

Essa mensagem se difundiu ao longo dos séculos até nos alcançar, e agora nós somos as mensageiras, para o mundo, da alegria que vem de Cristo. Continuemos a disseminar a alegria de Jesus ao seguirmos o Seu exemplo e servirmos aos outros.

Julie A. Link

19 DE JULHO

Confie em mim

1 REIS 17:7-16

Portanto, não se preocupem com o amanhã…
—Mateus 6:34

Após me graduar na faculdade, meu salário era insuficiente. O dinheiro era curto e, muitas vezes eu não tinha nem o suficiente para a próxima refeição. Aprendi a confiar em Deus por minha provisão diária.

Isso me lembra da experiência do profeta Elias. Durante seu ministério profético, ele aprendeu a confiar em Deus para a satisfação das suas necessidades diárias. Logo após Elias declarar que Deus mandaria uma seca a Israel, o Senhor o enviou a um lugar deserto, o riacho de Querite, onde usou os corvos para levar as refeições diárias ao profeta e a água do riacho para refrescá-lo (1 Reis 17:1-4).

Mas quando o riacho secou, Deus disse: "Vá morar em Sarepta […]. Dei ordem a uma viúva que mora ali para lhe dar alimento" (v.9). Sarepta ficava na Fenícia cujos habitantes eram inimigos dos israelitas. Alguém daria abrigo a Elias? E uma pobre viúva teria comida para compartilhar?

O nosso amoroso Pai sussurra: *Confie em mim.* Assim como Ele usou os corvos e a viúva para cuidar de Elias, nada é impossível para o Senhor. Podemos confiar no Seu amor e poder para suprir as nossas necessidades diárias. *Poh Fang*

20 DE JULHO

Eu a vejo

SALMO 121

O Senhor o guarda em tudo que você faz, agora e para sempre. —Salmo 121:8

Quando o meu filho tinha 2 anos, ele correu por entre as prateleiras da pequena loja de sapatos. Escondeu-se atrás de pilhas de caixas de sapatos e riu quando meu marido, Alan, disse: "Estou te vendo". Momentos depois, vi Alan andar de um lado para outro, chamando o nosso pequeno. Corremos para a porta da loja e vimos Xavier rindo e correndo em direção à rua bem movimentada. Em segundos, Alan o agarrou e, enquanto agradecíamos a Deus, abraçamos, soluçamos e beijamos as bochechas de nosso filhinho.

Um ano antes de engravidar de Xavier, eu tinha perdido o nosso primeiro filho na gravidez. Quando Deus nos abençoou novamente com a maternidade, tornei-me uma mãe amedrontada. Eu sabia que nem sempre poderia protegê-lo, mas encontrei paz quando aprendi a buscar Deus, a minha única fonte de socorro, quando eu me debatia com preocupações e medos.

Nosso Pai celeste nunca desvia o Seu olhar dos Seus filhos (Salmo 121:1-4). Embora não possamos evitar as provações, mágoas ou perdas, podemos viver confiantes no nosso eterno Protetor (vv.5-8).

Talvez nos sintamos impotentes quando não conseguimos proteger os nossos entes queridos. Porém, podemos confiar no nosso Soberano Deus que nunca nos perde de vista, pois somos Suas filhas amadas. *Xochitl*

Nossa cobertura

ROMANOS 3:21-26

Como é feliz aquele cuja desobediência é perdoada, cujo pecado é coberto! —Salmo 32:1

Quando falamos sobre a fé em Jesus, às vezes usamos palavras sem compreendê-las ou mesmo explicá-las. Uma delas é *justo*. Dizemos que Deus tem *justiça* e que Ele torna as pessoas *justas*, mas este pode ser um conceito difícil de compreender.

A maneira como a palavra *justo* é escrita em chinês nos ajuda a compreender o seu significado. É a combinação de dois caracteres. A palavra escrita na parte superior é *cordeiro*. A palavra escrita na parte inferior é *eu*. O cordeiro encobre a, ou está acima da, pessoa.

Quando Jesus veio a este mundo, João Batista o chamou "...o Cordeiro de Deus, que tira o pecado do mundo" (João 1:29)! Precisamos ter o nosso pecado perdoado porque ele nos separa de Deus cujo caráter e caminhos são sempre perfeitos e corretos. Devido ao Seu amor por nós ser grande, Deus fez Seu Filho Jesus "...que nunca pecou, a oferta por nosso pecado, para que por meio dele fôssemos declarados justos diante de Deus" (2 Coríntios 5:21). Jesus, o Cordeiro, sacrificou-se e derramou o Seu sangue. Ele se tornou a nossa "cobertura".

Estar justificado diante de Deus é uma dádiva do Senhor. Jesus, o Cordeiro, é a maneira de Deus nos "justificar" de nossos pecados.

Anne

Que tipo de Salvador Ele é?

JOÃO 6:47-51,60-66

*Nesse momento, muitos de seus discípulos
se afastaram dele e o abandonaram.*
—João 6:66

No ano anterior, minhas amigas e eu tínhamos orado pela cura de três mulheres que lutavam contra o câncer. Sabíamos que Deus tinha o poder de curá-las, pois tínhamos visto a ação de Deus no passado e críamos que Ele poderia agir de novo. Houve dias na luta de cada uma em que a cura parecia uma realidade, e nós nos alegrávamos. Mas todas elas morreram naquele mesmo ano. A perda nos feriu profundamente. Queríamos que o Senhor as tivesse curado aqui e agora, mas esse milagre não aconteceu.

Algumas pessoas seguiram Jesus por Seus milagres e para que Ele suprisse as suas necessidades (João 6:2,26). Alguns simplesmente o viram como o filho do carpinteiro (Mateus 13:55-58), e outros esperavam que Ele fosse seu líder político (Lucas 19:37,38). Outros pensavam que Ele era um grande mestre (Mateus 7:28,29) enquanto alguns deixaram de segui-lo porque o Seu ensino era difícil de entender (João 6:66).

Ainda hoje, Jesus nem sempre atende a todas as nossas expectativas. No entanto, Ele é muito mais do que podemos imaginar. Jesus é o provedor da vida eterna (vv.47,48). Ele é bom, sábio, ama, perdoa e nos consola. Que possamos descansar Nele e continuar seguindo os Seus passos. *Anne*

23 DE JULHO

Espere o Messias

MATEUS 13:53-58

*"Não é esse o filho do carpinteiro?
Conhecemos Maria, sua mãe…".* —Mateus 13:55

O mecânico parecia jovem demais para resolver o nosso problema: um carro que não pegava. "Ele é apenas uma criança", meu marido sussurrou, duvidando. A descrença no jovem soava como os resmungos dos cidadãos em Nazaré que duvidavam sobre quem Jesus era.

"Não é esse o filho do carpinteiro?" (Mateus 13:55), eles perguntavam quando Jesus ensinou na sinagoga. Ridicularizando-o, admiraram-se ao ouvir que alguém que conheciam estava curando e ensinando e perguntaram: "De onde lhe vêm a sabedoria e o poder para realizar milagres?" (v.54). Em vez de confiarem em Jesus, ofenderam-se pela autoridade que Ele demonstrou (vv.15,58).

De igual maneira, podemos nos esforçar para confiar na sabedoria e no poder de nosso Salvador, especialmente nos detalhes comuns de nossa vida diária. Falhando nisso, podemos não participar do milagre de ter a Sua vida transformando a nossa (v.58).

Meu marido descobriu que a ajuda que precisava estava diante dele. O jovem mecânico trocou apenas um parafuso, acionando o carro em segundos. O motor funcionou e as luzes se acenderam. "Iluminaram como o Natal", disse o meu marido.

Que ansiemos pelo Messias trazendo a Sua luz e ajuda em nossa caminhada diária com o Senhor! *Patrícia*

Caminhos escuros

JOSUÉ 1:1-9

Esta é minha ordem: Seja forte e corajoso!
Não tenha medo nem desanime, pois o Senhor,
seu Deus, estará com você por onde você andar.
—Josué 1:9

Voltávamos das férias em família e o trajeto nos levou por algumas estradas desoladas. Era o crepúsculo e dirigimos por quase 2 horas entre cânions profundos e platôs do deserto. Com o tempo, a Lua se levantou no horizonte, e tornou-se visível a nós quando subíamos os montes, mas desaparecia quando descíamos pelos vales. Minha filha chamou a luz da Lua de memorial da presença de Deus. Perguntei-lhe se ela precisava vê-lo para saber que Ele estava presente. Ela respondeu: "Não, mas com certeza isso me ajuda".

Após a morte de Moisés, Josué foi responsabilizado por levar os israelitas à Terra Prometida. Apesar de isso ter sido uma comissão divina, Josué deve ter se sentido desafiado pela natureza assustadora de sua tarefa. Deus assegurou a Josué de que estaria com ele na jornada à frente (Josué 1:9).

A vida nos leva frequentemente por territórios desconhecidos e o plano de Deus nem sempre se torna claro para nós. No entanto, o Senhor prometeu estar conosco "sempre [...] até o fim dos tempos" (Mateus 28:20). Que maior segurança poderíamos esperar, independentemente dos desafios que enfrentamos? Mesmo quando o caminho estiver obscuro, a Luz do Senhor está conosco.

Kirsten

Muitos dons, um propósito

1 CORÍNTIOS 12:4-14

*O corpo humano tem muitas partes,
mas elas formam um só corpo.
O mesmo acontece com relação a Cristo.*
—1 Coríntios 12:12

O milho é o alimento básico no meu país natal, México. Há muitos tipos diferentes: espigas amarelas, marrons, vermelhas e pretas, e até algumas com lindos padrões salpicados. Mas, nas cidades, as pessoas normalmente não comem as espigas *manchadas*, pois acreditam que a uniformidade é sinônimo de qualidade. Ainda assim, as espigas manchadas são saborosas e fazem ótimas tortilhas.

A Igreja de Cristo assemelha-se mais a uma espiga de milho de cores diversas, do que a uma de cor única. Na Igreja, embora sejamos um só Corpo e tenhamos o mesmo Deus, cada um recebeu um dom diferente. Paulo escreveu: "Existem tipos diferentes de serviço, mas o Senhor a quem servimos é o mesmo. Deus trabalha de maneiras diferentes, mas é o mesmo Deus que opera em todos nós" (1 Coríntios 12:5,6). As diversas maneiras como ajudamos uns aos outros demonstra a generosidade e a criatividade de Deus.

Na medida em que aceitarmos a nossa diversidade, mantenhamos a nossa unidade em fé e propósito. Temos diferentes habilidades, vivências, idiomas e nacionalidades; mas temos o mesmo Deus maravilhoso, o Criador que se deleita com tamanha variedade.

Keila

26 DE JULHO

Cantando para os algozes

MARCOS 14:16-26

Eu cri, por isso disse: "Estou profundamente aflito!".
—Salmo 116:10

Enquanto estavam na prisão, dois homens condenados conheceram o amor de Deus por eles, em Jesus, e suas vidas foram transformadas. Quando chegou o momento de enfrentarem sua execução, ambos recitaram a Oração do Senhor e cantaram "Preciosa a graça de Jesus" (HCC 314). Pela fé em Cristo e pelo poder do Espírito enfrentaram a morte com incrível coragem.

Eles seguiram o exemplo de fé dado por seu Salvador. Quando Jesus soube que a Sua morte era iminente, passou parte da noite cantando com Seus amigos. É incrível que tenha conseguido cantar sob tais circunstâncias, e mais incrível ainda foi o que cantou. Naquela noite, Jesus e Seus amigos fizeram a refeição de Páscoa, que sempre terminava com uma série de salmos conhecida como *Halel*, Salmos 113–118. Face à morte, naquela noite, Jesus cantou sobre as cordas da morte que o envolviam (116:3). Mesmo assim, Ele louvou a fidelidade do amor divino (117:2) e agradeceu ao Senhor pela salvação (118:14). Certamente, os salmos o consolaram na noite anterior à Sua crucificação.

A confiança de Jesus em Deus era tão grande que, mesmo perto da morte que não merecia, Ele escolheu engrandecer o amor de Deus. Por causa de Jesus, também podemos ter a confiança de que em qualquer situação Deus está conosco.

Amy Peterson

27 DE JULHO

A oração diária

EFÉSIOS 6:18,19

*Orem no Espírito em todos os momentos e ocasiões.
Permaneçam atentos e sejam
persistentes em suas orações por todo o povo santo.*
—Efésios 6:18

O cantor e compositor Robert Hamlet escreveu a canção: *The lady who prays for me* (A mulher que ora por mim) como homenagem à sua mãe, que orou por seus filhos todas as manhãs antes que eles fossem para a parada do ônibus. Ao ouvir essa canção, uma jovem prometeu orar com o seu filho pequeno. O resultado foi comovente! Cinco minutos depois o filho dela voltou trazendo junto alguns amiguinhos do ponto de ônibus! O garoto explicou a sua mãe: "A mãe deles não orou com eles".

Paulo nos exorta a orar "no Espírito em todos os momentos e ocasiões…" (Efésios 6:18). Demonstrar a nossa dependência diária de Deus é essencial numa família. Muitas crianças aprendem primeiramente a confiar em Deus ao observarem a fé genuína nas pessoas mais próximas a si (2 Timóteo 1:5). Não há melhor maneira de ensinar a maior importância da oração do que orar por e com os nossos filhos.

Quando apresentamos às crianças o modelo da fé sincera em Deus (Provérbios 22:6; 2 Timóteo 1:5) damos a elas uma dádiva especial, a confiança de que Deus é parte sempre presente em nossa vida.
Cindy

28 DE JULHO

Nosso poderoso Deus

AMÓS 4:12,13

*Pois aquele que formou os montes agita os ventos
e revela seus pensamentos à humanidade. [...]
seu nome é SENHOR, o Deus dos Exércitos!*
—Amós 4:13

Estando à beira-mar, fiquei encantada ao ver os atletas praticando *kitesurfing* saltando ao longo da água, movidos pela força do vento. Quando um deles passou por mim, perguntei-lhe se a experiência era tão difícil quanto parecia. "Não", ele disse, "é realmente mais fácil do que o surfe comum, porque você aproveita o poder do vento".

Mais tarde, enquanto caminhava à beira-mar, parei para maravilhar-me com o nosso Deus Criador. Como vemos no Antigo Testamento, Aquele que "formou os montes" e "agita os ventos" pode transformar "a luz do amanhecer em escuridão" (Amós 4:13).

Por meio desse profeta, o Senhor lembrou ao Seu povo do Seu poder quando os chamou de volta para si. Por eles não o terem obedecido, Deus disse que se revelaria a eles (v.13). Embora vejamos o julgamento divino nesse texto, também reconhecemos o Seu amor sacrificial ao enviar o Seu Filho para nos salvar (João 3:16).

Esse dia de tanto vento no sul da Inglaterra me relembrou sobre a absoluta imensidão do Senhor. Se você sentir a brisa do vento hoje, aproveite para parar e refletir sobre o nosso Deus Todo-poderoso.

Amy B. Pye

29 DE JULHO

Um mundo perfeito

APOCALIPSE 21:1-5

E aquele que estava sentado no trono disse:
"Vejam, faço novas todas as coisas!".
—Apocalipse 21:5

Como tarefa escolar, Kátia tinha que escrever uma redação com o título: "Meu mundo perfeito". Começou assim: "Em meu mundo perfeito o sorvete é de graça, tem pirulitos por toda parte e o céu é sempre azul, com algumas nuvens de formatos interessantes". Na sequência, sua redação tomou um tom mais sério. "Nesse mundo, ninguém receberá notícias ruins em casa e assim, ninguém precisará ser o portador dessas mesmas notícias."

Nesse lar, ninguém receberá notícias ruins. Não é maravilhoso? Essas palavras apontam poderosamente para a segura esperança que temos em Jesus. Ele está fazendo "…novas todas as coisas…", curando e transformando o nosso mundo (Apocalipse 21:5).

O Paraíso é o lugar onde "…não haverá mais morte, nem tristeza, nem choro, nem dor" (v.4)! É um lugar de perfeita comunhão com Deus, que, por Seu amor nos redimiu (v.3). Que alegria maravilhosa nos espera!

Quando buscamos a comunhão diária com Deus, experimentamos a alegria de Sua presença (Colossenses 1:12,13). E mesmo ao lutarmos contra o pecado, experimentamos, em parte, a vitória que é nossa em Cristo (2:13-15), que fará novas todas as coisas.

Poh Fang

Criador maravilhoso

SALMO 104:24-34

Ó Senhor, que variedade de coisas criaste! Fizeste todas elas com sabedoria; a terra está cheia de tuas criaturas
—Salmo 104:24

Como fotógrafa amadora, gosto de capturar os vislumbres da criatividade de Deus com a minha câmera. Vejo as Suas digitais em cada pétala de flor, em cada vibrante nascer ou pôr do sol, em cada nuvem pintada em telas salpicadas de estrelas.

O poderoso zoom da câmera me permite tirar fotos das criaturas do Senhor. Fotografei um esquilo trepidante numa cerejeira em flor, uma borboleta colorida voando de flor em flor, e tartarugas-marinhas tomando sol numa praia rochosa. Cada uma dessas imagens únicas me induz a adorar o meu maravilhoso Criador.

Não sou a primeira a louvar a Deus ao admirar as Suas criações ímpares. O escritor do Salmo 104 celebra em versos as muitas obras de arte do Senhor na natureza (v.24). Ele olha "...o oceano, vasto e imenso, cheio de seres de todo tipo..." (v.25) e se alegra em Deus pelo cuidado constante e completo de Suas obras-primas (vv.27-31).

Enquanto refletimos sobre a magnífica e imensa criação do Senhor, podemos nos juntar ao salmista e engrandecer ao nosso Criador com louvores de gratidão pelo quanto Ele é e sempre será poderoso, majestoso e amoroso. Aleluia! *Xochitl*

31 DE JULHO

Histórias de Jesus

JOÃO 21:24,25; 1 JOÃO 1:1-4

Jesus também fez muitas outras coisas...
—João 21:25

Quando menina, eu amava visitar uma biblioteca local. Certa ocasião, olhando as estantes, achei que conseguiria ler todos os livros para adolescentes que estavam dispostos nas prateleiras. Em meu entusiasmo esqueci de um fator muito importante: os novos livros são regularmente acrescentados. Embora eu me esforçasse, eram simplesmente livros demais.

O apóstolo João se surpreenderia com a disponibilidade de livros que existem hoje, especialmente porque os seus cinco livros: o evangelho de João, as três epístolas e Apocalipse, foram escritos à mão e em pergaminhos.

João os escreveu porque se sentiu compelido pelo Espírito Santo a entregar aos cristãos o seu testemunho pessoal da vida e do ministério de Jesus (1 João 1:1-4). Mas seus escritos continham apenas uma pequena parcela de tudo o que Jesus fez e ensinou durante o Seu ministério. Na realidade, João afirmou que, se tudo o que Jesus fez fosse registrado "...nem o mundo inteiro poderia conter todos os livros que seriam escritos" (João 21:25).

As bibliotecas do mundo não podem conter todas as histórias do amor e da graça de Jesus. Que imenso privilégio poder proclamar esse amor para sempre (Salmo 89:1)! *Lisa*

1.º DE AGOSTO

Rompendo as correntes

EFÉSIOS 1:3-14

Ele é tão rico em graça que comprou nossa liberdade com o sangue de seu Filho e perdoou nossos pecados.
—Efésios 1:7

Ficamos profundamente impactados quando visitamos a Catedral *Christ Church*, na Cidade de Pedra; em Zanzibar, uma vez que essa igreja fica num lugar onde antes estava o maior mercado de escravos da África Oriental. Os arquitetos dessa catedral queriam mostrar, através de um símbolo físico, como o evangelho rompe as correntes da escravidão. O lugar não seria mais um espaço de obras malignas e terríveis atrocidades, mas agora representaria a graça de Deus.

Os que construíram a catedral queriam expressar como a morte de Jesus na cruz concede a liberdade do pecado — a "liberdade com o sangue de seu Filho" (Efésios 1:7). Nessa passagem, a palavra *liberdade* alude à noção de mercado com alguém recomprando uma pessoa ou item. Jesus compra de volta uma pessoa de uma vida de escravidão do pecado e do erro.

Nas palavras de abertura dessa carta (vv.3-14), Paulo transborda de alegria ao pensar em sua liberdade em Cristo. Ele destaca a ação da graça de Deus através da morte de Jesus, que nos liberta dos grilhões do pecado. Não somos mais submissas ao pecado, somos livres para viver para Deus e Sua glória.

Amy B. Pye

Ninguém gosta de mim

SALMO 142

...ninguém sequer lembra que eu existo.
Não tenho onde me abrigar, ninguém
se importa com o que acontece comigo.
—Salmo 142:4

Ainda criança, quando eu me sentia sozinha, rejeitada ou com pena de mim mesma, minha mãe, às vezes, tentava me animar com uma cantiga popular da época: "Ninguém me ama, todos me detestam. Vou ao jardim comer minhocas!". Depois de aparecer um sorriso em minha face, ela me ajudava a ver os relacionamentos especiais e os verdadeiros motivos de gratidão que eu tinha.

Quando li que Davi sentia que ninguém se importava com ele, aquela canção voltou a soar em meus ouvidos. No entanto, a dor dele não era nada exagerada. Eu tinha sentimentos de solidão típicos da minha idade, mas Davi, realmente, tinha bons motivos para sentir-se abandonado. Ele escreveu essas palavras nas profundezas escuras de uma gruta, onde se escondia de Saul, que o perseguia com planos sanguinários (1 Samuel 22:1; 24:3-10). Em meio à solidão, Davi clamou a Deus como seu "refúgio" e sendo "tudo que [desejava] na vida" (Salmo 142:5).

Deus nunca minimiza a nossa solidão. Ele quer ser o nosso companheiro nas grutas escuras de nossa vida. Mesmo quando achamos que ninguém se importa com a nossa vida, Deus se importa!

Kirsten

3 DE AGOSTO

O cuidado de Deus por mim

ROMANOS 12:9-18

*...ajudem com prontidão. Estejam sempre dispostos
a praticar a hospitalidade.*
—Romanos 12:13

Meu marido viajou por um mês e, quase imediatamente eu me senti sobrecarregada com o meu trabalho, nossa casa e filhos. O prazo para entregar um artigo findava e o cortador de grama quebrou. Meus filhos estavam em férias e entediados. De que maneira eu cuidaria de tudo isso sozinha?

Logo percebi que não estava só. Os amigos da igreja apareceram para ajudar. Josué, João, Cássia e Ana se envolveram e demonstraram o tipo de comunidade que Paulo descreve. Eles amaram sinceramente, pensaram nas necessidades dos outros ao invés de somente nas próprias, compartilharam comigo quando precisei e demonstraram hospitalidade (Romanos 12:9,10,13).

Por causa do amor fraternal de meus amigos, fiquei alegre na esperança e paciente "nas dificuldades" (v.12), mesmo em meio à aflição de fazer o papel de pai e mãe durante um mês. Meus irmãos e irmãs em Cristo se tornaram o "cuidado de Deus por mim". Eles exemplificaram o tipo de amor sincero o qual devemos demonstrar a todos, especialmente aos que fazem parte de nossa comunidade da fé (Gálatas 6:10). Espero ser mais parecida com eles.

Amy Peterson

4 DE AGOSTO

Olhando para o futuro

HEBREUS 11:8-16

...aguardamos a cidade por vir.
—Hebreus 13:14

Tão logo a barca começou a se mover, minha filhinha disse que estava passando mal. O enjoo já começava a afetá-la. Pouco depois, eu também comecei a sentir náuseas. "Olhe fixo para o horizonte", lembrava a mim mesma. Os marinheiros dizem que isso ajuda a recobrar a sensação de perspectiva.

O Criador do horizonte (Jó 26:10) sabe que na vida, às vezes, podemos nos sentir temerosas e inquietas. Mas podemos recobrar a perspectiva nos focando no ponto distante, mas firme, de nosso destino.

O escritor de Hebreus entendeu isso. Ele sentiu o desânimo em seus leitores. A perseguição tinha afastado muitos de suas casas. Então lembrou-lhes de que outras pessoas de fé tinham enfrentado provações extremas e ficado sem lar. Tinham enfrentado tudo isso porque aguardavam algo melhor.

Esse escritor pediu aos seus leitores que atentassem às promessas de Deus: "...não temos neste mundo uma cidade permanente; aguardamos a cidade por vir" (13:14).

Somos "...estrangeiros e peregrinos neste mundo" (11:13), mas focar no horizonte das promessas divinas nos dá o ponto de referência que precisamos.

Keila

5 DE AGOSTO

Podemos descansar?

JOÃO 14:25-31

…Portanto, não se aflijam nem tenham medo.
—João 14:27

Daniel entrou no consultório da fisioterapeuta sabendo que sofreria muita dor. A terapeuta estendeu e dobrou o braço dele em movimentos que há meses, desde sua lesão, não tinham sido feitos. Depois de segurar cada posição desconfortável por alguns segundos, ela gentilmente lhe dizia: "Ok, pode descansar". Mais tarde, ele afirmou: "Acho que ouvi pelo menos 50 vezes em cada sessão de terapia: 'Ok, pode descansar'".

Pensando nessas palavras, Daniel percebeu que elas também poderiam se aplicar ao restante de sua vida. Ele poderia descansar na bondade e fidelidade de Deus em vez de se preocupar.

Quando Jesus se aproximava de Sua morte, Ele quis encorajar os Seus discípulos e lhes disse que enviaria o Espírito Santo para habitar entre eles e lembrar-lhes do que Jesus havia ensinado (João 14:26). E assim Ele pôde dizer: "Eu lhes deixo um presente, a minha plena paz […] não se aflijam nem tenham medo" (v.27).

Há motivos suficientes para estarmos tensas em nossa vida cotidiana. Mas, ao nos firmarmos em Sua força, podemos ouvi-lo naquelas palavras da terapeuta: "Ok, pode descansar".

Anne

6 DE AGOSTO

Quando chega a manhã

HEBREUS 11:1-8

A fé mostra a realidade daquilo que esperamos; ela nos dá convicção de coisas que não vemos.
—Hebreus 11:1

Era tarde quando paramos numa pousada no interior. Ficamos alegres que o nosso quarto tinha uma varanda, embora a névoa tornasse impossível ver por entre a escuridão. Mas, horas mais tarde, quando o Sol se levantou, a névoa desvaneceu. E pudemos ver o que estava antes severamente encoberto, uma cena idílica, nos prados verdes, o pasto com ovelhas calmas e pequenas nuvens brancas no céu.

Às vezes, a vida pode ficar encoberta por uma densa névoa de desespero. Nossa situação pode parecer tão difícil, que começamos a perder a esperança. Mas, assim como o Sol que afasta a névoa, a nossa fé em Deus pode afastar a onda de dúvida.

Hebreus 11 define a fé como: "convicção de coisas que não vemos" (v.1). Essa passagem continua a lembrar-nos de Noé que "Pela fé, […] obedeceu a Deus, que o advertiu a respeito de coisas que nunca haviam acontecido" (v.7).

Embora nem sempre possamos vê-lo ou sentir a Sua presença, Deus está sempre presente e nos ajudará a passar pelas noites mais escuras.

Cindy

Como foi anunciado

JOÃO 16:25-33

...Aqui no mundo vocês terão aflições,
mas animem-se, pois eu venci o mundo.
—João 16:33

Durante umas férias, meu marido e eu nos inscrevemos para um passeio de barco. Usando sandálias, vestido e chapéu de largas abas, lamentei ao descobrir que diferentemente do anunciado, a viagem incluía corredeiras leves. Depois de descer o rio que teve mais desafios do que eu havia desejado, saí do barco e joguei fora a água que estava dentro da minha bolsa, enquanto meu marido me ajudava a torcer a barra do meu vestido ensopado. Rimos muito, apesar de a viagem não ter sido como o anunciado.

O folheto turístico deixou de fora um detalhe importante da viagem, porém, Jesus alertou explicitamente os Seus discípulos sobre as águas agitadas que teriam pela frente. Disse-lhes que seriam perseguidos e martirizados, e que Ele morreria e ressuscitaria. Jesus também lhes garantiu que podiam confiar nele, e afirmou que Ele os guiaria rumo ao inegável triunfo e à esperança eterna (João 16:16-33).

As provações não definem, limitam ou destroem os planos de Deus para nós porque a ressurreição de Jesus já nos impulsionou à vitória eterna. — *Xochitl*

8 DE AGOSTO

A oração e a serra

NEEMIAS 1

*Ó Senhor, por favor,
ouve a oração deste teu servo!...*
—Neemias 1:11

Eu respeito o espírito intrépido da minha tia Gladis, embora, às vezes, isso me preocupe. Um dia, a fonte de minha preocupação veio num relato via e-mail: "Cortei uma nogueira ontem".

Minha tia "cortadora de árvores" tem 76 anos! E a árvore tinha sido plantada atrás da sua garagem. Quando as raízes ameaçaram arrebentar o concreto, ela sabia que devia retirá-la. Entretanto, ela nos disse: "Eu sempre oro antes de fazer uma tarefa dessas".

Enquanto trabalhava como mordomo do rei da Pérsia durante o exílio de Israel, Neemias ouviu falar sobre as pessoas que tinham voltado para Jerusalém. Algo precisava ser feito. "...O muro de Jerusalém foi derrubado, e suas portas foram destruídas pelo fogo" (Neemias 1:3). Jerusalém estava vulnerável aos ataques dos inimigos. Neemias quis se envolver. Mas a oração veio antes, especialmente porque um rei anterior interrompera os esforços para a reconstrução (Esdras 4). Neemias orou por seu povo (Neemias 1:5-10) e clamou pela ajuda de Deus antes de solicitar a permissão do rei para partir (v.11).

A oração é a sua maneira de reagir? Ela é sempre a melhor maneira para enfrentarmos qualquer tarefa ou provação na vida.

Linda

9 DE AGOSTO

Pense antes de falar

SALMO 141

Assume o controle do que eu digo,
Senhor, e guarda meus lábios.
—Salmo 141:3

Cheung e sua família planejavam terminar suas férias no Japão com uma refeição deliciosa antes de embarcar em seu voo de retorno. Mas a esposa dele falhou em sua busca para descobrir o endereço do restaurante escolhido, e eles tiveram que abdicar dessa refeição. Frustrado, Cheung criticou a esposa pelo mal planejamento dela.

Mais tarde, Cheung reconheceu que tinha sido muito áspero com sua esposa e que ele mesmo poderia ter verificado as direções para chegar ao endereço. Além disso, ele percebeu que deveria agradecê-la pelo planejamento de todo o restante das férias.

Muitas de nós podemos nos identificar com Cheung. Quando nos irritamos, proferimos palavras sem controle. Por esse motivo, precisamos orar como o salmista: "Assume o controle do que eu digo, Senhor, e guarda meus lábios" (Salmo 141:3).

Veja esta dica útil: Pense antes de falar. As suas palavras são boas, úteis e cheias de compaixão (Efésios 4:29-32)?

Pôr guarda à nossa boca exige que a mantenhamos fechada quando estivermos irritadas e que procuremos a ajuda do Senhor para dizer as palavras certas no tom certo. Felizmente, Deus está agindo em nós, dando-nos o "…desejo e o poder de [realizarmos] aquilo que é do agrado dele" (Filipenses 2:13).

Poh Fang

10 DE AGOSTO

Enxergando Deus

ÊXODO 34:1-9

*O Senhor é lento para se irar, é cheio de amor
e perdoa todo tipo de pecado e rebeldia...*
—Números 14:18

Os caricaturistas vão aos lugares públicos e desenham caricaturas de pessoas dispostas a pagar por uma imagem bem-humorada de si mesmos. As caricaturas nos divertem porque exageram em uma ou mais características físicas de maneira que ainda sejam reconhecíveis, mas engraçadas.

Por outro lado, as caricaturas de Deus não são engraçadas. Exagerar em um dos Seus atributos apresenta uma visão distorcida, que as pessoas facilmente vão descartar. Uma visão distorcida de Deus não é levada a sério. Por exemplo, aqueles que veem Deus retratado apenas como um Juiz irritado e exigente são facilmente atraídos por alguém que enfatiza a misericórdia. Os que o veem como uma ideia intelectual ao invés de vê-lo como uma Pessoa viva e amorosa, acabam encontrando outras ideias mais atraentes. Os que veem Deus como um melhor Amigo muitas vezes o deixam para trás quando encontram amigos humanos que espelham melhor as suas preferências.

O Senhor se declara como "...Deus de compaixão e misericórdia! [...] e cheio de amor e fidelidade. [...] Contudo, não [absolve] o culpado" (Êxodo 34:6,7).

À medida que praticamos a nossa fé, precisamos evitar retratar Deus como tendo somente os nossos atributos favoritos. Devemos adorar a Deus por tudo o que Ele é, não apenas pelo que apreciamos.

Julie A. Link

11 DE AGOSTO

Tesouro no Céu

MATEUS 6:19-21

Onde seu tesouro estiver,
ali também estará seu coração.
—Mateus 6:21

Quando criança, minhas duas irmãs e eu gostávamos de nos sentar lado a lado em cima do grande baú revestido de cedro da mamãe. Minha mãe guardava ali os nossos casacos de lã e as peças bordadas ou de crochê feitas por nossa avó. Ela valorizava o conteúdo do baú e confiava no forte odor do cedro para evitar que os insetos danificassem o que estava em seu interior.

A maioria dos bens terrenos podem ser facilmente destruídos por insetos, ferrugem, ou até mesmo serem roubados. Em Mateus 6 nós somos encorajadas a nos concentrarmos naquilo que tem valor *eterno*. Quando a minha mãe faleceu aos 57 anos, ela não tinha acumulado muitos bens terrenos, mas gosto de pensar sobre os tesouros que ela já tinha acumulado no Céu (vv.19,20).

Lembro-me do quanto ela amava a Deus e o servia cuidando fielmente de sua família, ensinando as crianças na Escola Dominical e confortando uma jovem mãe que tinha perdido o seu bebê. E ela *orava*... mesmo após perder a visão e não poder mais andar, continuou a amar e a orar pelos outros.

Quais "tesouros" estamos acumulando no Céu ao servirmos e seguirmos a Jesus?

Cindy

Inundação que cura

SALMO 107:1-16,35,36

Também transforma os desertos
em açudes e a terra seca em fontes de água.
—Salmo 107:35

Sempre gostei de fortes tempestades. Na infância, quando havia uma realmente inacreditável, com trovões e chuvas torrenciais, meus irmãos e eu corríamos em volta da casa, escorregando e deslizando. Ao entrar, estávamos encharcados até os ossos.

Por alguns minutos ficávamos emocionados por estarmos imersos em algo tão poderoso, que não sabíamos por certo se era divertido ou apavorante.

Essa imagem me vem à mente neste Salmo 107, que compara a restauração que Deus realiza num deserto seco transformando-o em "fontes de água" (v.35). O que transforma o deserto em oásis não é uma chuvinha — é o aguaceiro.

Não é esse o tipo de restauração que desejamos? Quando a nossa história parece um conto vazio, e estamos "famintas e sedentas", *famintas* pela cura que parece nunca chegar (vv.4,5), precisamos mais do que um pouco de esperança.

Levemos os nossos medos e vergonhas Àquele que é capaz de romper as nossas algemas e inundar a nossa escuridão com a Sua luz (vv.13,14). — *Monica*

Justos entre as nações

ESTER 4:5-14

...justamente para uma ocasião como esta...
—Ester 4:14

No *Yad Vashem*, o museu do Holocausto de Israel, meu marido e eu fomos ao Jardim *Justos entre as Nações*, que honra as pessoas que arriscaram a vida para salvar judeus durante o Holocausto. Enquanto estávamos ali, encontramos um grupo da Holanda. Uma das mulheres daquele grupo procurava o nome dos avós gravado nas placas. Intrigados, perguntamos a ela sobre a sua história familiar.

Os avós dessa senhora chamavam-se Rev. Pieter e Adriana Müller. Como membros da Resistência, abrigaram um menino judeu de 2 anos, de 1943 a 1945, fazendo-o passar como o caçula dos seus oito filhos.

Movidos por essa história pessoal, perguntamos: "E o menino sobreviveu?". Um senhor idoso colocou-se à frente e declarou: "Eu sou aquele menino!".

A coragem de muitos ao agir em favor do povo judeu me lembra a rainha Ester. Talvez ela poderia escapar do decreto do rei Xerxes de aniquilar os judeus por volta de 475 a.C. se continuasse a esconder sua etnia. Mas Ester arriscou tudo para confrontar o seu marido e conseguir a proteção do seu povo.

Se um dia formos convocadas a nos posicionar contra uma injustiça, que Deus nos conceda a coragem. O Senhor a concedeu aos Müllers e à rainha Ester.
Lisa

14 DE AGOSTO

Lembranças do meu pai

JÓ 38:1-11

*Em tudo que fizerem,
trabalhem de bom ânimo,
como se fosse para o Senhor…*
—Colossenses 3:23

Quando me lembro do meu pai, imagino-o martelando, fazendo jardinagem ou trabalhando em sua oficina bagunçada, cheia de acessórios e ferramentas fascinantes. As mãos dele estavam sempre ocupadas numa tarefa ou projeto, às vezes construindo (uma garagem, uma varanda ou uma casa de pássaros), outras serrando, às vezes, projetando joias ou vitrais.

Lembrar-me do meu pai me incita a pensar no meu Pai celestial e Criador, que sempre está ocupado. No início, Deus lançou "os alicerces do mundo […] enquanto as estrelas da manhã cantavam juntas, e os anjos davam gritos de alegria" (Jó 38:4-7). Tudo o que o Senhor criava era uma obra de arte, uma obra-prima. Deus projetou um mundo lindíssimo e viu que era "muito bom" (Gênesis 1:31).

Isso nos inclui: você e eu. Deus nos projetou com detalhes íntimos e complexos (Salmo 139:13-16); e confiou e nos instigou (somos criadas à Sua imagem) o propósito e o desejo de trabalhar, o que inclui dominar e cuidar da Terra e de suas criaturas (Gênesis 1:26-28; 2:15).

Em tudo o que fizermos, que o façamos para agradar a Deus.
Alyson

Heróis invisíveis

ÊXODO 17:8-15

...Então Arão e Hur [...] mantiveram as mãos dele erguidas. Assim, as mãos permaneceram firmes até o pôr do sol.
—Êxodo 17:12

As histórias da Bíblia podem nos fazer parar e imaginar. Por exemplo, quando Moisés conduzia o povo de Deus à Terra Prometida e os amalequitas os atacaram, não nos é dito como ele sabia que devia ir ao topo da colina e manter levantado o bordão de Deus (Êxodo 17:8-15). Tudo o que sabemos é que quando Moisés erguia as mãos, os israelitas venciam a batalha. Quando Moisés se cansava, seu irmão Arão e outro homem, Hur, erguiam os braços de Moisés para que os israelitas pudessem triunfar. Sabemos pouco sobre Hur, mas ele teve um papel crucial.

Os heróis invisíveis importam. Os encorajadores dos líderes desempenham um papel essencial e, frequentemente, não valorizado. Talvez os líderes recebam os elogios, mas o testemunho fiel e silencioso daqueles que servem de outras maneiras não é negligenciado pelo Senhor. Ele vê a pessoa que intercede em oração por amigos e familiares. Ele vê a mulher que, todos os domingos, recolhe as cadeiras da igreja. Ele vê o vizinho que alcança outros com uma palavra de encorajamento.

Deus está nos usando, mesmo que a nossa tarefa pareça ser insignificante. Que possamos perceber e agradecer a qualquer herói invisível que nos ajuda.
Amy B. Pye

16 DE AGOSTO

Vamos terminar a corrida

ECLESIASTES 4:9-12

*É melhor serem dois que um, pois um ajuda
o outro a alcançar o sucesso. Se um cair,
o outro o ajuda a levantar-se...*
—Eclesiastes 4:9,10

Nos Jogos Olímpicos no Rio em 2016, duas atletas na corrida de 5 km se sobressaíram. Aos 3.200 m do percurso, a neozelandesa Nikki Hamblin e a americana Abbey D'Agostino colidiram e caíram. Abbey levantou-se rapidamente e parou para ajudar Nikki. Logo após, as duas atletas terem reiniciado a corrida, Abbey começou a vacilar, pois ferira-se na queda. Agora era a vez de Nikki parar e encorajar a colega atleta a terminar a corrida. Quando Abbey finalmente alcançou a linha de chegada, Nikki a esperava para abraçá-la. Que belo exemplo de mútuo encorajamento!

Isso me lembra de uma passagem na Bíblia: "É melhor serem dois que um […] Se um cair, o outro o ajuda a levantar-se. Mas quem cai sem ter quem o ajude está em sérios apuros" (Eclesiastes 4:9,10). Como atletas em uma corrida espiritual, precisamos umas das outras talvez ainda mais, pois não estamos competindo. Somos parte do mesmo time.

A corrida espiritual não deve ser feita sozinha. Deus a está orientando a ser como Nikki ou Abbey na vida de alguém? Responda a esse toque do Senhor ainda hoje, e vamos prosseguir juntas até o fim dessa corrida!

Poh Fang

17 DE AGOSTO

Rebanho tolo, rebanho livre

EZEQUIEL 34:7-16

Serei como o pastor que busca o rebanho espalhado.
Encontrarei minhas ovelhas e as livrarei…
—Ezequiel 34:12

Tenho um amigo que, durante um ano, trabalhou como pastor de ovelhas. Ele me contou que elas são tão tolas que só comem o que está à sua frente. Se já tiverem comido todo o capim, não vão em busca de um pasto fresco, mas começam a alimentar-se do solo!

Rimos, mas não pude deixar de pensar em quantas vezes a Bíblia compara os homens às ovelhas. Não é de admirar que precisemos de um pastor! Não apenas de um pastor qualquer, mas as ovelhas precisam de um que se importe com o rebanho. Quando Ezequiel escreveu ao povo de Deus que estava cativo na Babilônia, comparou-os ao rebanho conduzido por maus pastores. Em vez de cuidar das ovelhas, os líderes de Israel as tinham abandonado para que os animais selvagens as devorassem (Ezequiel 34:5).

Mas os israelitas não estavam desesperados. Deus, o Bom Pastor, prometera resgatá-los e levá-los para casa. Ele curaria os feridos e buscaria os perdidos (vv.11-16), para manter o rebanho a salvo (v.28).

Como parte do rebanho de Deus, somos abençoadas por ter um Pastor que sempre nos conduz aos "pastos verdes das colinas"! (v.14). *Amy Peterson*

18 DE AGOSTO

Conversas difíceis

1 SAMUEL 25:21-35

*No que depender de vocês,
vivam em paz com todos.*
—Romanos 12:18

Uma vez, dirigi por uma longa distância para ter uma conversa difícil com um membro da equipe. Eu soubera, por terceiros, que essa pessoa estava deturpando a reputação da empresa.

Em 1 Samuel 25, uma mulher chamada Abigail se arriscou a confrontar o futuro rei de Israel que estava prestes a fazer uma escolha desastrosa. Abigail era casada com Nabal, cujo caráter indicava o significado do seu nome "tolo" (vv.3,25). Nabal se recusara a pagar a Davi e a suas tropas pela proteção dos animais que lhe pertenciam (vv.10,11). Ouvindo que Davi planejava vingar-se e sabendo que seu marido não a ouviria, Abigail preparou uma oferta de paz, foi até Davi e o persuadiu a mudar de ideia (vv.18-31).

Como Abigail conseguiu isso? Com sabedoria, ela lhe falou a verdade, lembrando-lhe do chamado de Deus para a vida dele. Se ele resistisse ao seu desejo de vingança, quando Deus o estabelecesse como rei, não teria "em sua consciência a tristeza e o peso de ter derramado sangue e se vingado sem necessidade" (v.31).

Talvez você conheça alguém que esteja perigosamente prestes a cometer um erro. Como Abigail, Deus talvez Deus a esteja chamando-a para ter uma conversa difícil. *Elisa*

19 DE AGOSTO

Perseverando com paz

SALMO 3

*Deitei-me e dormi; acordei em segurança,
pois o Senhor me guardava.*
—Salmo 3:5

À medida que sigo confiando em Deus em minhas lutas contra a dor crônica, o menor recuo pode parecer um feroz ataque do inimigo. Problema 1: acerta-me de direita; 2, ataca-me pelas costas; 3, dá-me um soco no nariz. Nesses períodos, quando minha força diminui e foge o alívio imediato, o ato de me esconder parece ser uma boa ideia. Porém, como não posso fugir da minha dor, estou aprendendo a confiar que Deus me sustenta.

Quando preciso de encorajamento, conforto e ânimo, leio em oração os cânticos dos salmistas que, com sinceridade, levam a situação deles a Deus. Em um dos meus salmos favoritos, o rei Davi foge de seu filho Absalão, que queria tomar-lhe o reino. Embora Davi lamentasse a sua dolorosa situação (Salmo 3:1,2), ele confiou na proteção de Deus. O rei pôde descansar porque confiou em Deus para o sustentar e salvar (vv.5-8).

Com frequência, a dor física e a emocional podem parecer adversárias agressivas. Podemos nos sentir prontas para desistir. Porém, como Davi, podemos aprender a confiar que Deus nos amparará e nos ajudará a descansar em Sua constante e amorosa presença. *Xochitl*

A Rocha firme

LUCAS 6:46-49

"Por que vocês me chamam 'Senhor! Senhor!', se não fazem o que eu digo?…"
—Lucas 6:46

Uma cruz iluminada e ereta está firme em *Table Rock*, o platô rochoso com vista para a minha cidade natal. Várias casas foram construídas ao seu redor, mas recentemente os proprietários foram forçados a sair. Apesar da proximidade com a rocha firme, as casas não estão seguras. Elas se deslocam de suas fundações, quase 8 centímetros por dia e estão sob o risco de um colapso.

Jesus compara os que o ouvem e obedecem às Suas palavras aos que edificam suas casas sobre a rocha (Lucas 6:47,48). Esses lares sobrevivem às tempestades. Em contraste, Ele diz que as casas construídas sem o alicerce firme, como os que não atendem à Sua instrução, não podem resistir às torrentes.

Em muitas ocasiões, fiquei tentada a ignorar minha consciência ao reconhecer que Deus me pedira mais do que eu tinha dado, pensando que minha resposta tinha sido "suficientemente próxima". No entanto, as casas próximas àquelas montanhas rochosas me demonstraram que estar "perto" está longe de ser suficiente quando se trata de obedecer ao Senhor. Para sermos como aqueles que construíram suas casas em bases firmes e resistem às tempestades da vida, devemos atender completamente às palavras de nosso Senhor.

Kirsten

O poder do toque

MARCOS 1:40-45

Cheio de compaixão,
Jesus estendeu a mão e tocou nele…
—Marcos 1:41

Paul Brand, médico missionário e pioneiro na Índia do século 20, conheceu pessoalmente o estigma associado à lepra. Durante uma consulta, ele tocou um paciente para garantir-lhe que era possível tratá-lo. O homem começou a chorar, e uma atendente explicou ao médico: "Você o tocou e ninguém o tocava há anos. São lágrimas de alegria".

No início do Seu ministério, Jesus foi abordado por um leproso, rótulo dado a todos os tipos de doenças infecciosas da pele. Tal homem era considerado intocável. Se esse homem enfermo se aproximasse de pessoas saudáveis, deveria gritar: "Impuro! Impuro!", para que outros o evitassem (Levítico 13:45,46). Por esse motivo, esse doente poderia passar anos sem contato humano.

Cheio de compaixão, Jesus estendeu a Sua mão e o tocou. Ele tinha poder e autoridade para curar com uma palavra apenas (2:11,12), mas o toque de Jesus garantiu àquele homem de que ele não estava sozinho.

Podemos estender graça e demonstrar compaixão com um toque de bondade que confere dignidade e valor para relembrar aos que sofrem de nossa preocupação e cuidado.

Lisa

22 DE AGOSTO

Pairando sobre nós

DEUTERONÔMIO 32:7-12

Encontrou-os numa terra deserta, numa região desolada e de ventos uivantes. Cercou-os e cuidou deles, protegeu-os como a pupila de seus olhos.
—Deuteronômio 32:10

A filha da Betty chegou em casa de uma viagem ao exterior sentindo-se mal. Quando sua dor se tornou insuportável, Betty e seu marido a levaram ao Pronto Atendimento. Os médicos e a equipe de enfermagem a atenderam e após algumas horas uma das enfermeiras disse a Betty: "Ela ficará bem! Nós vamos cuidar bem dela". Naquele momento, Betty sentiu a paz e o amor inundarem o seu interior. Ela percebeu que o Senhor é o Pai perfeito que sustenta os Seus filhos, consolando-nos em momentos difíceis.

No livro de Deuteronômio, o Senhor lembrou ao Seu povo que quando eles estavam vagando no deserto, Ele se importava com eles. Nunca os deixou, mas era "Como a águia que incentiva seus filhotes e paira sobre a ninhada, ele estendeu as asas para tomá-los e levá-los em segurança sobre suas penas" (Deuteronômio 32:11). Ele queria que todos se lembrassem de que, embora estivessem enfrentando dificuldades e conflitos no deserto, Ele não os abandonara.

Enfrentamos muitos desafios, mas podemos nos sentir encorajadas sabendo que o nosso Deus nunca nos abandona. Quando sentimos que estamos caindo, o Senhor, como uma águia, estenderá as Suas asas para nos sustentar (v.11).

Amy B. Pye

23 DE AGOSTO

Tragam seus barcos

PROVÉRBIOS 3:21-31

Não deixe de fazer o bem àqueles que precisarem,
sempre que isso estiver ao seu alcance.
—Provérbios 3:27

O furacão Harvey causou uma inundação catastrófica no Texas, EUA, em 2017. As chuvas torrenciais atingiram milhares de pessoas que ficaram ilhadas, incapazes de sair de casa. Muitos cidadãos comuns de outras partes do estado e do país levaram barcos para ajudar a evacuá-las.

As ações dos generosos voluntários me trazem à mente o encorajamento de Provérbios 3:27, que nos orienta a ajudar os outros sempre que possível. As ações deles demonstraram sua disposição de usar os recursos que possuíam em favor de outros.

Talvez nem sempre nos sintamos adequadas para a tarefa necessária. Muitas vezes paralisamos ao pensar que não temos as habilidades, a experiência, os recursos ou tempo para ajudar os outros. Nesses momentos, rapidamente nos excluímos, sem levar em conta o que *temos* que possa ser de ajuda para alguém. Aquele grupo de voluntários não conseguiu impedir as inundações, nem elaborar leis para o governo liberar ajuda. Porém usaram o que estava ao alcance deles — os barcos — para ajudar terceiros. Que possamos dispor os nossos "barcos" — sejam quais forem — para levar as pessoas ao nosso redor aos lugares mais altos! *Kirsten*

Coisas terríveis e bonitas

SALMO 57

Desperte, minha alma! Despertem, lira e harpa!
Quero acordar o amanhecer com a minha canção.
—Salmo 57:8

O medo pode nos paralisar. Conhecemos todos os motivos para ter medo, tudo o que nos feriu no passado, tudo o que poderia facilmente fazê-lo novamente. Às vezes, estamos presas, incapazes de voltar; medo de seguir em frente: *Simplesmente não posso, não sou forte o suficiente para suportar ser ferida assim novamente.*

Fico emocionada pela forma como o autor Frederick Buechner descreve a graça de Deus: como uma voz suave que diz: "Aqui está o mundo. Coisas terríveis e bonitas vão acontecer. Não tenha medo. Eu estou com você".

Coisas terríveis acontecerão. Como o salmista Davi, contamos nossas próprias histórias de quando o mal nos cercou ou quando, como "leões ferozes", outros nos feriram (Salmo 57:4). E nós lamentamos; clamamos (vv.1,2).

Mas porque Deus está conosco, coisas belas podem acontecer. Quando o buscamos ardentemente com as nossas mágoas e medos, sentimo-nos amparadas por um amor muito maior do que o poder de alguém para nos prejudicar (vv.1-3). Seu amor é um sólido refúgio onde os nossos corações encontram cura (vv.1,7). Em breve nos encontraremos com renovada coragem, prontas para cumprimentar o dia com um cântico de Sua fidelidade (vv. 8-10). — *Monica*

Esperança na escuridão

JEREMIAS 31:16-26

Pois dei descanso aos exaustos e alegria aos aflitos.
—Jeremias 31:25

Conta a lenda que Qu Yuan era um sábio, patriota e funcionário do governo, que viveu durante o Período dos Estados Combatentes (475–246 a.C.). Ele tentou alertar repetidamente o rei sobre uma ameaça que destruiria o país, mas o rei rejeitou o seu conselho. Por fim, o sábio foi exilado e quando soube da queda de seu amado país diante do inimigo, sobre o qual ele os tinha alertado, suicidou-se.

Alguns aspectos da vida desse sábio se parecem com aspectos da vida de Jeremias que também serviu reis que desprezaram os seus alertas, e o seu país foi saqueado. Entretanto, aquele sábio cedeu ao desespero, e o profeta encontrou a verdadeira esperança. Qual a diferença?

Jeremias conhecia o Senhor que oferece a única e verdadeira esperança. "Há esperança para seu futuro", Deus garantiu ao Seu profeta. "Seus filhos voltarão para sua terra" (Jeremias 31:17). Embora Jerusalém tenha sido destruída em 586 a.C., foi reconstruída mais tarde (Neemias 6:15).

Todas nós nos deparamos com situações desesperadoras. Mas quando a vida nos golpeia, ainda podemos olhar para cima. Deus está assentado no trono! Ele tem os nossos dias em Suas mãos e nos ampara próximo ao Seu coração.

Poh Fang

Passando por corredeiras

ISAÍAS 43:1-7

Quando passar por águas profundas, estarei a seu lado.
Quando atravessar rios, não se afogará...
—Isaías 43:2

O guia do *rafting* acompanhou o nosso grupo até à beira do rio e nos orientou a colocarmos os salva-vidas e a manipular os remos. Depois de ressaltar as emoções que nos aguardavam no percursona trajetória, detalhou uma série de orientações que poderiam ser dadas no percurso e que deveríamos seguir, para conduzirmos o bote adequadamente. O guia nos garantiu que, mesmo que enfrentássemos momentos difíceis durante o trajeto, nossa viagem seria emocionante e segura.

Às vezes a vida parece um *rafting* com bem mais corredeiras do que gostaríamos. A promessa de Deus a Israel, através do profeta Isaías, pode guiar os nossos sentimentos quando temermos que o pior esteja acontecendo: "Quando passar por águas profundas, [...] atravessar rios, não se afogará" (Isaías 43:2). Os israelitas enfrentaram o medo opressivo de serem rejeitados por Deus quando foram exilados. Mas, ao contrário, o Senhor os reassegura e promete estar com eles porque os ama (vv.2,4).

Deus não nos abandonará nas águas revoltas ou profundas. Podemos confiar nele para nos orientar em meio às corredeiras, em nossos medos e problemas, porque Ele também nos ama e promete estar conosco. *Kirsten*

27 DE AGOSTO

Comemore a liberdade

ROMANOS 6:15-23

Pois em Cristo Jesus a lei do Espírito que dá vida os libertou da lei do pecado, que leva à morte.
—Romanos 8:2

Depois de ter sido sequestrado, mantido refém por 13 dias e libertado, o cinegrafista da Nova Zelândia, Olaf Wiig, com um amplo sorriso no rosto, anunciou: "Sinto-me mais vivo agora do que em toda a minha vida". Por razões difíceis de entender, ser libertado é mais emocionante do que ser livre.

Para aqueles que gostam da liberdade todos os dias, a alegria de Wiig foi um bom lembrete de como nos esquecemos facilmente sobre como somos abençoadas. Isso também acontece espiritualmente. Muitas vezes, aquelas dentre nós que já são cristãs por muito tempo esquecem o que é ser refém do pecado. Podemos nos tornar complacentes e até ingratas. Mas, na sequência, Deus quer que ouçamos um novo cristão com testemunho exuberante do que Deus tem feito em sua vida. E, mais uma vez, reconhecemos a alegria que temos, sendo livres "…da lei do pecado, que leva à morte" (Romanos 8:2).

Em Cristo, não somos mais escravas do pecado, somos libertas para sermos santas e para desfrutarmos a vida eterna com Cristo Jesus (6:22)!

Celebremos a nossa liberdade em Cristo encontrando tempo para agradecermos a Deus pelas coisas que somos livres para fazer, pois somos Suas servas. *Julie A. Link*

28 DE AGOSTO

Respondendo à direção de Deus

ÊXODO 3:7-14

*Então, eles deixaram
imediatamente as redes e o seguiram.*
—Mateus 4:20

Enquanto me preparava para ir para uma universidade que ficava a algumas horas distante de casa, percebi que possivelmente não voltaria a morar no mesmo local após minha graduação. Minha mente não parou: *Como posso sair de casa? Da família? Da igreja? E se depois Deus me chamar para outro estado ou país?*

Como Moisés, quando Deus lhe disse: "Agora vá, pois eu o envio ao faraó. Você deve tirar meu povo, Israel, do Egito" (Êxodo 3:10), tive medo. Não queria sair da minha zona de conforto. Sim, Moisés obedeceu e seguiu a Deus, mas não sem antes questioná-lo e pedir-lhe que enviasse outra pessoa (vv.11-13; 4:13).

Os discípulos seriam um exemplo melhor sobre o que devemos fazer quando sentimos um chamado tão claro vindo de Deus. Quando Jesus os chamou, eles deixaram tudo e o seguiram (Mateus 4:20-22; Lucas 5:28).

Ainda é difícil estar longe de casa. Porém, à medida que busco continuamente a Deus, Ele me abre as portas que confirmam que estou onde devo estar.

Quando somos retiradas de nossa zona de conforto, podemos ir relutantemente ou prontamente. Mas não importa o quão difícil possa ser, vale a pena seguir a Jesus. *Julie Schwab*

29 DE AGOSTO

Lado a lado

NEEMIAS 3:1-12

*É melhor serem dois que um, pois um ajuda
o outro a alcançar o sucesso.*
—Eclesiastes 4:9

Antigamente, uma cidade com os muros derrubados revelava um povo derrotado, exposto ao perigo e vergonha. Por isso, os judeus reconstruíram os muros de Jerusalém, trabalhando lado a lado.

Num primeiro olhar, o capítulo de Neemias 3 pode parecer um relato cansativo sobre quem fez o quê na reconstrução. Porém, uma leitura mais atenta destaca como as pessoas trabalharam juntas. Sacerdotes ao lado de governantes. Os perfumistas ajudavam tanto quanto os ourives. Quem vivia em cidades vizinhas veio ajudar. Outros fizeram reparos em frente às suas casas. As filhas de Salum trabalharam ao lado dos homens (v.12).

Duas coisas se destacam. Primeiro: todos trabalharam juntos por um objetivo comum. Segundo: todos foram elogiados por participarem, não pelo muito ou pouco que tinham feito comparado aos outros.

Podemos ajudar a reconstruir a nossa vizinhança mostrando aos outros que podem achar esperança e vida nova em Jesus. Todas nós temos algo a fazer. Então, lado a lado façamos a nossa parte, seja ela grande ou pequena, para criarmos uma comunidade de amor onde as pessoas podem encontrar Jesus.
— Keila

O Encorajador

JOÃO 16:7-15

Quando vier o Espírito da verdade,
ele os conduzirá a toda a verdade...
—João 16:13

Ao embarcar no avião para estudar numa cidade muito distante de casa, senti-me nervosa e sozinha até lembrar-me de como Jesus prometeu aos Seus discípulos a reconfortante presença do Espírito Santo.

Os amigos de Jesus devem ter se sentido perplexos quando Ele lhes disse: "...na verdade, é melhor para vocês que eu vá..." (João 16:7). Como eles poderiam estar melhor sem Ele? Mas Jesus lhes disse que se Ele partisse, então o Encorajador, o Espírito Santo, viria.

Jesus, aproximando-se de Suas últimas horas na Terra, compartilhou com os Seus discípulos (João 14–17) para ajudá-los a entender a Sua morte e ascensão. O ponto central nessa conversa foi a vinda do Espírito Santo, um Encorajador (14:16,17), que estaria com eles, ensinando, testemunhando (v.26) e os guiando (16:13).

Nós, que já aceitamos a oferta de uma nova vida, que nos foi oferecida por Deus, recebemos a dádiva do Seu Espírito habitando em nós. O Espírito Santo nos convence de nossos pecados e nos ajuda a nos arrependermos. Ele nos traz o consolo quando sentimos dor, a força para suportarmos as dificuldades, a sabedoria para entendermos o ensino de Deus, a esperança, a fé para crer e o amor para compartilhar.

Não podemos estar sós, pois temos o Encorajador.

Amy B. Pye

31 DE AGOSTO

Separada, mas não abandonada

ATOS 20:17-20,35-38

*E, agora, eu os entrego a Deus e à mensagem de
sua graça que pode edificá-los e dar-lhes
uma herança junto com todos que ele separou para si.*
—Atos 20:32

Senti um nó na garganta ao dizer adeus à minha sobrinha que mudou de nosso estado para fazer pós-graduação numa universidade distante. Embora ela já estivesse ausente por 4 anos na graduação, ela ainda morava no mesmo estado. Ela agora moraria muito mais longe, e não mais nos encontraríamos regularmente para conversar. Eu precisava confiar que Deus cuidaria dela.

Paulo deve ter sentido o mesmo ao despedir-se dos anciãos da igreja em Éfeso. Tendo estabelecido a igreja e ensinado ali por 3 anos, o apóstolo os considerava tão próximos quanto se fossem sua família. Agora que partiria para Jerusalém, não os veria novamente.

Mas Paulo tinha um conselho de despedida para os efésios, e eles não precisavam se sentir abandonados. Deus continuaria a ensiná-los por meio da "mensagem de sua graça" (Atos 20:32). Ao contrário de Paulo que estava partindo dali, Deus estaria sempre com eles.

É difícil dizer adeus quando os nossos queridos partem para longe de nossa influência. Quando largamos as mãos deles, podemos confiar que Deus as tem nas Suas mãos. O Senhor pode satisfazer as suas verdadeiras necessidades, mais do que jamais poderíamos.
— Linda

É preciso tempo para crescer

EFÉSIOS 4:11-16

*…falaremos a verdade em amor,
tornando-nos, em todos os aspectos, cada vez
mais parecidos com Cristo, que é a cabeça.*
—Efésios 4:15

No primeiro dia na pré-escola, a pequena Carlota precisou desenhar-se a si mesma. Ela representou o seu corpo num círculo, com a cabeça alongada e dois círculos para os olhos. Em seu último dia dessa fase escolar, ela desenhou novamente o seu autorretrato. E representou-se num vestido colorido, rosto sorridente com características distintas, e belas tranças vermelhas. Essa tarefa simples demonstrou a diferença que o tempo pode fazer no nível de maturidade.

Sabemos que a maturidade exige tempo, mas às vezes nos impacientamos com nós mesmas ou com outros cristãos que demonstram o crescimento espiritual mais lento. O autor de Hebreus falou sobre isso quando escreveu à igreja: "…já deveriam ensinar outras pessoas, […] no entanto precisam que alguém lhes ensine novamente os conceitos mais básicos da palavra de Deus…" (Hebreus 5:12).

Oremos uns pelos outros e pacientemente andemos lado a lado com os que parecem ter dificuldade com o crescimento espiritual. "Falaremos a verdade em amor…" e encorajaremos uns aos outros, para que juntos possamos crescer "…tornando-nos, em todos os aspectos, cada vez mais [parecidas] com Cristo, que é a cabeça" (Efésios 4:15). *Cindy*

A libertação do medo

MARCOS 6:45-53

"Não tenham medo! Coragem, sou eu!"
—Marcos 6:50

Nosso corpo reage aos nossos sentimentos de ameaça e medo. Uma pontada no estômago e o palpitar do coração enquanto tentamos respirar assinalam a nossa ansiedade. Nossa natureza física não nos deixa ignorar essas sensações de inquietação.

Os discípulos sentiram ondas de medo na noite logo após Jesus ter realizado o milagre de alimentar mais de 5.000 pessoas. O Senhor os tinha mandado seguir à frente em direção de Betsaida para poder ficar sozinho para orar. Durante a noite, eles estavam remando contra o vento quando, subitamente viram Jesus andar sobre as águas. Pensando tratar-se de um fantasma, sentiram-se aterrorizados (Marcos 6:49,50).

Mas Jesus os tranquilizou, dizendo-lhes para não temerem e terem coragem. Quando Jesus entrou no barco deles, o vento se acalmou e alcançaram a margem. Imagino que o sentimento de pavor dos discípulos se acalmou à medida que sentiram a paz que Jesus lhes concedeu.

Quando estamos ansiosas, podemos descansar no poder de Jesus. Ele nos dará a dádiva de Sua paz que "excede todo o entendimento" (Filipenses 4:7). E, quando Jesus nos liberta de nossos medos, podemos nos acalmar e descansar nele. *Amy B. Pye*

Sabedoria antiga

1 REIS 12:1-7,12-17

A sabedoria pertence aos idosos,
e o entendimento, aos mais velhos.
—Jó 12:12

Em 2010, um jornal de Singapura publicou uma reportagem com as lições de vida de oito idosos. A reportagem começava assim: "O envelhecimento traz desafios à mente e ao corpo, mas também pode levar à expansão em outros territórios. Há abundância de conhecimento emocional e social; essas qualidades os cientistas começam a definir como a sabedoria dos anciãos". De fato, os idosos sábios têm muito a nos ensinar sobre a vida.

Na Bíblia conhecemos um rei recém-coroado que falhou em reconhecer isso. O rei Salomão tinha acabado de morrer e a congregação de Israel foi a Roboão com uma demanda: pediram-lhe o alívio do trabalho e dos impostos que o pai dele, Salomão, tinha exigido deles. Em troca, serviriam Roboão com lealdade (1 Reis 12:3).

O jovem rei consultou os anciãos (v.6), porém "rejeitou o conselho dos homens mais velhos e pediu a opinião dos jovens que haviam crescido com ele" (v.8). E aumentou ainda mais o fardo sobre o povo! Essa imprudência lhe custou a maior parte de seu reino.

Todas nós precisamos de conselhos que vêm como resultado de anos de experiência, especialmente daqueles que andaram com Deus e ouviram os Seus conselhos. Vamos procurá-los e ouvir atentamente à sabedoria deles. — *Poh Fang*

4 DE SETEMBRO

Leva-me para a rocha

SALMO 61

Dos confins da terra clamo a ti,
com meu coração sobrecarregado.
Leva-me à rocha alta e segura.
—Salmo 61:2

Eu estava fazendo compras quando notei uma senhora idosa e começamos a conversar sobre um vírus da gripe que circulava em nossa área e a tinha deixado com tosse e dor de cabeça persistentes.

Alguns minutos mais tarde, ela revelou sua amarga teoria sobre a origem do vírus. Ouvi, sem saber o que fazer. Em seguida, ela saiu da loja, ainda zangada e frustrada. Embora ela tenha expressado sua frustração, não pude fazer nada para afastar aquela dor.

O rei Davi escreveu salmos para expressar a sua raiva e frustração a Deus. Ele sabia que Deus não apenas o ouvia, mas podia fazer algo sobre a sua dor. No Salmo 61, ele escreve: "Dos confins da terra clamo a ti, com meu coração sobrecarregado. Leva-me à rocha alta e segura" (v.2). Deus era o seu "refúgio" (v.3) e a "fortaleza" onde Davi se protegia.

É bom seguir o exemplo de Davi quando estamos sofrendo. Podemos seguir para a "à rocha alta e segura" ou conduzir alguém até ela. Queria ter falado de Deus àquela mulher na loja. Embora Deus possa não afastar toda a dor, podemos descansar na certeza de saber que Ele provê e ouve o nosso lamento. *Linda*

5 DE SETEMBRO

Amar com perfeição

1 CORÍNTIOS 13:4-8

...nunca desiste, nunca perde a fé,
sempre tem esperança e sempre se mantém firme.
[...] o amor durará para sempre.
—1 Coríntios 13:7,8

Sua voz tremeu ao compartilhar os problemas que enfrentava com a sua filha. Preocupada com os amigos questionáveis da adolescente, a mãe confiscou o celular da garota e a acompanhava por toda a parte. O relacionamento delas parecia apenas ir de mal a pior.

Quando falei com a jovem filha, descobri que ela ama profundamente a sua mãe, mas sente-se sufocada por esse amor. Ela quer libertar-se.

Como seres imperfeitos, todos nós sofremos em nossos relacionamentos. Temos dificuldades em expressar o amor da maneira certa, de dizer e fazer a coisa certa no momento certo. Crescemos no conhecimento e na prática do amor durante toda a nossa vida.

O apóstolo Paulo descreve o amor perfeito. Colocar esse amor em prática pode ser absolutamente assustador. Felizmente, temos Jesus como nosso exemplo. À medida que Ele interagiu com pessoas com necessidades e problemas diferentes, Jesus nos mostrou o amor perfeito na prática. Ao caminharmos com Ele, mantendo-nos em Seu amor e alimentando a nossa mente com a Sua Palavra, refletiremos mais e mais a Sua semelhança. É um amor que sempre protege e "sempre tem a esperança e sempre se mantém firme" (1 Coríntios 13:7,8).

Poh Fang

Suficiente

2 REIS 4:42-44

E, quando distribuíram o alimento, houve suficiente para todos e ainda sobrou, como o Senhor tinha dito.
—2 Reis 4:44

Quando meu marido e eu fomos solicitados a acolher um pequeno grupo de estudos bíblicos em nosso lar, minha primeira reação foi recusar. Senti-me inadequada. Não tínhamos lugares para todos, a nossa casa era pequena e sem muito espaço. Não sabia se tínhamos as habilidades para mediar os assuntos. Estava preocupada que me pedissem para preparar lanches, pois me faltava vontade e dinheiro. Senti-me como se não tivéssemos condições "suficientes" e incapaz de aceitar o desafio. Mas queríamos servir a Deus e à comunidade, então, apesar dos temores, aceitamos. Nos 5 anos seguintes, tivemos grandes alegrias ao acolher novos grupos em nossa sala de estar.

Observo a mesma dúvida no homem que trouxe pão ao servo de Deus, Eliseu. O profeta Eliseu o instruiu a dar ao povo, mas ele questionou se 20 pães seriam suficientes. Parece que ele foi tentado a reter a comida porque, em sua compreensão humana, não seria suficiente. No entanto, foi *mais* do que o suficiente (2 Reis 4:44), pois Deus aceitou essa dádiva entregue em obediência e a multiplicou.

Quando Deus nos pede para darmos o que temos, é Ele quem torna essa dádiva "suficiente". *Kirsten*

7 DE SETEMBRO

Um bom pai

SALMO 63

Quando me deito, fico acordado pensando em ti, meditando a teu respeito a noite toda.
—Salmo 63:6

Quando o nosso filho era pequeno, as viagens constantes afastavam o meu marido de casa. Embora ele ligasse com frequência, houve noites em que só os telefonemas não consolavam o nosso garotinho. Para acalmá-lo pela falta do pai, na hora de dormir, eu lhe mostrava fotos com as imagens dele passando tempo com o pai e perguntava: "Lembra disso?". Uma lembrança atrás da outra o encorajava, e ele dizia: "eu tenho um bom pai".

Sempre que passo por tempos difíceis ou solitários, também desejo saber que sou amada, especialmente por meu Pai celestial.

Davi proclamou seu profundo anseio por Deus quando estava no deserto escondendo-se dos inimigos (Salmo 63:1). Lembrando-se de suas experiências pessoais com o poder ilimitado de Deus e o Seu envolvente amor, Davi louvava o Senhor (vv.2-5). Nas noites mais difíceis, Davi ainda podia se alegrar com o cuidado amoroso e provedor de seu Pai (vv.6-8).

Em nossos momentos difíceis, quando sentimos como se Deus não estivesse ao nosso alcance, precisamos de lembretes do Seu amor. Ao refletir sobre as experiências pessoais com Ele, assim como sobre os Seus atos narrados nas Escrituras, podemos validar as incontáveis formas de o nosso bom Aba Pai nos amar. *Xochitl*

8 DE SETEMBRO

Colheita dos campos

RUTE 2:1-12

*Certo dia, Rute, a moabita, disse a Noemi:
"Deixe-me ir ao campo ver
se alguém, em sua bondade, me permite recolher
as espigas de cereal que sobrarem…".*
—Rute 2:2

A minha amiga tanzaniana tem a visão de resgatar um pedaço de terra devastada na capital Dodoma. Reconhecendo as necessidades das viúvas locais, Rute quer transformar aquele pedaço de chão desértico num local em que possam criar galinhas e cultivar suas plantações. Sua visão está enraizada em seu amor a Deus e foi inspirada por seu nome bíblico, Rute.

As leis de Deus permitiam que os pobres ou os estrangeiros colhessem as sobras dos cantos dos campos (Levítico 19:9,10). Rute, uma estrangeira, foi autorizada a trabalhar nos campos e ela recolhia o alimento para si mesma e sua sogra, Noemi. Colher nos campos de Boaz, um parente próximo delas, ajudou Rute e Noemi a encontrarem um lar e proteção. Rute usou a sua simplicidade e esforço, e Deus a abençoou.

A paixão de minha amiga Rute e a dedicação da sua xará no texto bíblico me motivam a dar graças a Deus pela maneira como Ele cuida dos pobres e oprimidos. Essas duas mulheres me inspiram a procurar maneiras de ajudar os outros como meio de expressar a minha gratidão ao nosso Deus provedor. De que maneiras podemos adorar a Deus estendendo a Sua misericórdia aos outros? — *Amy B. Pye*

Razão para cantar

SALMO 98

Cantem ao Senhor um cântico novo,
pois ele fez maravilhas; sua mão direita
e seu braço santo conquistaram a vitória!
—Salmo 98:1

Eu tinha 13 anos quando a diretora do coral chamou cada criança individualmente para cantar ao som do piano a fim de definir a sua voz e em qual grupo cantaria. Quando chegou a minha vez, cantei todas as notas que ela tocou diversas vezes, mas ela não me colocou em nenhum grupo. Em vez disso. A diretora me direcionou para o "serviço de aconselhamento" para que me orientassem a encontrar outro grupo no qual me inserir. Daquele momento em diante, eu senti que não deveria cantar e ponto final.

Pensei dessa forma até me tornar adulta e ler o Salmo 98. O autor inicia com um convite para cantar ao Senhor e isso nada tem a ver com a qualidade de nossas vozes. Deus se alegra com as nossas canções de agradecimento e louvor. Somos convidadas a cantar porque Deus tem feito maravilhas (v.1).

O salmista destaca dois maravilhosos motivos para louvarmos alegremente a Deus em cânticos e atitudes: Sua ação salvadora em nossa vida e sua contínua fidelidade em relação a nós. No coral de Deus somos convidadas a cantar sobre as maravilhas que Ele tem feito.

Kirsten

10 DE SETEMBRO

O bem final

TIAGO 4:13-17

*Lembrem-se de que é pecado saber
o que devem fazer e não fazê-lo.*
—Tiago 4:17

Num desenho animado de Charles Schulz, *Peanuts*, Marcie dá algumas flores à professora. Para não ficar atrás, Patty Pimentinha diz à professora: "Pensei em fazer a mesma coisa, professora, mas não consegui. Você aceitaria um vaso cheio de boas intenções?".

Todas nós já tivemos a intenção de fazer algo de bom, mas falhamos em ir até o fim: procurar um amigo, visitar um vizinho doente ou escrever uma nota de encorajamento. Mas não investimos o tempo que isso exigia.

Algumas pessoas sabem que Jesus é o único caminho para o Céu e planejam confiar nele algum dia. No entanto, continuam adiando. Essas pessoas podem estar cheias de boas intenções, mas isso não lhes trará a salvação em Cristo.

Como cristãs, podemos dizer que queremos nos aproximar do Senhor, mas não separamos tempo para ler a Palavra de Deus ou orar.

Tiago tem algumas palavras fortes sobre a nossa ociosidade: "Lembrem-se de que é pecado saber o que devem fazer e não fazê-lo" (4:17).

Há algo que você esteja adiando? Ainda há tempo para agir. Um vaso cheio de boas intenções jamais alegrou o dia de alguém.

Anne

11 DE SETEMBRO

Fique por perto

DEUTERONÔMIO 6:1-9

Amarre-as às mãos e prenda-as
à testa como lembrança.
—Deuteronômio 6:8

A minha caminhada de 1,5 km de retorno para casa, após deixar minha filha na escola, traz a oportunidade de memorizar alguns versículos da Bíblia — se eu assim me propuser. Quando uso esses minutos para meditar na Palavra de Deus em minha mente, com frequência vejo esses versículos voltarem para mim, mais tarde, durante o dia, trazendo-me consolo e sabedoria.

Quando Moisés preparou os israelitas para entrarem na Terra Prometida, ele os encorajou a se manterem próximos aos mandamentos e decretos de Deus (Deuteronômio 6:1,2). Querendo que eles prosperassem, Moisés disse-lhes que deveriam meditar nessas instruções e discuti-las com seus filhos (vv.6,7). Ele não queria que esquecessem as ordens de Deus para viverem como um povo que honrava ao Senhor e desfrutava de Suas bênçãos.

De que maneira você pode considerar as palavras de Deus hoje? Uma ideia é escrever um versículo das Escrituras e, cada vez que lavar as suas mãos, ou beber alguma coisa, ler essas palavras e incuti-las em sua mente. Ou, como último ato do dia antes de ir dormir, invista algum tempo na leitura de uma pequena passagem da Bíblia. São muitas as maneiras de manter a Palavra de Deus em nosso coração! *Amy B. Pye*

12 DE SETEMBRO

Anel no lixo

MATEUS 13:44-46

Peçam, e receberão. Procurem, e encontrarão.
Batam, e a porta lhes será aberta.
—Mateus 7:7

Certa manhã, na faculdade, acordei e encontrei Carol, minha colega de quarto, em pânico. Seu anel de monograma tinha sumido. Procuramos por todos os cantos, até no lixo. Revirei até um saco de lixo e disse-lhe:

—Você está tão empenhada em achar isso!

—Não vou perder um anel de 600 reais!, ela me respondeu.

A determinação de Carol me lembra a parábola que Jesus contou sobre o reino do Céu, que é "…como um tesouro escondido que um homem descobriu num campo. Em seu entusiasmo, ele o escondeu novamente, vendeu tudo que tinha e, com o dinheiro da venda, comprou aquele campo" (Mateus 13:44). Para encontrar certas coisas, vale a pena o esforço.

Deus promete que aqueles que o buscarem, o acharão. Ele explicou aos israelitas que o encontrariam caso se afastassem do pecado e o buscassem de todo o coração (Deuteronômio 4:28,29). Deus fez a mesma promessa aos exilados, dizendo que os tiraria do cativeiro (Jeremias 29:13,14).

Se buscarmos a Deus através de Sua Palavra, em adoração e em oração, nós o encontraremos e o conheceremos. Ao longo do tempo, o conheceremos de modo mais profundo. Isso será muito melhor do que o doce momento em que Carol achou seu anel e o tirou de dentro de um saco de lixo!

Julie Schwab

Cuidado vigilante

JEREMIAS 23:20-24

*"…Não estou em toda parte,
nos céus e na terra?", diz o Senhor.*
—Jeremias 23:24

Antes de meu filho sair correndo para a escola, perguntei se ele havia escovado os dentes e o fiz lembrar-se da importância de dizer a verdade. Imóvel diante de minha gentil advertência, ele falou, em tom de brincadeira, que o que eu realmente precisava era de uma câmera de segurança no banheiro para que ele não se sentisse tentado a mentir.

Embora a presença de uma câmera de segurança possa nos ajudar a lembrar das regras, ainda podemos passar despercebidas. Mas nos enganamos se pensamos que em algum momento estamos fora do alcance do olhar divino.

Deus pergunta: "Pode alguém se esconder de mim onde eu não veja? Não estou em toda parte, nos céus e na terra?" (Jeremias 23:24). Há encorajamento e alerta em Sua pergunta. O alerta é de que não podemos nos esconder de Deus. Não podemos fugir dele ou enganá-lo. Tudo o que fazemos é visível a Ele.

Isso também é um encorajamento. Nunca estamos fora do cuidado vigilante de nosso Pai celestial. Mesmo quando nos sentimos sozinhas, Deus está conosco. Permitamos que essa verdade nos encoraje a escolher a obediência à Sua Palavra e a receber o Seu conforto. *Lisa*

14 DE SETEMBRO

Jesus sabe o porquê

MARCOS 8:22-26

*Quando Jesus acabou de dizer essas coisas,
a multidão ficou maravilhada com seu ensino.*
—Mateus 7:28

Pensando nos amigos que lutaram contra os efeitos colaterais das doenças que tiveram ou de outros que superaram seus vícios, mas ainda se sentem inadequados, tenho um questionamento: *Por que Deus não os cura completamente e de uma vez por todas?*

Lemos a história de Jesus curando um cego de nascença. Jesus "cuspiu nos olhos do homem, pôs as mãos sobre ele…". O homem lhe disse que agora via pessoas como "árvores andando". Na sequência, Jesus tocou-lhe novamente os olhos e, dessa vez, o cego passou "a ver tudo com nitidez" (Marcos 8:22-26).

Em Seu ministério, as palavras e ações de Jesus maravilharam e desconsertaram a multidão e Seus seguidores com muita frequência. Sem dúvida, esse milagre em duas partes também causou confusão. Por que não curar o homem *de uma vez?*

Não sabemos o motivo. Mas Jesus sabia o que o homem e os discípulos que disso testemunharam precisavam naquele momento. O Senhor sabe o que precisamos hoje para que nos aproximemos dele. Embora nem sempre entendamos, podemos confiar que Deus está agindo em nossa vida e na de nossos entes queridos. E Deus nos dará a força, coragem e a clareza que precisamos para perseverarmos em segui-lo.

Alyson

15 DE SETEMBRO

Continue o bom trabalho

1 TESSALONICENSES 4:1-12

...pedimos e incentivamos [...] a fazê-lo ainda mais.
—1 Tessalonicenses 4:1

Meu filho ama ler. Quando ele lê mais livros do que a escola exige, recebe um certificado de premiação. Esse pequeno incentivo o motiva a continuar se esforçando.

Ao escrever aos tessalonicenses, Paulo não os motivou com um prêmio, mas com palavras de encorajamento. Ele lhes disse: "Finalmente, irmãos, pedimos e incentivamos em nome do Senhor Jesus que vivam para agradar a Deus, conforme lhes instruímos. Vocês já vivem desse modo, e os incentivamos a fazê-lo ainda mais" (1 Tessalonicenses 4:1). Esses cristãos estavam agradando a Deus em seu viver e Paulo os encorajou a prosseguirem.

Talvez hoje você e eu estejamos fazendo o melhor para conhecer, amar e agradar ao nosso Pai. Tomemos as palavras de Paulo como um incentivo para prosseguirmos em nossa fé.

Porém, vamos dar um passo a mais. Quais pessoas, que vêm a sua mente, são diligentes em seguir ao Senhor e que buscam agradá-lo? Talvez você possa dizer a elas que permaneçam firmes em sua jornada de fé. O que você disser poderá ser exatamente aquilo que elas precisam para continuar seguindo em frente e servindo a Jesus.

Keila

Imperfeição perfeita

EFÉSIOS 3:8-19

*Peço que, da riqueza de sua glória,
ele os fortaleça com poder interior
por meio de seu Espírito.*
—Efésios 3:16

Um professor universitário, vendo que o perfeccionismo me levava à procrastinação me deu bons conselhos dizendo: "Não deixe a perfeição ser inimiga do bem". Aceitar que o meu trabalho será sempre imperfeito me daria a liberdade para continuar a crescer.

Paulo deu uma razão mais profunda para deixar de lado os nossos esforços de autoaperfeiçoamento: pode nos cegar à nossa necessidade de Cristo.

Paulo aprendeu isso da maneira mais difícil. Após anos tentando seguir perfeitamente a Lei de Deus, o encontro com Jesus transformou tudo (Gálatas 1:11-16). Paulo entendeu que se os seus esforços fossem suficientes para justificá-lo perante Deus, "não haveria necessidade alguma de Cristo morrer" (2:21). Somente pelo abandono, *morrendo para* a autoconfiança, ele poderia experimentar Jesus vivendo nele (v.20). Apenas em sua imperfeição, Paulo poderia experimentar o perfeito poder de Deus.

Nesta vida, seremos sempre obras em andamento. Mas quando aceitamos humildemente a nossa necessidade pelo Único perfeito, Jesus faz a Sua morada em nós (Efésios 3:17). Enraizadas nele, somos livres para crescer cada vez mais no Seu amor.

Monica

17 DE SETEMBRO

Fome do coração

JOÃO 6:32-40

*Eu sou o pão da vida. Quem vem
a mim nunca mais terá fome. Quem crê
em mim nunca mais terá sede.*

—João 6:35

No carro, enquanto acompanhava meu marido em seus compromissos, chequei os e-mails e fiquei surpresa com o anúncio de uma loja local de "sonhos deliciosos", por onde tínhamos acabado de passar. Surpreendi-me como a tecnologia permite que os comerciantes nos atraiam para os seus estabelecimentos.

Fechando o telefone, refleti sobre o anseio constante de Deus de que eu me aproxime mais dele. O Senhor sempre sabe onde estou e deseja influenciar as minhas escolhas. Pensei: *O meu coração anseia por Ele do mesmo jeito que eu desejava um saboroso sonho?*

Em João 6, depois que Jesus alimentou miraculosamente 5.000 pessoas, os discípulos pediram ansiosamente a Ele para lhes dar "O verdadeiro pão [...] que desce do céu e dá vida ao mundo" (vv.33,34). Jesus respondeu: "...Eu sou o pão da vida. Quem vem a mim nunca mais terá fome. Quem crê em mim nunca mais terá sede" (v.35). É maravilhoso como o relacionamento com Jesus pode nos prover nutrição contínua!

O contínuo reconhecimento divino da condição do meu coração me convida a reconhecer a minha constante necessidade do Senhor e de receber o alimento que só Ele pode prover.

Elisa

18 DE SETEMBRO

União para encorajar

HEBREUS 10:19-25

*Pensemos em como motivar uns aos outros
na prática do amor e das boas obras.*
—Hebreus 10:24

O *Steven Thompson Memorial Centipede* é uma corrida pelo interior do país diferente de todos os outros. Cada equipe corre com sete atletas, segurando uma corda pelos primeiros 2 quilômetros de um percurso de 5 quilômetros. Na marca dos 2 quilômetros, a equipe larga a corda e os corredores terminam individualmente. O tempo de cada pessoa é uma combinação do ritmo que a equipe manteve e a velocidade individual de cada corredor.

Este ano, a equipe de minha filha optou pela seguinte estratégia: eles colocaram a corredora mais rápida na frente e a mais lenta imediatamente atrás. O objetivo era que a corredora mais forte incentivasse a corredora mais lenta.

Os planos da equipe representavam para mim uma passagem bíblica que nos exorta a nos apegarmos "firmemente, sem vacilar, à esperança que professamos..." (Hebreus 10:23) ao motivarmos "...uns aos outros na prática do amor e das boas obras" (v.24). Uma maneira de fazer isso é não deixarmos: "de nos reunir [...], mas [encorajarmo-nos] mutuamente..." (v.25). Reunir-se com outros cristãos é um aspecto essencial da vida de fé.

A corrida da vida pode parecer devastadora. Mas, à medida que corremos juntas, vamos oferecer uns aos outros o encorajamento para que corramos com vigor! *Kirsten*

19 DE SETEMBRO

Abandonado por nossa causa

MATEUS 26:36-46

"Não o deixarei; jamais o abandonarei".
—Hebreus 13:5

Os pesquisadores da Universidade de Virgínia, EUA, fizeram um estudo fascinante para analisar como o cérebro reage à perspectiva da dor, e se reage de maneira diferente quando o ser humano enfrenta a ameaça de dor sozinho, segurando a mão de um estranho, ou de alguém que lhe é próximo.

Eles testaram dezenas de pares, e os resultados foram consistentes. Quando uma pessoa estava só ou segurando a mão de um estranho, na expectativa de um choque, as regiões do cérebro que processam o perigo iluminavam-se. Ao segurarem as mãos de alguém de sua confiança, o cérebro relaxava. A presença de um amigo fazia a dor parecer mais suportável.

Jesus precisava de conforto ao orar no jardim do Getsêmani. Ele pediu aos Seus amigos mais próximos para que ficassem e orassem com Ele, dizendo-lhes que a Sua alma estava "profundamente triste" (Mateus 26:38). Mas Pedro, Tiago e João caíram no sono.

No Getsêmani, Jesus enfrentou a agonia sozinho. Mas por Ele suportar essa dor, temos a certeza de que Deus nunca nos deixará nem nos abandonará (Hebreus 13:5). Jesus sofreu para que jamais venhamos a experimentar a separação do amor de Deus (Romanos 8:39). A companhia do Senhor torna tudo mais suportável.

Amy Peterson

20 DE SETEMBRO

Jesus alcançou

MATEUS 14:22-33

No mesmo instante,
Jesus estendeu a mão e o segurou...
—Mateus 14:31

À s vezes a vida fica corrida: as aulas são difíceis, o trabalho exaustivo, o banheiro precisa de limpeza e temos um cafezinho na agenda do dia. Chego ao ponto em que me forço a ler a Bíblia por alguns minutos por dia e prometo a mim mesma passar mais tempo com Deus na próxima semana. Mas não leva muito tempo até eu me distrair, ser tragada pelas tarefas diárias e me esquecer de pedir a Deus qualquer tipo de ajuda.

Quando Pedro estava andando sobre as águas em direção a Jesus, rapidamente se distraiu com o vento e as ondas. E, portanto, começou a afundar (Mateus 14:29,30). Mas, assim que ele gritou, "...Jesus estendeu a mão e o segurou" (vv.30,31).

Muitas vezes sentimos como se tivéssemos que compensar Deus após ficarmos tão distraídas. Porém, não é assim que Deus age. Tão logo nós lhe pedimos ajuda, Jesus nos alcança sem hesitação.

Quando estamos inquietas pelo caos da vida, é fácil nos esquecermos de que Deus está conosco em meio à tempestade. Não importa pelo que estejamos passando, Ele está presente.

Julie Schwab

21 DE SETEMBRO

Ajudador sempre presente

JOÃO 14:15-26

*...ele [o Espírito] os fará lembrar
tudo que eu lhes disse.*
—João 14:26

Após uma lesão na coluna deixar Marcos paralisado, ele resolveu voltar a estudar e fazer o mestrado. A mãe dele, Judite, ajudou-o a alcançar esse objetivo. Ela se sentava ao lado dele em palestras e estudos em grupo, tomando notas e lidando com as questões de tecnologia. Ela até mesmo o ajudou a subir ao palco para receber o seu diploma. O que poderia ser inatingível tornou-se possível.

Jesus sabia que os Seus seguidores precisariam de forte apoio depois que Ele deixasse a Terra. Ao falar sobre a Sua ausência iminente, disse-lhes que eles teriam um novo tipo de conexão com Deus por meio do Espírito Santo. Esse Espírito seria um ajudador sempre presente e que não apenas viveria *com* eles, mas viveria *no interior* deles (João 14:17,26).

O Espírito daria o auxílio de Deus aos discípulos de Jesus, capacitando-os a suportar o que não conseguiriam sozinhos ao compartilhar as boas novas.

Você está enfrentando algo que excede a sua força e capacidade? Você pode depender da ajuda contínua do Espírito. O Espírito de Deus agindo em você dará a Deus a glória que o Senhor merece.

— Jennifer

22 DE SETEMBRO

Doadoras generosas

1 CRÔNICAS 29:1-14

...Tudo que temos vem de ti, e demos apenas o que primeiro de ti recebemos!
—1 Crônicas 29:14

Nossos líderes da igreja apresentaram à congregação uma proposta de um novo ginásio de esportes para nos ajudar a servir melhor a nossa comunidade. A equipe da liderança anunciou que eles seriam os primeiros a assinarem notas de penhor para financiar a construção. Inicialmente, orei com o coração tomado pelo egoísmo, não querendo oferecer mais dinheiro do que nós já tínhamos nos comprometido em doar. Ainda assim, meu marido e eu concordamos em orar pelo projeto. Ao considerarmos as provisões de Deus para nós, decidimos fazer uma oferta mensal. As doações combinadas de toda a igreja pagaram pelo edifício.

Agradecida pelas muitas maneiras pelas quais Deus usou esse ginásio para eventos comunitários desde que abrimos suas portas, lembro-me de outro doador generoso — o rei Davi. Ele investiu todos os seus recursos no projeto do Templo (1 Crônicas 29:1-5). Os líderes sob ele e as pessoas a quem serviram também doaram generosamente (vv.6-9). O rei reconheceu que todos os recursos ofertados tinham vindo primariamente de Deus (vv.10-16).

Quando reconhecemos que Deus é o dono de tudo, podemos nos comprometer a doar com gratidão, generosidade e fidelidade para o benefício dos outros. E podemos confiar que o Senhor proverá. *Xochitl*

23 DE SETEMBRO

Meu tesouro sentado numa abóbora

2 CORÍNTIOS 4:7-18

*...somos como vasos frágeis de barro [...]
esse grande poder vem de Deus, e não de nós.*
—2 Coríntios 4:7

Numa das minhas fotos preferidas da minha filha quando criança, ela está sentada numa abóbora. Lá estava ela, a alegria do meu coração, sentada numa abóbora. Nas semanas seguintes, a abóbora murchou, mas minha filha continuou a crescer e a se desenvolver.

Essa foto me faz lembrar a maneira que Paulo descreve quem é Jesus. Ele compara o conhecimento de Jesus no nosso coração a um tesouro dentro de um vaso de barro. Lembrar o que Cristo fez por nós, nos enche de coragem e força para perseverarmos nas lutas embora sejamos pressionadas "de todos os lados" (2 Coríntios 4:8). Pelo poder de Deus em nossa vida, revelamos a vida de Jesus quando somos derrubadas, mas não destruídas (v.9).

Podemos sentir o desgaste causado por nossas provações. Porém a alegria de Jesus em nós continua a crescer apesar desses desafios. Nosso conhecimento de Sua Pessoa e do Seu poder agindo em nossa vida é o tesouro guardado dentro de nosso frágil corpo de barro. Podemos florescer ao enfrentar dificuldades por causa do Seu poder que age em nosso interior.

Kirsten

24 DE SETEMBRO

O fardo da espera

SALMO 90

Ajuda-nos a entender como a vida é breve,
para que vivamos com sabedoria.
—Salmo 90:12

Nos últimos anos, dois membros da minha família enfrentaram diagnósticos ameaçadores à vida. Para mim, a parte mais difícil de apoiá-los em seus tratamentos tem sido a constante incerteza. Em vez de recebermos explicações claras, muitas vezes pedem que esperemos.

É difícil suportar o fardo da incerteza, sempre questionando o que o próximo teste vai revelar. Teremos semanas, meses, anos ou décadas antes que a morte nos separe? Doenças como o câncer trazem a nossa mortalidade à cena, em vez de deixá-la ocultar-se nos recessos de nossa mente onde gostamos de mantê-la.

Diante desses lembretes sombrios da nossa mortalidade, encontro-me orando as palavras que Moisés certa vez orou. O Salmo 90 nos diz que, embora nossa vida seja como a grama que seca e se desvanece (vv.5,6), temos um lar eterno com Deus (v.1). Assim como Moisés, podemos pedir a Deus que nos ensine a contar os nossos dias para que possamos tomar decisões sábias (v.12), fazendo valer o que realizamos para o Senhor (v.17). Em última análise, a nossa esperança não está no diagnóstico de um médico, mas em Deus que é "de eternidade a eternidade" (v.2). *Amy Peterson*

Deus está aqui

OSEIAS 6:1-6

...precisamos conhecer o SENHOR;
busquemos conhecê-lo!
—Oseias 6:3

Numa placa em nossa casa está escrito: "Anunciado ou não, Deus está presente". Uma versão mais moderna poderia ser: "Reconhecido ou não, Deus está aqui".

O profeta Oseias viveu no fim do século 8 a.C. (755–715) e escreveu palavras parecidas à nação hebraica. Ele encorajou os israelitas a "buscar" (Oseias 6:3) conhecer Deus, porque eles o haviam esquecido (Oseias 4:1). Na medida em que o povo se esqueceu da presença de Deus, eles começaram a afastar-se dele (v.12). A percepção simples e profunda de Oseias para tomarmos conhecimento de Deus nos relembra de que o Senhor está perto e age tanto nas alegrias quanto nas tribulações em nossa vida.

Conhecer a Deus talvez signifique que, quando somos promovidas, admitamos que Deus nos capacitou para concluir o nosso trabalho a tempo e dentro do orçamento.

Se não conseguimos entrar na faculdade que almejamos, podemos reconhecer que Deus está conosco e nos consolarmos em Sua presença, mesmo em nosso desapontamento. Durante uma refeição, reconhecer a presença de Deus nos relembra da Sua provisão.

Quando conhecemos e buscamos a Deus, lembramo-nos de Sua presença nos sucessos e tristezas da nossa vida, sejam elas pequenas ou grandes. *Lisa*

Ordens diretas

1 REIS 13:11-22

...pois o S͟e͟n͟h͟o͟r me ordenou...
—1 Reis 13:17

Minha segunda filha estava ansiosa para dormir na "cama grande" do quarto da irmã. Toda noite eu a colocava sob as cobertas, dando ordens para que ficasse na "cama grande" senão ela voltaria para o berço. Noite após noite, eu a encontrava no corredor e tinha que levar minha pequena filha querida e desencorajada de volta ao berço. Anos depois soube que a sua irmã mais velha, normalmente tão doce, não queria dividir o quarto e, por isso, dizia à pequena que tinha me ouvido chamar por ela. Acreditando na irmã, ela saía à minha procura, e eu então tinha que levá-la de volta ao seu berço.

Ouvir a voz errada é uma má ideia. Quando Deus enviou um homem a Betel para falar em Seu nome, deu instruções explícitas para que ele não comesse nem bebesse enquanto estivesse lá (1 Reis 13:9). Quando um profeta mais velho o convidou para jantar, inicialmente esse homem recusou. No entanto, ele cedeu e comeu quando o ancião o enganou lhe dizendo que um anjo afirmara que não havia problema. Imagino que Deus tenha se entristecido quando esse homem não obedeceu as Suas instruções.

Podemos confiar completamente em Deus. Suas palavras são nosso caminho para a vida; somos sábias em ouvir e obedecer.

Kirsten

27 DE SETEMBRO

Descobrindo meu verdadeiro eu

1 JOÃO 2:28–3:3

Sabemos, porém, que seremos semelhantes a ele [a Jesus], pois o veremos como ele realmente é. —1 João 3:2

Quem sou eu? Essa é a pergunta que um animal de pelúcia desbotado faz a si mesmo no livro infantil *Nothing* (Nada), de Mick Inkpen. Abandonado num canto empoeirado do sótão, o animalzinho de pelúcia "ouve" quando os homens que vieram fazer a mudança o chamam de "nada" e acha que esse é o seu nome: Nada.

Ao encontrar os outros animais eles lhe despertam suas lembranças. Nada lembra-se de que ele costumava ter cauda, bigodes e alguns riscos. Porém, ele só se lembra de quem realmente é quando conhece um gato malhado que o ajuda a encontrar o caminho de casa. Aí então, Nada se lembra de sua identidade: ele é um gato de pelúcia chamado Toby. Depois disso, ele encontra o seu dono que carinhosamente o restaura, costurando nele novas orelhas, cauda, bigodes e alguns riscos.

Esse livro me faz pensar sobre a minha identidade. *Quem sou eu?* Escrevendo para os cristãos, João afirmou que Deus nos chamou de Seus filhos (1 João 3:1). Não entendemos totalmente essa identidade, mas, quando virmos Jesus, seremos semelhantes a Ele (v.2). Assim como o gato Toby, um dia seremos restaurados à identidade planejada para nós. Por enquanto somos marcadas pelo pecado.

No dia em que virmos Jesus, seremos completamente restauradas à identidade que Deus planejou para nós. Seremos novas criaturas.

Amy Peterson

Honrando a Deus com gratidão

SALMO 50:8-15

*...clamem a mim em tempos de aflição;
eu os livrarei, e vocês me darão glória.*
—Salmo 50:15

A médica não parecia carrancuda, apesar de conversar com meu marido sobre o recente diagnóstico do câncer dele. Sorrindo, ela sugeriu que começássemos cada dia dando graças por pelo menos por três coisas.

Daniel concordou, sabendo que a gratidão abre o nosso coração para alcançarmos encorajamento na bondade divina. Hoje, ele começa cada dia com palavras de louvor. *Deus, agradeço-te pela noite de sono, pela minha cama limpa, pelo sol, pelo café da manhã e pelo sorriso em seus lábios.*

Será que os nossos louvores pelos pequenos detalhes da vida importam ao Altíssimo Deus? Asafe oferece uma resposta clara no Salmo 50. Deus não precisa "dos novilhos dos seus estábulos, nem dos bodes dos seus currais" (v.9). Em vez de sacrifícios formais de gratidão, Deus quer que o Seu povo lhe entregue o coração e a sua vida em agradecimento (vv.14,23) e isso revigora o nosso espírito. Quando clamarmos ao Senhor "em tempos de aflição", Ele nos livrará (v.15).

Isso significa que Daniel será curado? Não sabemos, mas por hoje, meu marido se alegra em demonstrar gratidão a Deus por Seu amor e por quem Ele é: Redentor. Curador. Amigo. E os amigos gostam de ouvir um agradecimento. Muito obrigada!

Patrícia

29 DE SETEMBRO

Deus nos ouve

ROMANOS 12:9-21

Alegrem-se em nossa esperança. Sejam pacientes nas dificuldades e não parem de orar.
—Romanos 12:12

Diane ouviu os outros membros do grupo pedirem orações por seus familiares e amigos que enfrentavam dificuldades ou doenças. Ela tinha um membro da família que vinha lutando contra um vício há anos. Mas Diane pediu a Deus apenas em silêncio. Ela não suportava ver a expressão no rosto das pessoas ou ouvir as perguntas e conselhos que recebia sempre que se pronunciava.

Embora Diane não tenha compartilhado seu pedido com aquele grupo, ela tinha alguns amigos de confiança com quem compartilhava os seus pedidos de oração. Juntos, eles pediram a Deus para libertar aquele ente querido da verdadeira escravidão do vício para que ele pudesse experimentar a liberdade em Cristo, e que Deus concedesse a Diane a paz e a paciência que ela precisava. Ao orar, Diane encontrou conforto e força em seu relacionamento com o Senhor.

Muitas de nós temos pedidos de orações que são sinceros e persistentes, mas que parecem não ter uma resposta. Contudo, podemos ter a certeza de que Deus se importa e ouve todas as nossas petições. Ele nos encoraja a continuarmos caminhando junto a Ele e a sermos alegres na esperança e pacientes nas dificuldades (Romanos 12:12). Nós podemos confiar nele.

Alyson

30 DE SETEMBRO

Minha verdadeira face

1 TIMÓTEO 1:12-17

Agradeço àquele que me deu forças [...] que me considerou digno de confiança e me designou para servi-lo.
—1 Timóteo 1:12

Durante anos lutei com a sensação de indignação e vergonha do meu passado pouco santo. E se os outros descobrissem?

Certa ocasião Deus me deu coragem para convidar uma líder de ministério para almoçar. Querendo parecer perfeita, limpei minha casa, preparei uma bela refeição e vesti a minha melhor roupa.

Corri ao jardim para desligar os irrigadores, mas um jato de água me ensopou. Com o cabelo na toalha e a maquiagem manchada, vesti um moletom e camiseta e, nesse instante, ouvi a campainha. Frustrada, contei-lhe sobre minhas lutas e motivações. Enquanto comíamos, a minha nova amiga compartilhou sobre os seus medos, inseguranças e culpas. Depois de orarmos, ela me acolheu em sua equipe de servas imperfeitas de Deus.

Paulo aceitou a sua nova vida em Cristo recusando-se a negar o seu passado e a não permitir que isto o impedisse de servir ao Senhor (1 Timóteo 1:12-14). Ele reconhecia que a obra de Jesus na cruz o salvara e o transformara, portanto, louvava a Deus e encorajava os outros a confiarem nele (vv.15-17).

Quando aceitamos o perdão de Deus, somos libertas do passado. Não temos nenhuma razão para nos envergonharmos da nossa verdadeira identidade ao servirmos aos outros.

Xochitl

1.º DE OUTUBRO

O segredo da paz

2 TESSALONICENSES 3:16-18

Que o próprio Senhor da paz lhes dê paz…
—2 Tessalonicenses 3:16

Graça é uma senhora especial. Quando penso nela, uma palavra me vem à mente: *paz*. A expressão tranquila e serena em seu rosto, raramente mudou nesses seis meses desde que a conheço, mesmo depois que o marido dela foi diagnosticado com uma doença rara, e em seguida, hospitalizado.

Quando perguntei a Graça o segredo de sua paz, ela respondeu: "Não é um segredo, é uma pessoa. É a presença de Jesus em mim. Não há outra maneira de explicar a tranquilidade que sinto em meio a essa tempestade".

O segredo da paz é o nosso relacionamento com Jesus Cristo. Ele é a nossa paz. Quando Jesus é o nosso Salvador e Senhor, à medida que nos tornamos mais semelhantes a Ele, a paz se torna real. Coisas como doenças, dificuldades financeiras ou perigos, podem estar presentes, mas a paz nos assegura de que Deus tem a nossa vida em Suas mãos (Daniel 5:23), e que podemos confiar que tudo cooperará conjuntamente para o bem.

A confiança interior de que Deus está no controle nos traz uma paz indescritível. Meu desejo hoje para todas nós ecoa as palavras do apóstolo Paulo: "Que o próprio Senhor da paz lhes dê paz…". E que sintamos essa paz "em todos os momentos e situações" (2 Tessalonicenses 3:16). *Keila*

2 DE OUTUBRO

Qualquer lugar

JEREMIAS 2:1-8; 3:14,15

Lembro-me de como você desejava me agradar [...].
Você me amava e me seguia até mesmo no deserto.
—Jeremias 2:2

Mexendo numa caixa com as fotos de meu casamento, meus dedos pararam em um retrato meu e de meu cônjuge, recém-declarados "marido e mulher". Minha dedicação a ele era óbvia em minha expressão. Eu iria para *qualquer lugar* com meu marido.

Quase quatro décadas mais tarde, nosso casamento segue firmemente entrelaçado com o amor e o compromisso que tem nos sustentado durante os tempos bons e também nos difíceis. Ano após ano, reafirmo a minha declaração de ir para *qualquer lugar* com ele.

Deus anseia por Sua amada, porém rebelde, Israel: "Lembro-me de como você desejava me agradar, quando era uma jovem noiva, muito tempo atrás. Você me amava e me seguia até mesmo no deserto" (Jeremias 2:2). A palavra hebraica para esse sentimento de *afeição* transmite a mais alta lealdade e compromisso possíveis. No início, Israel expressou essa inabalável afeição a Deus, mas, gradualmente, afastou-se do Senhor.

A complacência pode cegar o fio do amor, e a falta de zelo pode levar à infidelidade. Em nosso relacionamento de amor a Deus, a nossa devoção a Ele hoje é a mesma que tínhamos no início de nossa fé?

Deus é fiel e permite que o Seu povo retorne (3:14,15). Hoje podemos renovar os nossos votos de segui-lo — para qualquer lugar.

Elisa

3 DE OUTUBRO

Você está sendo preparada?

1 SAMUEL 17:8,32-37,48-50

...O Senhor que me livrou das garras do leão e do urso também me livrará... —1 Samuel 17:37

Quando eu trabalhei num restaurante de *fast-food* na época em que cursava o Ensino Médio, alguns aspectos do trabalho eram difíceis. Os clientes verbalizavam a sua raiva, e eu me desculpava pelas fatias indesejadas de queijo nos sanduíches que eu nem tinha preparado. Fui trabalhar na universidade onde eu estudava depois que saí desse emprego. Meus empregadores estavam mais interessados em minha experiência na lanchonete do que em meus conhecimentos de informática. Interessava-lhes como eu lidava com as pessoas. Aquela experiência que tinha sido desagradável me preparou para um trabalho melhor!

O jovem Davi perseverou quando enfrentou uma situação difícil. Israel foi desafiado a enviar alguém para combater Golias e ninguém foi corajoso o suficiente para aceitar essa tarefa. Ninguém, a não ser Davi. O rei Saul relutou em enviá-lo para lutar, mas Davi explicou que, como pastor, ele tinha lutado e matado um leão e um urso (1 Samuel 17:34-36). Cheio de confiança, Davi declarou: "...O Senhor que me livrou das garras do leão e do urso também me livrará desse filisteu!" (v.37).

Ser um pastor de ovelhas preparou Davi para combater o enorme Golias. Podemos enfrentar circunstâncias difíceis, mas por meio delas, Deus talvez esteja nos preparando para algo ainda maior!

Julie Schwab

4 DE OUTUBRO

Quando um sofre, todos sofrem

1 CORÍNTIOS 12:14-26

*Se uma parte sofre, todas as
outras sofrem [...], e se uma parte é honrada,
todas as outras [...] se alegram.*
—1 Coríntios 12:26

Quando um colega de trabalho faltou por sentir dores muito fortes, todos nós no escritório ficamos preocupados. Após um dia no hospital e outro de repouso, ele retornou e nos mostrou a fonte de sua dor — pedra nos rins. Ele pediu que o médico lhe desse a pedra como souvenir. Olhando aquela pedra, gemi em solidariedade lembrando-me do cálculo biliar que sofrera anos antes. A dor tinha sido excruciante.

Não é curioso que algo tão pequeno possa causar tanta agonia a todo o corpo? De certa forma, é disso que o apóstolo Paulo fala: "Se uma parte sofre, todas as outras sofrem com ela..." (1 Coríntios 12:6). Uma vez que, como cristãs, somos parte do mesmo corpo, se uma pessoa sofre, todas nós sofremos. Quando um cristão enfrenta perseguições, dores ou provações, sofremos como se estivéssemos sentindo essa dor.

No Corpo de Cristo, a dor de alguém inflama a nossa compaixão e nos leva à ação. Podemos orar, dar uma palavra de encorajamento, ou fazer o necessário para ajudar no processo de cura. É assim que a Igreja funciona. *Linda*

5 DE OUTUBRO

Conhecendo melhor

2 REIS 22:1-4,8-13

Josias tinha 8 anos quando começou a reinar, e reinou por 31 anos em Jerusalém. —2 Reis 22:1

Quando trouxemos o nosso filho adotivo para casa, eu estava ansiosa para compartilhar amor e recompor o que tinha faltado em sua vida, especialmente oferecer-lhe comida de qualidade nutricional. Mas apesar dos esforços e consultas com especialistas, seu crescimento era muito lento. Levou quase três anos para descobrirmos que ele tinha intolerâncias alimentares graves. Com esse cuidado, ele cresceu 12,7 centímetros em poucos meses. Eu fiquei muito feliz com a melhora na saúde dele!

Suspeito que o rei Josias sentiu o mesmo ao descobrir o Livro da Lei perdido no Templo por muitos anos. Assim como eu sofria por ter involuntariamente impedido o crescimento de meu filho, Josias sofreu por ter ignorado as mais completas e melhores intenções de Deus para o Seu povo (2 Reis 22:11). Ele foi elogiado por fazer o que era certo aos olhos do Senhor (v.2), e aprendeu a honrar a Deus melhor, após encontrar o Livro da Lei. Com esse conhecimento, Josias liderou o povo a adorar como Deus os havia instruído (23:22,23).

À medida que aprendemos na Bíblia como devemos honrar a Deus, podemos lamentar os caminhos em que ficamos aquém da Sua vontade para nós. No entanto, Ele nos cura, nos restaura e gentilmente nos conduz à compreensão mais profunda.

Kirsten

6 DE OUTUBRO

Santo, Santo, Santo

APOCALIPSE 4

> ...*Santo, Santo, Santo é o Senhor Deus, o Todo-Poderoso, aquele que era, que é e que há de vir.* —Apocalipse 4:8

"O tempo voa quando você está se divertindo." Na verdade, este clichê não tem base científica alguma, mas a experiência o faz parecer verdadeiro.

Quando a vida é agradável, o tempo passa muito depressa. Dê-me uma tarefa que eu goste, ou uma pessoa cuja companhia eu ame, e o tempo parecerá irrelevante.

Minha experiência com essa "realidade" me deu uma nova compreensão da cena descrita em Apocalipse 4. No passado, quando considerei os quatro seres viventes sentados ao redor do trono de Deus, que continuam repetindo as mesmas poucas palavras, pensei: *Que existência chata!*

Já não penso mais assim. Penso em como devem se maravilhar com o envolvimento sábio e amoroso de Deus com os terráqueos rebeldes. Em seguida me questiono: *Que outra reação melhor eles poderiam demonstrar? O que mais poderiam dizer senão "Santo, santo, santo"?*

É enfadonho repetir as mesmas palavras? Não, quando se está na presença da pessoa que você ama. Não, quando você está fazendo exatamente aquilo que você foi criado para fazer.

Como aqueles "quatro seres viventes", fomos criadas para glorificar a Deus. Nossa vida nunca será tediosa se focarmos a nossa atenção no Senhor e no cumprimento do Seu propósito.

Julie A. Link

A fé da viúva

2 REIS 4:1-7

*Essas coisas ocupam o pensamento dos pagãos,
mas seu Pai celestial já sabe do que vocês precisam.*
—Mateus 6:32

Ainda está escuro quando *Ah-pi* começa o seu dia. Logo, outros moradores da vila acordarão para ir ao seringal. Para coletar a maior quantidade de látex possível, as árvores devem ser sangradas antes do amanhecer. *Ah-pi* estará entre os sangradores, mas, antes, ela passará um tempo em comunhão com Deus.

O pai, o marido e o único filho de *Ah-pi* faleceram, e ela e a nora sustentam a mãe idosa e dois netinhos. Sua história me lembra o relato nas páginas da Bíblia sobre uma outra viúva que confiava em Deus.

O marido dela tinha morrido e a deixara com uma dívida (2 Reis 4:1). Em sua angústia, ela buscou a ajuda de Deus, através do profeta Eliseu. Essa mulher acreditava que Deus se importava com ela e que poderia fazer algo a respeito daquela situação. E o Senhor proveu miraculosamente as necessidades daquela viúva (vv.5,6). O mesmo Deus também provê as necessidades de *Ah-pi* — talvez pareça menos miraculoso — mas por meio do trabalho de suas mãos, o produto da terra e doações de Seu povo.

Podemos obter a nossa força em Deus sempre, confiar as nossas preocupações a Ele, fazer tudo o que pudermos. E, em seguida, nos surpreenderemos com o que o Senhor pode fazer com a nossa situação. — *Poh Fang*

8 DE OUTUBRO

Treinamento prático

2 TIMÓTEO 1:6-14

*...por meio das boas-novas, das quais Deus
me escolheu para ser pregador, apóstolo e mestre.*
—2 Timóteo 1:10,11

Quando a professora de meu filho me pediu para ser uma das supervisoras no acampamento cujo foco seria em ciências, hesitei. Como poderia ser exemplo sabendo que cometera erros no passado e ainda escorregava em antigos maus hábitos? Deus me ajudou a amar e educar meu filho, mas, com frequência duvidei que Ele pudesse me usar para servir aos outros.

Às vezes eu falho em reconhecer que com o tempo Deus nos transforma. Então o Espírito Santo me lembra de como Paulo encorajou Timóteo a envolver-se e a aprender com o seu trabalho, perseverar na fé e usar os dons que Deus tinha lhe dado (v.6). Timóteo poderia demonstrar coragem porque Deus, sua fonte de poder, o ajudaria a amar e ser disciplinado à medida que ele continuasse a amadurecer e a servir aos outros (v.7).

Cristo nos salva e nos capacita para o honrarmos com a nossa vida, não porque tenhamos qualificações diferentes, mas porque cada uma de nós é parte valiosa de Sua família (v.9).

Podemos perseverar com confiança quando sabemos que o que se espera de nós é simplesmente que amemos a Deus e uns aos outros. Quando seguimos Jesus dia a dia, Ele nos transforma, e *ao mesmo tempo* nos usa para encorajarmos aos outros ao partilharmos Seu amor e verdade, onde quer que Ele nos envie.

Xochitl

Ainda que...

DANIEL 3:8-18

*...Deus [...] pode nos salvar [...]. Mas, ainda que
ele não nos livre [...] jamais serviremos seus deuses...*
—Daniel 3:17,18

À s vezes, a vida nos atinge com um tremendo golpe. Outras, o milagre acontece.

Três jovens, cativos na Babilônia, ficaram diante do temido rei daquela nação e, corajosamente, declararam que sob nenhuma circunstância adorariam a gigantesca imagem de ouro perante eles. Juntos, eles declararam: "Se formos lançados na fornalha ardente, o Deus a quem servimos pode nos salvar. Sim, ele nos livrará de suas mãos, ó rei. Mas, ainda que ele não nos livre, queremos deixar claro, ó rei, que jamais serviremos seus deuses..." (Daniel 3:17,18).

Os três rapazes — Sadraque, Mesaque e Abede-Nego — foram jogados na fornalha ardente; e, miraculosamente, Deus os livrou (vv.19-27). Eles estavam preparados para morrer, mas sua confiança em Deus era inabalável — "ainda que" Ele não os salvasse.

Deus deseja que sejamos fiéis a Ele — *ainda que* nosso ente querido não seja curado, *ainda que* percamos nosso emprego, *ainda que* sejamos perseguidas. "O Deus a quem servimos pode", pois o Senhor nos ama e está conosco em cada terrível provação, em cada situação *ainda que*... *Alyson*

Contínua esperança

ROMANOS 5:1-11

...e essa esperança não nos decepcionará, pois sabemos quanto Deus nos ama, uma vez que ele nos deu o Espírito Santo para nos encher o coração com seu amor.
—Romanos 5:5

Heather Kampf é uma atleta excepcional, com credenciais impressionantes. Certa vez, ela chegou ao primeiro lugar em uma corrida de 600 metros depois de cair e estatelar-se no chão! Nos 200 metros finais, assim que assumiu a liderança, Heather tropeçou e caiu com força. Ela poderia facilmente ter desanimado e aceitado o que todos estavam pensando, que a sua corrida tinha acabado. Mas ela não ficou no chão. Em vez disso, Heather subitamente se levantou e correu. Para a surpresa de todos que assistiam, ela *venceu* essa corrida.

O retorno de Kampf nos faz refletir sobre a contínua esperança que podemos ter em Jesus — uma perspectiva que ela entende por causa de sua própria fé em Cristo. Quando enfrentamos um grande revés, somos capazes de permanecer na alegria e na confiança que nosso Senhor oferece: a salvação. Nossa contínua esperança permanece em Jesus! *Ruth*

11 DE OUTUBRO

Não corra sozinha

ÊXODO 17:8-13

Portanto, uma vez que estamos rodeados de tão grande multidão de testemunhas, livremo-nos de todo peso que nos torna vagarosos e do pecado que nos atrapalha, e corramos com perseverança a corrida que foi posta diante de nós.
—Hebreus 12:1

Meu marido, Jack, já estava no quilômetro 40, quando sua força falhou. Era a sua primeira maratona e ele estava correndo sozinho. Depois de parar para beber água num posto de hidratação, sentiu-se exausto e sentou-se na grama ao lado da pista. Os minutos passavam, e ele não conseguia se levantar. Estava resignado a abandonar a corrida, quando duas professoras de meia-idade passaram por ele. Elas o viram e o convidaram a correr com elas. De repente, Jack percebeu que ainda tinha forças para correr mais um pouco. Levantou-se e em companhia delas, terminou a corrida.

As mulheres que o incentivaram me lembram de Arão e Hur, duas pessoas que ajudaram Moisés, o líder dos israelitas, num momento-chave (Êxodo 17:8-13). Os israelitas estavam sob ataque. Na batalha, eles venciam apenas enquanto Moisés levantava o seu bordão (v.11). Assim, quando a força de Moisés começou a falhar, Arão e Hur ficaram ao lado dele, e sustentaram as mãos dele até o pôr do sol (v.12).

Deus não nos criou para corrermos a maratona da vida sozinhas. Os companheiros podem nos ajudar a perseverar em meio às dificuldades, enquanto fazemos o que Deus nos chamou a fazer.

Amy Peterson

12 DE OUTUBRO

Livre para seguir

MATEUS 11:25-30

Tomem sobre vocês o meu jugo. Deixem
que eu lhes ensine, pois sou manso e humilde de coração,
e encontrarão descanso para a alma.
—Mateus 11:29

Na escola, o treinador de *cross-country* (ou corrida a corta-mato) me aconselhou: "Não tente assumir a liderança. Quase sempre os líderes se cansam rápido".

Liderar pode ser exaustivo; seguir a liderança pode ser libertador. Saber isso melhorou a minha corrida, porém levei mais tempo para entender como isto se aplica ao discipulado cristão. Em minha vida, tendia a pensar que ser crente em Jesus significava tentar *arduamente*. Mas, em busca de minhas expectativas sobre como o cristão deve ser, estava perdendo, inadvertidamente, a alegria e a liberdade que temos em simplesmente seguir a Jesus Cristo (João 8:32,36).

Jesus prometeu que, buscando-o, encontraremos o descanso que procuramos (Mateus 11:25-28). Ao contrário da ênfase que muitos estudiosos dão em estudos rigorosos das Escrituras, ou num elaborado conjunto de regras, Jesus nos ensina que se nós o conhecermos, conheceremos a Deus (v.27). Quando nós o buscamos, vemos os nossos pesados fardos sendo aliviados (vv.28-30) e a nossa vida é transformada.

Seguir Jesus, nosso Líder manso e humilde (v.29), nunca é opressivo. É o caminho de esperança e cura. Descansando em Seu amor, somos livres.

Monica

13 DE OUTUBRO

Nosso lugar seguro

SALMO 91

*Isto eu declaro a respeito do S*ENHOR*: ele é meu refúgio, meu lugar seguro, ele é meu Deus e nele confio.*
—Salmo 91:2

Meu primeiro emprego foi em uma lanchonete. Um sábado à noite, um rapaz ficou rondando, perguntando a que horas eu sairia do trabalho e isso me incomodou. Conforme a hora passava, ele pedia batatas fritas, depois uma bebida, assim o gerente não o mandava sair. Embora eu não morasse longe, estava com medo de andar sozinha atravessando alguns estacionamentos e um trecho de terreno arenoso até chegar a minha casa. Por fim, era meia-noite e fui ao escritório fazer um telefonema.

Sem pensar duas vezes, meu pai saiu de sua cama quentinha e, cinco minutos depois, estava lá para me levar para casa.

O tipo de certeza que eu tinha de que meu pai viria em meu socorro naquela noite me lembra sobre a segurança que lemos no Salmo 91. Nosso Pai Celeste está sempre conosco, protegendo-nos e nos cuidando quando estamos confusas, amedrontadas ou necessitadas. Ele declara: "Quando clamar por mim, eu responderei…" (v.15). Ele não é apenas um *lugar* para onde podemos correr em busca de segurança. Ele *é* nosso abrigo (v.1). Ele é o nosso refúgio onde podemos estar seguras (v.2).

Em momentos de incerteza, podemos confiar na promessa de Deus de que quando o chamarmos, Ele nos ouvirá e estará conosco em nossos problemas (vv.14,15). Deus é o nosso lugar seguro.

Cindy

Deus provê

DEUTERONÔMIO 24:19-22

Quem trabalha com dedicação tem fartura de alimento; quem corre atrás de fantasias não tem juízo.
—Provérbios 12:11

Pela janela, vejo os esquilos correndo contra o inverno para enterrarem suas nozes em lugares seguros e acessíveis, e a comoção deles me diverte. Um rebanho inteiro de cervos pode atravessar o nosso quintal sem fazer barulho, mas um esquilo soa como uma invasão.

As duas criaturas são diferentes de outra maneira também. Os cervos não se preparam para o inverno. Quando neva, eles comem tudo o que podem encontrar ao longo do caminho (incluindo arbustos ornamentais em nosso quintal). Mas os esquilos morreriam de fome se seguissem esse exemplo.

Os cervos e os esquilos exemplificam as maneiras como Deus cuida de nós. Ele nos capacita a trabalhar e economizar para o futuro, e atende as nossas necessidades quando os recursos são escassos. Deus nos dá estações de abundância para que possamos nos preparar para as estações de necessidade (Provérbios 12:11). E nos conduz através de lugares perigosos para pastos verdejantes (Salmo 23).

Deus também nos supre, instruindo aqueles com abundância para compartilhar com os que estão em necessidade (Deuteronômio 24:19). Então, quando se trata de provisão, a mensagem da Bíblia é esta: Trabalhemos enquanto pudermos, economizemos o que pudermos, compartilhando o que pudermos e confiando em Deus para suprir as nossas necessidades.

Julie A. Link

Eu a vejo

GÊNESIS 16:1-13

…Chamou-o de "Tu és o Deus que me vê",
pois tinha dito: "Aqui eu vi aquele que me vê!".
—Gênesis 16:13

"Eu vejo você", disse uma amiga num grupo *online* de escritores, no qual nós nos apoiamos e encorajamos uns aos outros. Como tinha me sentido estressada e ansiosa, experimentei uma sensação de paz e bem-estar com as suas palavras. Ela "viu" minhas esperanças, medos, lutas e sonhos e demonstrou amor.

Quando ouvi o incentivo simples, mas poderoso dessa amiga, pensei em Hagar, uma escrava na casa de Abrão. Depois de muitos anos que Sarai e Abrão ansiavam por um herdeiro, Sarai seguiu um costume de sua cultura e disse ao marido para conceber utilizando-se da escrava Hagar. Mas quando esta engravidou, as duas mulheres se trataram com desprezo, e Hagar fugiu para o deserto.

O Senhor viu Hagar em sua dor e confusão, e a abençoou com a promessa de que ela seria a mãe de muitos descendentes. Depois desse encontro, Hagar chamou o Senhor "El Roi", que significa "o Deus que me vê" (Gênesis 16:13), pois ela sabia que não estava sozinha ou abandonada.

Como Hagar foi vista e amada, nós também o somos. Podemos nos sentir ignoradas ou rejeitadas pelos outros, no entanto, sabemos que o nosso Pai vê todos os nossos sentimentos e medos secretos.

Amy B. Pye

16 DE OUTUBRO

O jeito certo de orar

MATEUS 6:5-15

Mas, quando orarem, cada um vá para seu quarto,
feche a porta e ore a seu Pai, em segredo.
—Mateus 6:6

Admiro os que registram os pedidos de oração em seus diários gastos pelo manuseio e que atualizam sempre toda oração e louvor em suas listas. Sou inspirada por pessoas que se reúnem para orar e por pessoas cujos joelhos desgastam o tapete ao lado da cama. Durante anos, tentei imitar seus exemplos. Lutei para solucionar o que eu achava ser um mistério e ansiando por aprender o jeito certo de orar.

No fim das contas, compreendi que o nosso Senhor simplesmente deseja que a oração comece e termine com humildade (Mateus 6:5). Ele nos convida a ter uma comunhão íntima por meio da qual promete nos ouvir (v.6). O Senhor jamais exige palavras ou frases floreadas e vazias (v.7). Ele nos garante que a oração é uma dádiva, uma oportunidade de honrar a Sua majestade (vv.9,10), de demonstrar nossa confiança em Sua provisão (v.11) e de afirmar a segurança que temos em Seu perdão e direção (vv.12,13).

Deus nos garante que Ele ouve e se preocupa com cada oração. Orar com humildade, submetendo-se ao Senhor e dependendo dele é sempre o jeito certo de orar. *Xochitl*

Buscando com seriedade

ISAÍAS 62:1-12

*Eles serão chamados de "Povo Santo" e "Povo que o
Senhor Resgatou". E Jerusalém será conhecida
como "Lugar Desejável" e "Cidade Não Abandonada".*
—Isaías 62:12

Todos os sábados, a nossa família vai às margens do hipódromo para animar minha filha, enquanto ela cavalga com a sua equipe da escola de equitação. Depois de cruzarem a linha de chegada, os atletas correm para reunir-se com os seus companheiros de equipe, treinadores e pais. As multidões se juntam com os atletas, muitas vezes são mais de 300 pessoas, o que torna difícil encontrar uma pessoa entre tantas. Animados, procuramos na multidão até encontrá-la, ansiosos por abraçar a atleta que viemos assistir: a nossa querida filha.

Depois de 70 anos de cativeiro na Babilônia, Deus permitiu que os judeus retornassem a Jerusalém e a Judá. Isaías descreve o deleite que o Senhor tem neles. Deus reafirma a vocação deles como Seu povo santo e restaura a sua honra com um novo nome, Sião, "Lugar Desejável" e "Cidade Não Abandonada" (Isaías 62:12). Deus os buscou dos dispersos confins de Babilônia para trazê-los de volta a si.

Nós também somos filhas amadas de Deus, a quem Ele busca fervorosamente. Embora o nosso pecado tenha nos afastado dele, o sacrifício de Jesus pavimenta o nosso caminho de retorno para o Pai. Ele busca a cada uma de nós atentamente, com a expectativa de dar-nos um acolhimento sincero.

Kirsten

18 DE OUTUBRO

Mosaico e beleza

LUCAS 1:46-55

Minha alma exalta ao Senhor!
Como meu espírito se alegra em Deus, meu Salvador!
—Lucas 1:46,47

Sentada no pátio da Igreja da Visitação, em Ein Karem, Israel, fiquei impressionada com a bela exibição de 67 mosaicos contendo as palavras do *Magnificat* de Maria (Lucas 1:46-55). Esses versículos são a alegre resposta de Maria ao anúncio de que ela seria a mãe do Messias.

Cada placa contém as palavras de Maria, incluindo: "Minha alma exalta ao Senhor! Como meu espírito se alegra em Deus, meu Salvador! […] Pois o Poderoso é santo, e fez grandes coisas por mim" (vv.46-49). Esse hino bíblico gravado nos azulejos é uma canção de louvor.

Maria, a agradecida beneficiária da graça de Deus se alegra em sua salvação (v.47). Ela reconhece a misericórdia e o cuidado de Deus (v.50) e Seus atos poderosos em nome de Seu povo (v.51). Ela também agradece a Deus, reconhecendo que a sua provisão diária vem das mãos dele (v.53).

Maria nos mostra a importância de louvar a Deus pelas grandes coisas que Ele fez por nós. Consideremos a bondade de Deus ao refletirmos a Seu respeito. Fazendo isso, podemos criar um mosaico de grande beleza com as nossas palavras em Seu louvor.

Lisa

Seguindo o Líder

LUCAS 9:21-24

Se alguém quer ser meu seguidor, negue a si mesmo,
tome diariamente sua cruz e siga-me.
—Lucas 9:23

Três aviões de combate silvaram sobre a nossa casa — voando em formações tão próximas que pareciam ser apenas um. "Uau", eu disse ao meu marido. "Impressionante", ele concordou. Vivemos perto de uma base da Força Aérea, e é comum vermos esses treinamentos.

No entanto, toda vez que esses jatos voam, eu me pergunto: como eles podem voar tão próximos e não perder o controle? Aprendi que um dos motivos é a humildade. Confiando que o piloto principal está voando com precisão na velocidade e trajetória corretas, os pilotos de ala renunciam a qualquer desejo de mudar de direção ou questionar o caminho de seu líder. Em vez disso, eles entram em formação e o seguem de perto. O resultado? Uma equipe mais poderosa.

Não é diferente para os seguidores de Jesus. Ele diz: "Se alguém quer ser meu seguidor, negue a si mesmo, tome diariamente sua cruz e siga-me" (Lucas 9:23).

É uma visão e tanto, essa caminhada humilde e íntima com Deus. Seguindo Sua liderança, e ficando tão perto, podemos parecer sermos um com Cristo. Então outros não verão a nós, mas verão o Senhor. Existe uma palavra simples para expressar esse sentimento: "Uau!". *Patrícia*

20 DE OUTUBRO

O vento do Espírito

ATOS 2:1-12

De repente, veio do céu um som como o de um poderoso vendaval e encheu a casa onde estavam sentados.
—Atos 2:2

Era outono, onde vivo as temperaturas começavam a cair, e as folhas de muitos tipos de árvores adquiriam cores brilhantes. As árvores me deslumbraram com sua exuberante e colorida glória outonal. Sentei-me no meio de um bosque para absorver tudo, daí me deitei sobre as folhas e olhei para o céu azul. Sentia-me dentro de uma catedral natural que balançava de um lado para o outro sob o vento frio.

A descrição de Lucas em Atos 2:2 veio à mente: "…veio do céu um som como o de um poderoso vendaval e encheu a casa onde estavam sentados". Nesse ambiente primitivo e original, orei para que o Espírito Santo soprasse em minha vida de uma maneira nova.

Preciso desesperadamente do poder do Espírito Santo para fazer a obra que Deus me confiou — para me guiar e orientar — pois não ouso tentar fazê-la em minha própria força. Somos transformadas quando nos submetemos à ação do Espírito Santo — permitindo-nos amar mais perfeitamente a Deus e aos outros.

Marlena

Quando tudo desmorona

1 REIS 17:15-24

Assim, aproximemo-nos com toda confiança do trono da graça, onde receberemos misericórdia e encontraremos graça para nos ajudar quando for preciso.
—Hebreus 4:16

Durante a crise financeira asiática de 1997, eu perdi o meu emprego. Após nove meses de ansiedade, consegui empregar-me como redatora. Mas a empresa teve problemas e fiquei novamente desempregada.

Você já passou por isso? Quando parece que o pior já passou, de repente, tudo desmorona. A viúva de Sarepta passou por isso (1 Reis 17:12). Devido à fome, estava preparando a última refeição para ela e o seu filho, quando o profeta Elias lhe pediu um pouco de alimento. Relutante, ela concordou, e Deus a proveu com farinha e azeite continuamente (vv.10-16).

Mas, tempos depois, o filho dela adoeceu. A saúde dele declinou muito e ele parou de respirar. A viúva gritou: "Homem de Deus, o que você me fez? Veio para lembrar-me de meus pecados e matar meu filho?" (v.18).

Elias levou a questão a Deus, orando fervorosa e honestamente, e o Senhor ressuscitou o menino (vv.20-22)!

Quando entramos em colapso, que entendamos como Elias o fez, que podemos descansar nos propósitos de Deus até mesmo enquanto oramos por compreensão. *Poh Fang*

22 DE OUTUBRO

Coragem para ser fiel

1 PEDRO 3:13-18

Em vez disso, vistam-se com a beleza que vem de dentro e que não desaparece, a beleza de um espírito amável e sereno, tão precioso para Deus.
—1 Pedro 3:14

Hadassah, uma jovem judia do primeiro século é uma personagem ficcional do livro de Francine Rivers, *Uma voz ao vento* (Ed. Verus, 2018). Após se tornar escrava em uma casa romana, ela teme ser perseguida por sua fé em Cristo. Sabe que os cristãos são desprezados, e muitos são executados ou jogados aos leões na arena. Será que ela terá coragem para defender a verdade quando testada?

Quando seu pior medo se torna realidade, sua senhora e outros oficiais romanos que odeiam os cristãos a confrontam. Ela tem duas alternativas: negar sua fé em Cristo ou ser levada à arena. Ela decide proclamar Jesus como o Cristo, seu medo se dissipa e ela se torna corajosa, mesmo frente à morte.

A Bíblia nos relembra de que algumas vezes sofreremos por fazer o que é certo e nos exorta para não termos medo (v.14); e nos diz: "consagrem a Cristo como o Senhor de sua vida" (v.15).

Quando tomamos a decisão de honrar a Cristo, Ele nos ajudará a sermos corajosas e a superarmos os nossos medos em meio à oposição.

Keila

23 DE OUTUBRO

Acalmando a crítica

NEEMIAS 4:1-6

Ouve-nos, nosso Deus, pois estamos sendo ridicularizados. Que essa zombaria caia sobre a cabeça deles...
—Neemias 4:4

Participo de uma equipe que realiza um evento comunitário anual. Durante onze meses, revemos os detalhes para que o evento seja bem-sucedido. Escolhemos data, local; fixamos o valor do ingresso; selecionamos desde vendedores de alimentos a técnicos de som. Terminado o evento, coletamos as opiniões dos envolvidos. Algumas boas, outras difíceis de ouvir. Recebemos elogios e reclamações. As reações negativas podem ser desanimadoras e, às vezes nos fazem querer desistir.

Neemias também recebeu críticas durante a reconstrução dos muros de Jerusalém. Zombaram dele e de sua equipe, dizendo: "Basta uma raposa subir lá, e esse muro de pedra desaba" (Neemias 4:3). As reações dele às críticas ajudam-me a lidar com a minha situação, pois em vez de sentir-se abatido ou na defensiva, Neemias buscou a Deus pedindo que Ele ouvisse como o Seu povo estava sendo tratado e o defendesse (v.4). Após confiar suas preocupações a Deus, eles continuaram a reconstruir o muro "com entusiasmo" (v.6).

Podemos aprender com Neemias. Quando nos criticarem, em vez de reagirmos com mágoa ou raiva, oremos a Deus pedindo que Ele nos defenda do desânimo, de modo a continuarmos a trabalhar com entusiasmo. *Kirsten*

24 DE OUTUBRO

Se eu soubesse então

1 PEDRO 1:3-9

*...Por sua grande misericórdia,
ele nos fez nascer de novo, por meio da ressurreição
de Jesus Cristo dentre os mortos...*

—1 Pedro 1:3

No caminho para o trabalho, ouvi a música *Dear Younger me* (Querido eu mais jovem), que pergunta: "Se você pudesse voltar, sabendo o que sabe agora, o que diria ao seu eu mais jovem?". Enquanto ouvia, pensei na sabedoria que poderia conceder a mim mesma quando era mais jovem e menos sábia. Muitas de nós pensamos em como poderíamos ter feito as coisas de maneira diferente.

A música também ilustra que, embora possamos ter arrependimentos, nossas experiências moldaram quem somos. Não podemos mudar as consequências de nossas escolhas ou de nossos pecados. Mas por causa do que Jesus fez, não precisamos carregar os erros conosco. "...Por sua grande misericórdia, ele nos fez nascer de novo, por meio da ressurreição de Jesus Cristo dentre os mortos..." (1 Pedro 1:3).

Se nos voltarmos a Ele com fé e tristeza por nossos pecados, Cristo nos perdoará. Seremos renovadas e começará o processo de transformação espiritual (2 Coríntios 5:17). Não importa o que tenhamos feito, somos perdoadas pelo sacrifício de Jesus. Podemos seguir em frente, aproveitando ao máximo o dia de hoje e antecipando um futuro com Ele. Em Cristo, somos livres!

Alyson

25 DE OUTUBRO

Do pranto à adoração

SALMO 30

Transformaste meu pranto em dança;
[...] me vestiste de alegria.
—Salmo 30:11

Kelly começou a lutar contra o câncer de mama em 2013. Quatro dias após o fim do tratamento, os médicos a diagnosticaram com uma doença progressiva nos pulmões e lhe deram de três a cinco anos de vida. No primeiro ano, ela chorava em orações diante de Deus. Quando a conheci em 2015, Kelly havia entregado seu problema de saúde a Deus e irradiava alegria e paz. Alguns dias ainda são difíceis, porém Deus continua transformando o sofrimento dela num testemunho de louvor pleno de esperança.

Mesmo em situações graves, Deus pode transformar nosso pranto em dança. Embora a Sua cura nem sempre seja ou pareça o que esperamos, podemos confiar nos caminhos do Senhor (Salmo 30:1-3). Não importa o quanto o nosso caminho seja marcado por lágrimas, temos inúmeros motivos para louvá-lo (v.4), pois Ele firma a nossa fé (vv.5-7) e tem misericórdia de nós (vv.8-10).

Apenas Deus pode transformar o pranto desesperado na vibrante alegria que independe das nossas circunstâncias (vv.11,12).

Nosso Deus nos consola na tristeza e nos aconchega em paz. Nosso Senhor amoroso e fiel *pode* e transforma o nosso pranto em louvor o qual pode produzir confiança profunda, glorificação e louvor.

Xochitl

26 DE OUTUBRO

Algas e diatomáceas

JÓ 37:14-24

Pare e pense nos feitos maravilhosos de Deus!
—Jó 37:14

"O que são diatomáceas?", perguntei para a minha amiga. Eu estava olhando as fotos que ela tinha feito pelo microscópio. "São como algas, porém mais difíceis de ver. Às vezes, elas precisam estar mortas para que você as veja", ela explicou. Eu estava deslumbrada e não conseguia parar de pensar nos detalhes complexos que Deus criou e que podemos ver apenas com o microscópio!

A criação e as obras de Deus são infinitas. No livro de Jó, um dos seus amigos, Eliú, o desafia: "Preste atenção, Jó! Pare e pense nos feitos maravilhosos de Deus! Você sabe como Deus controla a tempestade e faz os relâmpagos brilharem nas nuvens? Você entende como ele move as nuvens com perfeição e conhecimento maravilhosos?" (Jó 37:14-16). Como seres humanos, não podemos nem começar a entender a complexidade de Sua criação.

Até as partes da criação que não podemos ver refletem a glória e o poder de Deus. Sua glória nos cerca. Não importa pelo que passamos, Deus está agindo mesmo quando não vemos e não entendemos. Que o louvemos hoje, porque "Ele faz grandes coisas, maravilhosas demais para entender, e realiza milagres incontáveis" (Jó 5:9). *Julie Schwab*

O Senhor se alegra

SOFONIAS 3:14-20

*Pois o S*ENHOR*, seu Deus, […]*
se alegrará em vocês com gritos de alegria!
—Sofonias 3:17

Minha avó me enviou uma pasta cheia de fotografias antigas e, enquanto eu as olhava, uma delas me chamou a atenção. Nela, tenho 2 anos e estou sentada diante da lareira. No outro extremo, meu pai está abraçando a minha mãe. Ambos me olham com expressões de amor e satisfação.

Coloquei essa foto sobre a minha cômoda e a vejo todas as manhãs. É uma lembrança maravilhosa do amor deles por mim. Na verdade, até mesmo o amor dos pais que são afetuosos e bons é imperfeito. Guardei essa foto porque ela me relembra de que, muitas vezes o amor humano pode falhar, mas o amor de Deus nunca falha. As Escrituras, afirmam que Deus olha para mim como meus pais estavam me olhando naquela foto que agora me pertence.

Sofonias retrata esse amor de maneira que me surpreende. Ele descreve Deus se regozijando com gritos de alegria. O povo de Deus não merecia esse amor. Eles tinham falhado em obedecer o Senhor tratando os outros sem compaixão. Mas Sofonias prometeu que, no final, o amor de Deus prevaleceria sobre os seus fracassos.

Esse é o tipo de amor sobre o qual vale a pena refletir todas as manhãs. *Amy Peterson*

Muitas coisas lindas

MARCOS 14:1-9

Por que a criticam por ter feito algo tão bom para mim?
—Marcos 14:6

Pouco antes de morrer, Lilias Trotter, artista e missionária, olhou pela janela e teve a visão de uma carruagem celestial. De acordo com a sua biógrafa, uma amiga lhe perguntou: "Você está vendo muitas coisas lindas?". Ela respondeu: "Sim, muitas, muitas coisas lindas".

Suas últimas palavras refletem a obra de Deus em sua vida. Ao longo de toda a sua existência, Ele revelou muita beleza a ela e por meio dela. Ela era uma artista tão cheia de talentos que decidiu servir a Jesus como missionária na Argélia. O famoso pintor John Ruskin, que a tutoreava quando ela escolheu ir ao campo missionário em vez de optar pela carreira artística, comentou: "Que desperdício!".

Da mesma forma, no Novo Testamento, quando uma mulher foi à casa de Simão, o leproso, com um vaso de alabastro e derramou o perfume sobre a cabeça de Jesus, os que viram isso consideraram essa atitude como desperdício. Algumas dessas pessoas pensaram que aquele valor poderia ter sido utilizado para ajudar os pobres. Entretanto, Jesus afirma: ela fez "algo tão bom para mim" (Marcos 14:6).

Quando permitimos que a vida de Cristo resplandeça em nosso viver e manifestamos a Sua beleza ao mundo, alguns dirão que isso é desperdício. No entanto, nós preferimos ouvir Jesus dizer que fizemos muitas coisas boas para Ele.

Keila

A última palavra

ECLESIASTES 5:1-7

*Não se precipite em fazer promessas
nem em apresentar suas questões a Deus...*
—Eclesiastes 5:2

Durante uma aula de filosofia da universidade, um aluno fez observações provocativas sobre as opiniões do professor. Surpreendentemente, o professor agradeceu e seguiu em frente. Quando lhe perguntaram mais tarde por que ele não respondeu ao aluno, ele disse: "Estou exercitando a prática de não ter que dar a última palavra".

Esse professor amou e honrou a Deus e queria incorporar um espírito humilde ao refletir esse amor. Suas palavras me lembram outro mestre — aquele que escreveu o livro de Eclesiastes. Ao mencionar como devemos abordar o Senhor, disse que devemos tomar cuidado com nossas ações e "ouvir com atenção", em vez de sermos rápidas com a boca e precipitadas em nosso coração. Ao fazer isso, reconhecemos que Deus é o Senhor, e que fomos criadas por Ele (Eclesiastes 5:1,2).

Como você se aproxima de Deus? Se você precisar de um ajuste de atitude, por que não investir o seu tempo refletindo sobre a majestade e a grandeza do Senhor? Quando ponderamos sobre a Sua interminável sabedoria, poder e presença, podemos nos sentir impressionadas pelo Seu amor transbordante por nós. Com essa postura de humildade, não precisamos ter a última palavra.

Amy B. Pye

O que queremos ouvir

2 CRÔNICAS 18:5-27

...eu o odeio, pois nunca profetiza nada de bom a meu respeito, só coisas ruins!
—2 Crônicas 18:7

Tendemos a buscar dados que amparem as nossas opiniões. Quando estamos comprometidas com as nossas próprias opiniões, evitamos ser desafiadas.

Esse foi o caso do rei Acabe, de Israel. Quando ele e Josafá, rei de Judá, discutiram sobre ir ou não à guerra contra Ramote-Gileade, Acabe reuniu 400 profetas, "homens sim" para o ajudarem a decidir. Cada um respondeu que ele deveria ir.

Josafá perguntou se havia um profeta escolhido por Deus, a quem pudessem consultar. Acabe relutou dizendo que o profeta de Deus, Micaías, "...nunca profetiza nada de bom a meu respeito, só coisas ruins" (v.7). De fato, Micaías indicou que *não seriam* vitoriosos, e que o povo seria "espalhado pelos montes" (v.16).

Lendo a história deles, vejo que eu também tendo a evitar o conselho sábio se não for o que quero ouvir. No caso de Acabe, ouvir seus "homens sim" foi desastroso (v.34). Disponhamo-nos a buscar e ouvir a voz da verdade, as palavras de Deus na Bíblia, mesmo quando elas contrariam as nossas preferências pessoais.

Kirsten

Viva de forma significativa

ECLESIASTES 9:4-12

Tudo que fizer, faça bem feito...
—Eclesiastes 9:10

Eu sempre quis aprender a tocar violoncelo, mas nunca encontrei o tempo para dispor e me matricular num curso. Ou, melhor dizendo, nunca *arranjei* tempo para isso. Agora quero me concentrar em usar o meu tempo para servir a Deus das maneiras que Ele me chamou a fazer.

A vida é curta, e muitas vezes nos sentimos pressionadas a usar o máximo do nosso tempo antes que ela se esvaia. Mas o que isso significa verdadeiramente?

Ao contemplar o significado da vida, o rei Salomão nos deixou duas recomendações. A primeira é que devemos viver da forma mais significativa possível, o que inclui aproveitar as coisas boas que Deus nos permite experimentar na vida e todos os dons de Deus, que pode incluir aprender a tocar violoncelo!

A segunda recomendação tem a ver com o fazer bem feito (v.10). A vida é cheia de oportunidades, e sempre há algo mais a ser feito. Devemos aproveitar as oportunidades que Deus nos dá, buscando a sabedoria do Senhor sobre como priorizar a obra e o lazer para servi-lo sempre melhor.

A vida é um dom maravilhoso do Senhor. Nós o honramos quando temos prazer em Suas bênçãos diárias e em servi-lo de forma significativa. *Poh Fang*

1.º DE NOVEMBRO

Antes do começo

MATEUS 3:13-17

…porque me amaste
antes mesmo do princípio do mundo.
—João 17:24

"Mas se Deus não tem começo nem fim, e sempre existiu, o que Ele estava fazendo antes de nos criar?" Sempre aparece algum aluno precoce da Escola Bíblica Dominical para fazer essa pergunta quando falamos sobre a natureza eterna de Deus. Eu costumava responder que isso era meio que um mistério. Mas recentemente aprendi que a Bíblia nos dá uma resposta clara a essa pergunta.

Quando Jesus ora a Seu Pai em João 17, Ele diz: "Pai, […] me amaste antes mesmo do princípio do mundo" (v.24). Este é Deus como nos foi revelado por Jesus: antes de o mundo ser criado, Ele era e é trino (Pai, Filho e Espírito Santo) — todos se amando e sendo amados.

Que verdade adorável e encorajadora é essa sobre o nosso Deus! O amor mútuo e sem reservas, expresso por cada membro da Trindade — Pai, Filho e Espírito Santo — é essencial para compreender a natureza de Deus.

O que Deus estava fazendo antes do começo dos tempos? O que Ele sempre faz: Ele estava amando porque Ele é amor (1 João 4:8).
— *Amy Peterson*

2 DE NOVEMBRO

Virar e revirar

SALMO 4

Em paz me deitarei e dormirei, pois somente tu,
Senhor, me guardas em segurança.
—Salmo 4:8

O que a faz permanecer acordada à noite?

As relações complicadas? O futuro incerto? Todas nós nos entregamos à preocupação num momento ou outro.

O rei Davi estava visivelmente aflito ao escrever o Salmo 4. As pessoas estavam arruinando a sua reputação com acusações infundadas (v.2). Alguns questionavam a sua competência para governar (v.6). Com certeza, Davi poderia ter passado noites remoendo isso. No entanto, deixou-nos por escrito essas belas palavras: "Em paz me deitarei e dormirei" (v.8).

Charles Spurgeon explica bem esse texto afirmando: "Deitando-se… [Davi] entregou-se totalmente às mãos de outro; e entregou-se tão plenamente que na ausência de qualquer cuidado, ele dormia; havia ali perfeita confiança".

O que inspirou essa confiança? Desde o início, Davi confiava que Deus responderia as suas orações (v.3). Ele tinha a certeza de que, como Deus escolhera amá-lo, supriria amorosamente as suas necessidades.

Que Deus nos ajude a descansar em Seu poder e presença, quando as preocupações nos ameaçam. Em Seus braços soberanos e amorosos, podemos nos "deitar e dormir".

Poh Fang

3 DE NOVEMBRO

Bondade inesperada

EFÉSIOS 2:1-10

*...somos obra-prima de Deus, criados em Cristo Jesus
a fim de realizar as boas obras...*
—Efésios 2:10

Minha amiga esperava na fila do supermercado quando o homem à sua frente lhe entregou um vale de compra de valor equivalente à maior parte da compra que ela tinha feito. Aquele ato inesperado de bondade tocou seu coração e lhe deu esperança naquele período de extremo cansaço. Ela agradeceu ao Senhor por tê-la alcançado por meio de outra pessoa.

Em sua carta aos cristãos de Éfeso, Paulo escreveu sobre a generosidade. Ele os conclamou a deixarem a velha vida para trás e a abraçarem a nova, dizendo-lhes que foram salvos pela graça. Dessa graça salvífica, o apóstolo explicou, flui o nosso desejo de "realizar as boas obras", pois fomos criadas à imagem de Deus e somos Sua "obra-prima" (Efésios 2:10). Como aquele homem do supermercado, nós também podemos espalhar o amor de Deus com as nossas ações rotineiras.

É certo que não precisamos apenas doar coisas materiais para compartilhar a graça divina. Podemos separar um momento para ouvir alguém, podemos perguntar a uma pessoa que nos ajuda como está e nos interessarmos por ela. Podemos parar para ajudar o necessitado. Na medida em que nos doarmos aos outros, seremos recompensadas com a alegria de servir ao Senhor (Atos 20:35). *Amy B. Pye*

4 DE NOVEMBRO

Misericórdia acima do juízo

TIAGO 2:1-13

Portanto, em tudo que disserem e fizerem, lembrem-se de que serão julgados pela lei que os liberta.
—Tiago 2:12

Quando os meus filhos estavam discutindo e vieram queixar-se um do outro, ouvi a versão de cada um separadamente. Como ambos eram culpados, ao final da conversa perguntei a cada um qual seria a consequência justa e adequada para a atitude do outro. Ambos sugeriram rapidamente uma punição para o outro. Para surpresa deles, dei a cada um o castigo que um tinha indicado ao outro. De repente, cada um deles lamentou, achando que a sentença parecia "injusta" — apesar de terem considerado apropriada quando era para o irmão.

Meus filhos tinham demonstrado o tipo de "juízo sem misericórdia" contra o qual Deus alerta (Tiago 2:13). Tiago nos lembra de que em vez de demonstrar favoritismo aos mais ricos, ou a si mesmo, Deus deseja que amemos os outros como nos amamos (v.8). Em vez de usarmos os outros para ganhos egoístas, ou desprezarmos aquele cuja posição não nos beneficia, Tiago nos instrui a agir como pessoas que sabem o quanto nos foi dado e perdoado — e a estender essa misericórdia aos outros.

Deus concede generosamente a Sua misericórdia. Em todos os nossos relacionamentos com outras pessoas, lembremo-nos da misericórdia que Ele nos demonstrou, e a estendamos aos outros.

Kirsten

5 DE NOVEMBRO

Lar doce lar

JOÃO 14:1-14

*Vou preparar lugar para vocês, e,
quando tudo estiver pronto, virei buscá-los...*
—João 14:2,3

"Por que temos que mudar do nosso lar?", meu filho perguntou. É difícil explicar o que é um *lar*, especialmente a uma criança de 5 anos. Deixávamos uma casa, não o nosso lar, pois o lar é onde estão os nossos entes queridos. É o ambiente para onde desejamos voltar depois de uma longa viagem ou de um dia inteiro de trabalho.

Quando Jesus estava na sala no andar superior, algumas horas antes de morrer, Ele disse aos Seus discípulos: "Não deixem que seu coração fique aflito..." (João 14:1). Os discípulos estavam inseguros sobre o seu futuro, pois Jesus tinha anunciado a Sua morte. Mas Jesus lhes assegurou de Sua presença, e lembrou-lhes de que o veriam novamente, dizendo: "Na casa de meu Pai há muitas moradas. [...] Vou preparar lugar para vocês..." (v.2). Para descrever o lar eterno, o Mestre escolheu palavras que nos mostram o lugar onde Jesus, nosso Amado, estará.

Podemos agradecer a Deus pelo lar que temos, mas lembremo-nos de que o nosso verdadeiro lar está no Céu, onde "...estaremos com o Senhor para sempre" (1 Tessalonicenses 4:17). *Keila*

6 DE NOVEMBRO

Ajuda do Céu

JOSUÉ 10:6-15

...Certamente o Senhor lutou por Israel naquele dia!
—Josué 10:14

SOS, o sinal em código Morse, foi criado em 1905, porque os marinheiros precisavam de uma forma para indicar o perigo extremo. O sinal ganhou fama, em 1910, ao ser usado pelo navio *Steamship Kentucky*, que estava afundando, e esse uso em particular salvou a vida de todas as 46 pessoas a bordo.

Embora o SOS seja uma invenção recente, o grito de socorro é tão antigo quando a humanidade. Ele foi mencionado no Antigo Testamento, na história de Josué, que enfrentou a oposição dos israelitas (Josué 9:18) e terreno difícil (3:15-17), enquanto o povo conquistava e se estabelecia na terra que Deus lhes prometera. Durante essa luta "o Senhor estava com Josué" (6:27).

Os israelitas foram auxiliar os gibeonitas quando estes estavam sendo atacados por cinco reis. Josué sabia que precisava da ajuda do Senhor (Josué 10:12). Deus respondeu com uma forte chuva de granizo, e até parou o Sol a fim de dar mais tempo para Israel derrotar o inimigo: "...o Senhor lutou por Israel naquele dia" (v.14).

Você enfrenta uma situação desafiadora? Envie um SOS para Deus. Encoraje-se, pois o Senhor responderá ao seu pedido de socorro da maneira que for melhor para a glória dele.

Lisa

7 DE NOVEMBRO

Dimensões infinitas

EFÉSIOS 3:16-21

*...peço que [...] vocês possam
compreender a largura, o comprimento, a altura
e a profundidade do amor de Cristo.*
—Efésios 3:18

Deitada no colchonete de vinil, prendi a respiração ao clique da máquina de ressonância magnética, mas, para uma claustrofóbica como eu, a experiência exigia concentração em algo ou Alguém muito maior do que eu mesma.

A frase das Escrituras: "a largura, o comprimento, a altura e a profundidade do amor de Cristo" (Efésios 3:18) se movia no ritmo do zumbido da máquina para lembrar-me daquelas quatro dimensões do amor de Deus.

Minha posição naquela máquina trazia uma nova imagem à minha compreensão. *Largura:* os 15 cm de cada lado dos meus braços. *Comprimento:* a distância entre as duas aberturas do cilindro. *Altura:* os 15 cm do meu nariz ao "teto" do tubo. *Profundidade:* o suporte do tubo fixo ancorado ao piso que me sustentava. Quatro dimensões que ilustravam a presença de Deus me cercando e me segurando naquela máquina de ressonância — e em todas as circunstâncias da vida.

O amor de Deus está por *todos* os lados. *Largura:* Ele estende os Seus braços para nos alcançar. *Comprimento:* Seu amor é infinito. *Altura:* Ele nos eleva. *Profundidade:* Ele se inclina e nos ampara em todas as situações. Nada pode nos separar do amor de Cristo (Romanos 8:38,39). *Elisa*

8 DE NOVEMBRO

Entendendo a gratidão

NÚMEROS 11:1-14

*Mesmo que pegássemos
todos os peixes do mar, seria suficiente?*
—Números 11:22

Os anos de cansaço causados pela dor crônica e frustrações com a minha mobilidade limitada finalmente me afetaram. Em meu descontentamento, tornei-me exigente e ingrata. Passei a reclamar dos cuidados do meu marido. Quando ele compartilhou sobre o quanto eu o magoava, fiquei ressentida. Ele não fazia ideia do que eu estava vivendo. Com o passar do tempo, Deus me ajudou a ver meus erros, e pedi perdão ao meu marido e ao Senhor.

Desejar outras circunstâncias pode nos tornar queixosas e levar a uma forma de relacionamento egoísta. Os israelitas conheciam esse dilema. Parece que nunca estavam satisfeitos e sempre reclamavam das provisões divinas (Êxodo 17:1-3). Em vez de se alegrarem com os milagres diários e com o cuidado de Deus sempre queriam algo mais, algo melhor, algo diferente, ou até mesmo, algo que já tivessem experimentado (Números 11:4-6) — e descontavam suas frustrações em Moisés (vv.10-14).

Confiar na bondade e fidelidade de Deus pode nos ajudar a sermos gratas. Hoje, podemos agradecer ao Senhor pelas inúmeras maneiras como Ele cuida de nós. — *Xochitl*

9 DE NOVEMBRO

Vida e morte

GÊNESIS 50:22-26

José disse a seus irmãos: "Em breve morrerei, mas certamente Deus os ajudará e os tirará desta terra. Ele os levará de volta para a terra que prometeu solenemente dar a Abraão, Isaque e Jacó".
—Gênesis 50:24

Jamais esquecerei do momento em que estava sentada ao lado da cama do irmão do meu amigo quando ele morreu. Era o ordinário sendo visitado pelo extraordinário. Estávamos os três conversando em voz baixa, quando percebemos que a respiração do Ricardo estava se tornando mais difícil. Reunimo-nos ao redor dele, observando, esperando e orando. Quando ele deu o seu último suspiro, pareceu-nos um momento sagrado; a presença de Deus nos envolveu em meio às lágrimas por um homem maravilhoso que estava morrendo em seus 40 anos.

Muitos dos heróis de nossa fé experimentaram a fidelidade de Deus quando morreram. Por exemplo, Jacó anunciou que em breve estaria reunido com os seus (Gênesis 49:29-33). O seu filho José também anunciou a sua morte iminente: "Em breve morrerei", disse ele aos seus irmãos, enquanto os instruía a manterem-se firmes em sua fé. Ele pareceu estar em paz, porém ansioso de que os seus irmãos confiassem no Senhor (50:24).

Nenhuma de nós sabe quando ou como vamos dar nosso último suspiro, mas podemos pedir a Deus que nos assegure de que Ele estará conosco. E cremos que Jesus já foi preparar um lugar para nós na casa de Seu Pai (João 14:2,3). *Amy B. Pye*

10 DE NOVEMBRO

Alicerce sólido

MATEUS 7:24-27

Quem ouve minhas palavras e as pratica é tão sábio como a pessoa que constrói sua casa sobre uma rocha firme.
—Mateus 7:24

No verão passado, meu marido e eu visitamos a Casa da Cascata, uma residência localizada na área rural da Pensilvânia e projetada pelo arquiteto Frank Lloyd Wright, em 1935. Eu jamais tinha visto algo parecido. Wright quis criar uma casa que parecesse fazer parte da paisagem — e conseguiu! A casa foi construída ao redor de uma cachoeira que já existia, e seu estilo reflete o das camadas das rochas do lugar. A guia nos explicou que a parte vertical da casa foi edificada sobre rochas, tornando-a segura.

Ouvindo as palavras dela, não pude deixar de pensar nas palavras de Jesus aos Seus discípulos. No Sermão do Monte, Jesus lhes disse que Seus ensinamentos seriam o alicerce da vida deles. Se ouvissem as Suas palavras e as praticassem, conseguiriam resistir a qualquer tempestade. Os que ouvissem e não obedecessem, por sua vez, seriam como uma casa construída na areia (Mateus 7:24-27).

Quando ouvimos as palavras de Jesus e as obedecemos, edificamos nossa vida sobre o um alicerce de rocha sólida. Talvez, a nossa vida possa parecer um pouco como a Casa da Cascata, linda e construída para permanecer sobre a Rocha.

Amy Peterson

11 DE NOVEMBRO

Treino e preparo

2 CRÔNICAS 20:2,3,14-22

Josafá ficou amedrontado com essa notícia e pediu orientação ao Senhor. Ordenou um jejum em todo o Judá... —2 Crônicas 20:3

Os fisiculturistas que se preparam para competições seguem um ciclo rigoroso de treinos. Nos meses iniciais, eles enfatizam o ganho de medidas e de força. Ao aproximar-se a competição, o objetivo passa a ser perder toda gordura que esconde o músculo. Nos últimos dias antes da competição, eles consomem menos água do que o normal para que o tecido muscular seja facilmente visto. Os competidores sentem grande fraqueza no dia da competição, apesar de parecerem fortes.

Em 2 Crônicas 20, lemos sobre uma realidade oposta a essa: É preciso reconhecer a fraqueza para experimentar a força de Deus. "Um exército enorme [...] vem [...] contra o rei", as pessoas diziam ao rei Josafá. Assim, o rei "ordenou um jejum em todo o Judá", incluindo ele e o povo (v.3). E depois pediram a ajuda de Deus. Josafá colocou cantores que louvavam a Deus à frente da tropa (v.21). No momento em que começaram a cantar, o Senhor "trouxe confusão sobre os exércitos [...] e eles começaram a lutar entre si" (v.22).

A decisão do rei demonstrou sua profunda fé em Deus. Ele optou por confiar em Deus e não depender das proezas humanas e militares. Em vez de tentarmos lidar com as provações usando a força bruta podemos permitir que Deus seja a nossa força.

Kirsten

12 DE NOVEMBRO

Da vergonha à honra

LUCAS 1:18-25

*...o Senhor foi bom para mim em minha velhice! [...]
Tirou de mim a humilhação pública de não ter filhos.*
—Lucas 1:25

Imagine Isabel, sem filhos, apesar de casada por muitos anos. Em sua cultura, isso era visto como um sinal do desprezo divino (1 Samuel 1:5,6) e podia ser considerado vergonhoso. Assim, mesmo Isabel vivendo em retidão (v.6), os vizinhos e parentes dela podem ter suspeitado algo contrário.

Apesar dessas circunstâncias, Isabel e seu marido continuaram a servir fielmente ao Senhor. Quando ambos já estavam com a idade avançada, ocorreu-lhes um milagre. Deus ouviu a oração de Isabel (Lucas 1:13). O Senhor se alegra em nos demonstrar o Seu favor (v.25). E, embora possa parecer que o Senhor seja tardio, o tempo dele é sempre correto e a Sua sabedoria sempre perfeita. Deus tinha um presente especial para eles: o filho que seria o precursor do Messias (Isaías 40:3-5).

Você se sente inadequada por parecer que algo lhe falta? Talvez, um diploma universitário, um cônjuge, um filho, um emprego, uma casa? Continue sendo fiel a Deus e espere pacientemente pelo Senhor e Seu plano, assim como Isabel o fez. Não importa as nossas circunstâncias, Deus está agindo em nós e através de nós. Ele conhece o seu coração e ouve as suas orações.
— Poh Fang

13 DE NOVEMBRO

Uma nova comunidade

ATOS 2:1-12,42-47

*Os que creiam se reuniam num só lugar e
compartilhavam tudo que possuíam.*
—Atos 2:44

Maira, a filha de 5 anos de minha amiga Carmem, tem um jeito curioso de brincar. Ela mistura bonecas de tipos diferentes para formar uma nova comunidade. Em sua imaginação, elas devem ficar juntas. Ela acredita que, quando elas estão juntas, são mais felizes, apesar dos diferentes tamanhos e formatos.

Isso me lembra o propósito de Deus para a Igreja. No dia de Pentecostes, "…judeus devotos de todas as nações viviam em Jerusalém" (Atos 2:5). Embora eles fossem de diferentes culturas e falassem idiomas diversos, a chegada do Espírito Santo fez daquelas pessoas uma nova comunidade: a Igreja. A partir de então, eles seriam considerados um Corpo, unificado pela morte e ressurreição de Jesus.

Os líderes dessa nova comunidade eram discípulos de Jesus. Se Jesus não os tivesse reunido, muito possivelmente eles jamais teriam se juntado. E agora mais pessoas — "…cerca de três mil…" (v.41) — tinham se tornado seguidores de Cristo. Graças ao Espírito Santo, esse grupo antes desunido, agora "compartilhavam tudo que possuíam" (v.44). Estavam dispostos a compartilhar o que tinham entre si.

O Espírito Santo continua a preencher esses espaços entre os grupos de pessoas de várias origens e idiomas. Como cristãos, pertencemos uns aos outros.

Linda

Razão para cantar

2 CRÔNICAS 20:14-22

Cantem louvores a Deus, cantem louvores,
cantem louvores ao nosso Rei, cantem louvores!
—Salmo 47:6

Os escritos do apóstolo Paulo encorajam a Igreja a compartilhar salmos, hinos e cânticos espirituais (Efésios 5:19). E a Bíblia repete "Cantem louvores" mais de 50 vezes.

Em 2 Crônicas 20, lemos uma história sobre quando o povo de Deus demonstra a sua confiança no Senhor, cantando enquanto marcham para a batalha. Os inimigos vinham em direção ao povo de Judá. Alarmado, o rei Josafá convocou todo o seu reino. Ele liderou a sua comunidade em orações intensas e contínuas. Eles não comeram nem beberam, apenas oraram: "Não sabemos o que fazer, mas esperamos o socorro que vem de ti" (v.12). No dia seguinte, eles partiram e não foram liderados pelos seus guerreiros mais fortes, e sim por seus cânticos. Eles creram na promessa de Deus de que seriam libertos sem precisarem lutar (v.17).

Enquanto cantavam e caminhavam em direção ao conflito, seus inimigos lutaram entre si. Quando o povo de Deus se aproximou do campo de batalha, a luta já havia findado. Deus salvou o Seu povo enquanto eles marchavam pela fé, cantando louvores a Ele.

Deus nos encoraja a louvá-lo. O louvor ao Senhor tem o poder de transformar os nossos pensamentos, o nosso coração e a nossa vida.

Amy Peterson

15 DE NOVEMBRO

Seguindo-o

1 REIS 19:19-21

...Então [Eliseu] partiu com Elias, como seu ajudante.
—1 Reis 19:21

Quando eu era criança, ficava na expectativa dos cultos de domingo à noite. Eram emocionantes, pois com certa frequência, ouvíamos missionários e outros convidados. As mensagens deles me inspiravam por causa da disposição que tinham em deixar família e amigos, e às vezes, casas, bens e carreiras, para servir a Deus em lugares estranhos, desconhecidos e, às vezes, perigosos.

Como aqueles missionários, Eliseu abandonou muitas coisas para seguir a Deus (1 Reis 19:19-21). Eliseu "arava o campo" quando Deus o escolheu e o chamou para servir como ajudante de Elias. O profeta Elias o encontrou nos campos onde ele estava arando, jogou sua capa sobre os ombros de Eliseu (o símbolo de seu papel como profeta) e o chamou. Após beijar e se despedir da mãe e do pai, Eliseu imediatamente sacrificou seu boi, queimou o seu arado, despediu-se e partiu com Elias.

Deus quer que o sigamos e que continuemos: "...a viver na situação em que o Senhor [nos] colocou, e cada um permaneça como estava quando Deus [nos] chamou" (1 Coríntios 7:17). Servir a Deus pode ser emocionante e desafiador, não importa onde estivermos, mesmo que nunca saiamos de casa.

Alyson

16 DE NOVEMBRO

Como mudar uma vida

PROVÉRBIOS 15:4; 16:24; 18:21

Palavras bondosas são como mel: doces para a alma e saudáveis para o corpo. —Provérbios 16:24

Às vezes, a nossa vida pode mudar de repente pelo poderoso impacto de outros. Para uma lenda do rock, Bruce Springsteen, foi a atuação de cantores que o ajudaram em sua infância difícil e contínua luta contra a depressão. Ele demonstrou isso em sua obra afirmando: "É possível mudar a vida de alguém em 3 minutos com a canção certa".

Como uma canção cheia de motivação, as palavras ditas com bondade por outras pessoas também podem nos dar esperança, e até mesmo mudar o curso de nossa vida. Com certeza, a maioria de nós poderia relatar uma conversa que impactou para sempre a sua vida.

O livro de Provérbios enfatiza a nossa responsabilidade de valorizar as palavras e utilizá-las com sabedoria. As Escrituras nunca tratam o discurso, ou a nossa maneira de nos expressarmos como sendo apenas "uma conversa". Em vez disso, elas nos ensinam que as nossas palavras podem ter consequências de morte ou de vida (Provérbios 18:21). Com poucas palavras podemos "esmagar o espírito" de alguém. Ou com palavras de sabedoria e esperança, nós podemos nutrir e fortalecer alguém (15:4).

Nem todas nós temos o dom de compor músicas cheias de motivação, mas todas nós podemos servir às pessoas com o que dizemos (Salmo 141:3). Com poucas palavras bem escolhidas, Deus pode nos usar para transformar uma vida. *Monica*

17 DE NOVEMBRO

Somente pela oração

MARCOS 9:14-29

Tudo é possível para aquele que crê.
—Marcos 9:23

Era tarde da noite quando a minha amiga que fazia tratamento contra o câncer me ligou. Entristecida por seus soluços incontroláveis, acrescentei minhas próprias lágrimas às dela e orei silenciosamente. *O que devo fazer, Senhor?*

Seus gemidos apertaram o meu coração. Eu não conseguia acalmar a dor dela, mas sabia quem poderia ajudá-la nessa situação. Enquanto chorava com minha amiga, e orava em meio ao pranto, eu sussurrava repetidamente: "Jesus. Jesus. Jesus". Seu pranto se acalmou em gemidos. Quando ouvi a voz do marido dela me assustei. "Ela dormiu, ligaremos de volta amanhã", disse ele. Desliguei, chorando orações em meu travesseiro.

O evangelho de Marcos conta a história de um pai desesperado que levou o seu filho sofredor a Jesus em busca de ajuda (Marcos 9:17). O coração desse pai estava cheio de dúvidas em seu apelo ao explicar suas terríveis circunstâncias (vv.20-22) e ele reconheceu que necessitava da ajuda de Jesus (v.24). Eles experimentaram liberdade, esperança e paz quando Jesus interveio e assumiu o controle da situação (vv.25-27).

Quando nossos entes queridos estão sofrendo, queremos fazer o que é certo e dizer as palavras adequadas. Mas Cristo é o Único que pode realmente ajudar. Quando invocamos o Seu nome, Ele pode nos tornar capazes de crer e confiar nele.

Xochitl

18 DE NOVEMBRO

Desbloqueada

COLOSSENSES 1:13-23

*...vocês que antes estavam longe de Deus [...].
Agora, porém, ele os reconciliou consigo...*
—Colossenses 1:21,22

Um menino que nasceu com paralisia cerebral era incapaz de se comunicar. Mas sua mãe jamais desistiu e, quando o filho tinha 10 anos, ela descobriu como se comunicar com ele através dos olhos e de um quadro. Depois dessa descoberta, ela disse: "Ele foi desbloqueado e podemos lhe perguntar qualquer coisa". Agora Jonathan Bryan lê e escreve, inclusive poesia, e comunica-se através dos seus olhos. Quando lhe perguntaram como era "falar" com sua família e amigos, Bryan respondeu: "É maravilhoso dizer que os amo".

A história de Bryan é profundamente tocante e me faz considerar como Deus nos desbloqueia da prisão do pecado. Como escreveu o apóstolo Paulo aos cristãos em Colossos, quando éramos "inimigos" (v.21), nosso comportamento maligno nos fazia estar longe de Deus, mas através da morte de Cristo na cruz, agora somos apresentadas a Deus como "livres de qualquer acusação" (v.22). Agora podemos viver de modo a sempre honrar e agradar ao Senhor

Não estamos mais presas a uma vida de pecado. Ao prosseguirmos na fé, podemos nos manter firmes à nossa esperança em Cristo.
Amy B. Pye

19 DE NOVEMBRO

Retratos de amor

2 JOÃO 1:1-6

Agora, senhora, peço-lhe que amemos uns aos outros.
Não se trata de um novo mandamento;
nós o temos desde o princípio.
—2 João 1:5

Meus filhos e eu começamos uma nova rotina. Todas as noites, antes de dormir, juntamos os lápis de cor e acendemos uma vela. Pedimos a Deus que nos ilumine, abrimos nossos diários e desenhamos ou escrevemos respostas a duas perguntas: *Quando demonstrei amor hoje?* e *Quando eu recusei amor hoje?*

Amar nosso próximo tem sido uma parte importante da vida cristã "desde o princípio" (2 João 1:5). João pede às pessoas de sua congregação para amarem umas às outras em obediência a Deus (vv.5,6). Praticar o amor verdadeiro é uma forma de saber que "...pertencemos à verdade" (1 João 3:18,19).

Quando meus filhos e eu refletimos sobre isso, descobrimos que o amor toma a forma de atos simples da vida: compartilhar um guarda-chuva, animar alguém triste ou fazer uma comida favorita. Os momentos em que negamos amor são igualmente práticos: fofocamos, recusamo-nos a compartilhar, ou satisfazemos primeiramente os nossos próprios desejos.

Prestar atenção a isso cada noite nos ajuda a ter mais consciência a cada dia, a estarmos mais sintonizados no que o Espírito deseja nos mostrar. Estamos aprendendo a andar em amor com a ajuda do Espírito Santo (2 João 1:6).

Amy Peterson

20 DE NOVEMBRO

Gratidão

SALMO 23

*Certamente a bondade e o amor me seguirão
todos os dias de minha vida,
e viverei na casa do SENHOR para sempre.*
—Salmo 23:6

Querendo amadurecer na vida espiritual e se tornar uma pessoa mais agradecida, Suzana iniciou o que chamou de *Pote de Gratidão*. Todas as noites, ela escrevia num papelzinho uma coisa pela qual agradecia a Deus e o colocava no pote. Alguns dias, ela tinha muitos louvores; em dias difíceis, lutava para encontrar algum. No fim do ano, ela esvaziou o pote e leu todas as notas. Suzana começou a agradecer novamente a Deus por tudo que Ele havia feito.

A descoberta de Suzana me lembrou do que o salmista Davi diz ter experimentado. Deus o revigorou com "…verdes pastos…" e "…riachos tranquilos" (Salmo 23:2,3). Deu-lhe orientação, proteção e conforto (vv.3,4). Davi concluiu: " Certamente a bondade e o amor me seguirão todos os dias de minha vida…" (v.6).

Recentemente, eu mesma fiz o meu "pote de gratidão". Talvez você também queira fazer um. Vejamos quantos são os motivos que nós temos para agradecer a Deus que nos dá amigos, familiares e Sua provisão para as nossas necessidades físicas, espirituais e emocionais. Seremos relembradas de que a bondade e a misericórdia de Deus nos acompanham todos os dias de nossa vida.

Anne

Ame primeiro

1 JOÃO 4:7-21

Nós amamos porque ele nos amou primeiro.
—1 João 4:19

Com paciência, ajudamos o nosso filho a se curar e se adaptar à sua nova vida com a nossa família. O trauma de seus primeiros dias num orfanato se refletia em alguns comportamentos negativos. Apesar da enorme compaixão pelas dificuldades que ele já havia enfrentado, senti que me afastava emocionalmente dele. Envergonhada, compartilhei a minha luta com a terapeuta que o atendia. Sua resposta foi gentil e veio ao meu encontro: "Ele precisa que você o ame primeiro, que lhe mostre que ele é digno de amor antes que ele possa agir como alguém que é amado".

João conduz os leitores de sua carta a um amor de incrível profundidade e cita o amor de Deus como fonte e motivo para amarmos uns aos outros (1 João 4:7,11). Admito que muitas vezes não demonstro esse amor aos outros, sejam eles estranhos, amigos ou meus filhos. No entanto, essas palavras de João despertam em mim o desejo renovado e a capacidade de amar: *Deus nos amou primeiro*. Ele enviou Seu Filho para demonstrar a plenitude do Seu amor por nós.

Deus é inabalável em oferecer o Seu amor para nós (Romanos 5:8). Ele nos amou "primeiro", e em contrapartida, esse amor divino nos compele a amarmos uns aos outros.

Kirsten

22 DE NOVEMBRO

E você?

EFÉSIOS 4:25-32

A língua tem poder para trazer morte ou vida;
quem gosta de falar arcará com as consequências.
—Provérbios 18:21

Numa conversa informal, Emily escutava as tradições familiares das comemorações do dia de Ação de Graças de seus amigos. "Cada um de nós diz pelo que é grato a Deus", disse Geraldo.

Outro amigo mencionou a refeição especial do dia e o momento da oração. Lembrou-se de um momento com seu pai antes da morte deste: "Embora papai tivesse demência, sua oração de agradecimento ao Senhor era clara". A tristeza e a inveja de Emily aumentaram ao pensar em sua própria família, e ela concluiu com tristeza: "Nossas tradições são comer peru, assistir TV e nunca mencionar algo sobre Deus ou agradecimentos".

Imediatamente, ela sentiu-se mal por sua atitude e se questionou interiormente: *O que posso fazer para mudar a celebração desse dia?* Quando o dia de Ação de Graças chegou, Emily fez questão de demonstrar o seu agradecimento pelos seus familiares, um por um, e todos se sentiram amados. Não foi fácil, mas ela se alegrou ao compartilhar sobre o seu amor por eles.

O apóstolo Paulo escreveu: "Que todas as suas palavras sejam boas e úteis, a fim de dar ânimo àqueles que as ouvirem" (Efésios 4:29). Nossas palavras de gratidão podem relembrar os outros do valor deles para nós e para Deus. *Anne*

23 DE NOVEMBRO

O melhor negócio de todos os tempos

ECLESIASTES 5:10-20

Quanto mais você tem, mais pessoas aparecem para ajudá-lo a gastar. Portanto, de que serve a riqueza, senão para vê-la escapar por entre os dedos?
—Eclesiastes 5:11

Quanto é o suficiente? Fazemos essa pergunta num momento em que nos aproximamos de mais uma *Black Friday*. Nesse dia, muitas lojas abrem cedo e oferecem descontos. Isso ajuda alguns compradores com recursos mais limitados a comprarem algo por um preço mais acessível. Mas infelizmente, muitos são motivados pela ganância e são violentos quando disputam por barganhas.

A sabedoria do escritor do Antigo Testamento conhecido como "mestre" (Eclesiastes 1:1) fornece um antídoto para o frenesi de consumismo que podemos encontrar nas lojas — e em nosso coração. E destaca que quem ama o dinheiro nunca terá o suficiente e será governado pelo que possui. Ainda assim, morrerá sem nada: "Todos nós chegamos ao fim da vida nus e de mãos vazias, como no dia em que nascemos…" (5:15). O apóstolo Paulo ecoa essa ideia ao dizer que o amor ao dinheiro é a raiz de todos os males e que devemos nos esforçar por exercer a "devoção acompanhada de contentamento" (1 Timóteo 6:6-10).

O consumismo é incapaz de criar o contentamento. Quando nos voltarmos ao Senhor em busca da paz e do bem-estar, Ele nos encherá com a Sua bondade e amor.

Amy B. Pye

24 DE NOVEMBRO

O que podemos fazer

FILIPENSES 2:1-11

Tenham a mesma atitude demonstrada por Cristo Jesus.
—Filipenses 2:5

Mesmo acamado, Morrie Boogaart, de 92 anos, tricotava gorros de lã para os sem-teto e contabilizou 8.000 gorros confeccionados em 15 anos. Boogaart declarou que o seu trabalho o fazia sentir-se bem e lhe dava um senso de propósito: "Vou fazer isso até voltar para o Senhor", o que aconteceu em 2018. Esse ato de amor perseverante ainda inspira muitas pessoas.

Nós também podemos enxergar além de nossas lutas, colocar os outros em primeiro lugar e imitar o nosso amoroso e compassivo Salvador, Jesus Cristo (Filipenses 2:1-5). O Deus encarnado — o Rei dos reis — assumiu "a posição de escravo" com genuína humildade (vv.6,7). Entregou a própria vida — o supremo sacrifício —, Jesus Cristo tomou o nosso lugar na cruz (v.8). Jesus deu tudo por nós [...] para a glória de Deus, o Pai (vv.1-11).

Como seguidoras de Jesus, temos o privilégio de demonstrar o nosso amor e preocupação pelos outros por meio de atos de bondade. Podemos buscar ativamente as oportunidades de fazer a diferença na vida das pessoas simplesmente com o que está ao nosso alcance.

Xochitl

25 DE NOVEMBRO

O lugar mais alto

COLOSSENSES 1:15-23

*Ele existia antes de todas as coisas
e mantém tudo em harmonia.*
—Colossenses 1:17

Meu marido convidou um amigo à igreja e, após o culto, esse amigo disse: "Gostei das músicas e da atmosfera, mas não entendi. Por que você dá a Jesus um lugar de tão alta honra?". Meu marido lhe explicou que o cristianismo é um relacionamento pessoal com Cristo. Sem Jesus, o cristianismo não teria fundamento. É por causa do que Jesus fez por nós que nos reunimos e o louvamos.

Quem é Jesus e o que Ele fez? Paulo respondeu a essa pergunta em Colossenses 1. Ninguém viu a Deus, mas Jesus veio para o refletir e revelar (v.15). Jesus, como o Filho de Deus, veio para morrer por nós e nos libertar do pecado. O pecado nos separou da santidade de Deus, portanto, a paz só poderia ser feita através de alguém perfeito e, esse alguém é Jesus (vv.14,20). Em outras palavras, Jesus nos concedeu o que ninguém mais poderia: o acesso a Deus e à vida eterna (João 17:3).

Por que Jesus merece esse lugar de honra? Jesus venceu a morte. Ele conquistou o nosso coração pelo Seu amor e sacrifício. Jesus Cristo — o Salvador e Senhor — é tudo para nós!

Concedamos a Jesus o lugar mais honroso em nosso coração.

Keila

26 DE NOVEMBRO

Vivendo na luz

1 JOÃO 2:3-11

*...Pois a escuridão está se dissipando,
e a verdadeira luz já brilha.*
—1 João 2:8

Era uma manhã escura. Nuvens baixas da cor de aço enchiam o céu, e a atmosfera estava tão escura que precisei acender as luzes para ler um livro. Eu havia acabado de me acomodar quando, de repente, o recinto se encheu de luz. Olhei para cima e vi que o vento estava empurrando as nuvens para o leste, limpando o céu e revelando o Sol.

Ao me dirigir à janela para observar melhor a cena, um pensamento me veio à mente: "...Pois a escuridão está se dissipando, e a verdadeira luz já brilha" (1 João 2:8). O apóstolo João escreveu essas palavras aos cristãos como uma mensagem de encorajamento. E prosseguiu: "Quem ama seu irmão permanece na luz e não leva outros a tropeçar" (v.10). Por contraste, ele igualou o odiar pessoas a perambular no escuro.

Quando escolhemos amar em vez de odiar, estamos demonstrando o nosso relacionamento com Ele e refletindo o Seu brilho ao mundo ao nosso redor. "...Deus é luz, e nele não há escuridão alguma" (1 João 1:5). *Jennifer*

27 DE NOVEMBRO

O agir de Deus

HEBREUS 13:20,21

*…Que ele produza em vocês, mediante
o poder de Jesus Cristo, tudo que é agradável a ele…*
—Hebreus 13:21

"Como vocês viram Deus agir ultimamente?", perguntei a alguns amigos. Um respondeu: "Eu o vejo agir quando leio as Escrituras a cada manhã; vejo-o em ação quando Ele me ajuda a enfrentar cada novo dia. Vejo-o agir quando sei que Ele está comigo a cada passo — quando percebo como Ele me ajudou a enfrentar desafios e, ao mesmo tempo deu-me alegria". Amo essa resposta, porque reflete como, através da Palavra de Deus e da presença íntima do Espírito Santo, Deus está perto e age naqueles que o amam.

O agir de Deus em Seus seguidores é um mistério maravilhoso ao qual o escritor de Hebreus se refere: "…Que ele produza em vocês, mediante o poder de Jesus Cristo, tudo que é agradável a ele…" (Hebreus 13:21). O escritor reforça a mensagem essencial de sua carta, de que Deus equipará o Seu povo para segui-lo, e que Deus agirá neles e por meio deles para a Sua glória.

O dom de Deus agindo em nós pode nos surpreender; talvez perdoemos alguém que errou conosco, ou sejamos pacientes com alguém que achamos difícil de lidar. De que maneira você tem visto Deus agir ultimamente?

Amy B. Pye

Do que você pode desistir?

OSEIAS 11:8-11

*...nada [...] jamais poderá
nos separar do amor de Deus.*
—Romanos 8:39

"Qual é a única coisa da qual você não pode desistir?", perguntou o locutor do rádio. Alguns ouvintes responderam com alternativas interessantes. Alguns mencionaram a família, incluindo um marido que compartilhava as lembranças da sua falecida esposa. Outros contaram que não poderiam desistir dos sonhos, como viver da música ou de ser mãe. Todos nós temos algo que valorizamos muito: uma pessoa, uma paixão, um bem.

No livro de Oseias, Deus nos diz que não desistirá do Seu povo Israel, Seu bem mais precioso. Como um marido amoroso de Israel, Deus sustentou Israel com tudo o que a nação precisava: terra, alimento, roupas e segurança. Mesmo assim, como uma esposa adúltera, Israel rejeitou Deus e buscou felicidade e segurança em outro lugar. Entretanto, embora o povo tenha magoado o Senhor, Deus não desistiu de Israel (v.8). Ele disciplinava o povo para redimi-lo; Seu desejo era restabelecer o relacionamento com os israelitas (v.11).

Hoje, todos os filhos de Deus podem ter a mesma garantia: Seu amor por nós nunca nos abandonará (vv.37-39). Se nos afastamos dele, Ele almeja o nosso retorno. Somos tesouros que lhe pertencem. Deus não desistirá de nós. *Poh Fang*

29 DE NOVEMBRO

Não é suficiente?

2 CORÍNTIOS 9:10-15

E não se esqueçam de fazer o bem
e de repartir o que têm com os necessitados...
—Hebreus 13:16

Voltando da igreja para casa, minha filha sentou-se no banco de trás do carro saboreando seus biscoitos enquanto meus outros filhos imploravam para que ela os compartilhasse. Perguntei à dona dos biscoitos: "Como foi a classe bíblica hoje?". Ela contou-nos que tinham feito uma cesta de pães e peixes porque uma criança dera a Jesus cinco pães e dois peixes, os quais Ele usou para alimentar mais de 5.000 pessoas (João 6:1-13).

"Foi muito gentil da parte do garoto. Você não acha que Deus talvez esteja pedindo a você para dividir o seu peixe?", perguntei. "Não, mãe", ela respondeu.

Tentei encorajá-la a não ficar com todos os biscoitos para si. Mas ela não se convenceu e disse: "Não tem o suficiente *pra* todo mundo"!

É difícil compartilhar. E a presunção é de que se eu der, vai me fazer falta.

Paulo nos lembra de que tudo o que temos vem de Deus, que deseja nos enriquecer "em tudo, para toda generosidade" (2 Coríntios 9:10,11). Podemos compartilhar com alegria, porque Deus promete cuidar de nós, inclusive quando somos generosas com os outros.

— Lisa

30 DE NOVEMBRO

Compartilhando as fatias

PROVÉRBIOS 11:23-31

O generoso prospera;
quem revigora outros será revigorado.
—Provérbios 11:25

Estêvão, de 62 anos, veterano militar e sem-teto, escolheu um lugar de clima mais ameno onde dormir ao relento fosse tolerável o ano todo. Certa noite, enquanto exibia as suas artes manuais na tentativa de ganhar algum dinheiro, uma jovem se aproximou e ofereceu-lhe várias fatias de pizza. Estêvão aceitou com gratidão. Momentos depois, ele a compartilhou com outro sem-teto faminto. A mesma jovem ressurgiu com outro prato com pizzas, reconhecendo a generosidade dele.

Essa história retrata bem o princípio que encontramos em Provérbios 11:25 de que quando somos generosos com os outros, é provável que também experimentemos a longanimidade. Mas não devemos dar esperando algo em troca; raramente a generosidade retorna de forma tão rápida e óbvia quanto o foi para Estêvão. Nós doamos para ajudar os outros como resposta amorosa às instruções de Deus (Filipenses 2:3,4; 1 João 3:17). E quando o fazemos, Deus se alegra. Ele frequentemente encontra uma maneira de nos revigorar, à Sua incomparável maneira.

Estêvão também compartilhou sua segunda pizza com um sorriso e as mãos abertas. Ele é um exemplo do que significa viver generosamente, disposto a compartilhar com alegria o que temos. À medida que Deus nos guia e fortalece, que isso também possa ser dito de nós. *Kirsten*

1.º DE DEZEMBRO

Esperando

MIQUEIAS 5:2-4

Mas você, ó Belém Efrata, é apenas uma pequena vila entre todo o povo de Judá. E, no entanto, um governante de Israel, cujas origens são do passado distante, sairá de você em meu favor. —Miqueias 5:2

"Quanto tempo demora até o Natal?" Quando meus filhos eram pequenos, eles perguntavam isso sem parar. Embora usássemos um calendário diário do Advento para contar os dias, eles achavam a espera torturante.

Esperar é um desafio para todas nós. Pense por um momento naqueles que receberam a mensagem do profeta Miqueias, que predisse que de Belém viria alguém para "reinar em Israel" (v.2) que se levantaria "para conduzir seu rebanho com a força do Senhor" (v.4). O cumprimento inicial dessa profecia ocorreu 700 anos mais tarde quando Jesus nasceu em Belém (Mateus 2:1). Mas algumas profecias ainda estão por se cumprir. Aguardamos com esperança o retorno de Jesus, quando "ele será exaltado em todo o mundo" (Miqueias 5:4). Então nos alegraremos muito, pois nossa longa espera terá terminado.

Podemos achar que é difícil esperar, porém Deus promete estar conosco enquanto esperamos (Mateus 28:20). Quando Jesus nasceu em Belém, Ele veio para termos vida em abundância (João 10:10) — vida sem condenação. Apreciamos a Sua presença conosco hoje, enquanto esperamos ansiosamente o Seu retorno.

Amy B. Pye

2 DE DEZEMBRO

Branco como a neve

ISAÍAS 1:16-20

Embora seus pecados sejam como o escarlate,
eu os tornarei brancos como a neve.
—Isaías 1:18

No inverno fui às montanhas com minha família. Tínhamos vivido num clima tropical a vida inteira, e era a primeira vez que veríamos a neve em todo o seu esplendor. Contemplando o manto branco cobrindo os campos, meu marido citou Isaías: "Embora seus pecados sejam como o escarlate, eu os tornarei brancos como a neve" (Isaías 1:18).

Depois de perguntar sobre o significado da palavra "escarlate" a nossa filha, de 3 anos, nos perguntou se "a cor vermelho era ruim?". Ela sabe que Deus não gosta dos pecados, mas esse versículo não fala sobre cores. O profeta descrevia o corante vermelho para fixar a cor nos tecidos. Nem a chuva nem a lavagem removeria essa nova cor. O pecado é assim. Nenhum esforço humano pode tirá-lo, pois ele se enraíza no coração.

Somente Deus pode purificar um coração cheio de pecado. Pedro ensinou: "Agora, arrependam-se e voltem-se para Deus, para que seus pecados sejam apagados" (Atos 3:19), Deus nos perdoa e nos dá uma nova vida. Somente através do sacrifício de Jesus podemos receber o que ninguém mais pode dar — um coração puro. Que presente maravilhoso! *Keila*

Nos bastidores

DANIEL 10:1-14

*...seu pedido foi ouvido.
Eu vim em resposta à sua oração.*
—Daniel 10:12

Minha filha enviou uma mensagem a um amigo, esperando receber logo a resposta. O telefone mostrava que a mensagem fora lida, e ela esperou ansiosamente. Momentos depois, frustrada, gemeu de irritação pela demora. A irritação virou preocupação, e ela se questionou se isso significava que havia um problema entre ambos. Por fim, ela recebeu a resposta e se sentiu aliviada ao ver que tudo estava bem. O amigo simplesmente levara algum tempo para respondê-la.

O profeta Daniel também aguardou ansiosamente por uma resposta. Após receber uma visão assustadora, Daniel jejuou e buscou a Deus em oração (Daniel 10:3,12). Finalmente, depois de três semanas (vv.2,13), um anjo assegurou-lhe de que suas preces haviam sido ouvidas "desde o primeiro dia" e que naquele espaço de tempo ele estava lutando em favor de suas orações. Deus estava agindo durante cada um dos 21 dias que decorreram entre a primeira oração e a vinda do anjo.

Nossa tendência é ficarmos ansiosas quando a resposta divina não vem quando a desejamos. Tendemos a questionar se o Senhor se importa. No entanto, a experiência de Daniel nos lembra de que Deus está agindo em favor dos que ama, mesmo se isso não nos pareça óbvio.

Kirsten

Julgamento prejudicado

MATEUS 7:1-6

Não julguem para não serem julgados.
—Mateus 7:1

Tenho sido rápida em julgar quem vejo andando na rua olhando para um celular. *Como podem estar tão alheios aos carros prestes a atingi-los?* E questiono: *Não se importam com a própria segurança?* Mas um dia, atravessando a entrada de um beco, eu estava tão absorta numa mensagem de texto, que não vi um carro à minha esquerda. Felizmente, o motorista me viu e freou bruscamente. Senti-me envergonhada. Todos os meus julgamentos anteriores voltaram-se contra mim. Eu havia julgado os outros, mas tinha acabado de fazer exatamente a mesma coisa.

A minha hipocrisia foi do mesmo tipo de atitude que Jesus abordou no Sermão do Monte: "Primeiro, livre-se do tronco em seu olho; então você verá o suficiente para tirar o cisco do olho de seu amigo" (Mateus 7:5). Eu tinha um enorme "tronco" — um ponto cego pelo qual julgava os outros com meu próprio julgamento preconceituoso.

O Senhor também disse: "O padrão de medida que adotarem será usado para medi-los" (v.2).

Nenhuma de nós é perfeita. Mas, às vezes, me esqueço disso em minha ânsia de julgar os outros. Todas nós precisamos da graça de Deus.
Linda

Um grande negócio

ISAÍAS 58:6-9

Este é o tipo de jejum que desejo: […] Libertem os oprimidos, removam as correntes que prendem as pessoas.
—Isaías 58:6

Um membro da família precisava de ajuda para pagar o seu aluguel do mês de dezembro. Para a família dele, o pedido parecia um fardo, principalmente com as despesas inesperadas de final do ano. Mas, eles reviraram suas economias, e ficaram gratos pela provisão de Deus por terem sido abençoados pela gratidão do seu parente a quem tinham suprido tamanha necessidade.

Mais tarde, esse parente lhes entregou um cartão de agradecimento. "Lá vão vocês de novo… fazendo coisas legais como se não fossem nada demais".

Entretanto, ajudar os outros é um grande negócio para Deus. O profeta Isaías deixou isso claro para a nação de Israel. As pessoas estavam jejuando, mas ainda discutiam e brigavam. O profeta mencionou diversas maneiras de ajudarem, incluindo: "Repartam seu alimento com os famintos, ofereçam abrigo aos que não têm casa" (Isaías 58:7).

Segundo o profeta Isaías esse sacrifício espalha a luz de Deus, mas também cura o nosso próprio sofrimento (v.8). Esta foi a promessa de Deus aos que são generosos: "Sua justiça os conduzirá adiante, e a glória do Senhor os protegerá na retaguarda" (v.8). Ser generosa com os outros nos abençoa ainda mais.

Patrícia

6 DE DEZEMBRO

Ficarão limpos

EZEQUIEL 36:24-32

*Então aspergirei sobre vocês água pura,
e ficarão limpos…*
—Ezequiel 36:25

Ao abrir a nossa máquina lava-louças, fiquei me questionando sobre o que havia acontecido. Em vez de ver os pratos e copos limpos, eles estavam recobertos de pó de calcário.

A limpeza de Deus, ao contrário da máquina de lavar louças defeituosa, lava todas as impurezas. Vemos no livro de Ezequiel que Deus está chamando o Seu povo de volta para si à medida que o profeta compartilha a mensagem do amor e perdão de Deus. Os israelitas haviam pecado ao proclamar sua fidelidade a outros deuses e outras nações. O Senhor, no entanto, foi misericordioso em recebê-los de volta para si mesmo. Ele prometeu purificá-los "…de sua impureza e sua adoração a ídolos…" (Ezequiel 36:25). Ao colocar Seu Espírito neles (v.27), Ele os levaria a um lugar de fartas colheitas, não de fome (v.30).

Tanto nos dias de Ezequiel como hoje, o Senhor nos recebe de volta se nos desviarmos. Quando nos submetemos à Sua vontade e aos Seus caminhos, Ele nos transforma à medida que nos purifica de nossos pecados. Com Seu Espírito Santo habitando em nós, temos tudo o que precisamos para segui-lo a cada dia.

Amy B. Pye

7 DE DEZEMBRO

Uma tigela de bênçãos

ROMANOS 1:1-10

Todas as vezes que penso em vocês,
dou graças a meu Deus.
—Filipenses 1:3

O *plim* conhecido da chegada de e-mail chamou minha atenção, enquanto eu digitava no computador. Normalmente tento resistir à tentação de ler imediatamente cada e-mail, mas o assunto desse era atraente demais: "Você é uma bênção".

Ansiosa, abri e descobri que uma amiga distante dizia que estava orando por minha família. A cada semana, ela coloca uma foto em sua "tigela de oração", que fica sobre a mesa da cozinha, e ora por aquela família. Escreveu: "Todas as vezes que penso em vocês, dou graças a meu Deus" (Filipenses 1:3).

Através desse gesto de minha amiga, as palavras do apóstolo Paulo aos filipenses gotejaram na minha caixa de entrada, gerando a mesma alegria em meu coração que suspeito que os leitores dessa carta de agradecimento tiveram no primeiro século. Paulo se habituou a expressar a sua gratidão àqueles que trabalharam com ele. Uma frase semelhante abre muitas de suas cartas: "agradeço a meu Deus por todos vocês..." (Romanos 1:8).

No primeiro século, Paulo abençoou os seus colaboradores com uma nota de agradecimento e orações. No século 21, minha amiga usou uma "Tigela de Bênçãos" para trazer alegria ao meu dia. Como podemos agradecer a alguém hoje?

Elisa

Abençoada mesmo assim

GÊNESIS 28:10-22

...aquele que começou a boa obra em vocês irá completá-la até o dia em que Cristo Jesus voltar.
—Filipenses 1:6

O primeiro encontro de Deus com Jacó é uma bela ilustração da Sua graça. Jacó tinha passado a vida inteira tentando alterar o seu destino. Fora o segundo a nascer num tempo em que primogênitos recebiam a bênção paterna — acredita-se que para garantir a prosperidade futura.

Jacó decidiu fazer qualquer coisa para conseguir a bênção do seu pai. Por fim, mentindo, obteve a bênção destinada ao seu irmão primogênito (Gênesis 27:19-29).

Mas o preço foi a família dividida, e Jacó fugiu da presença do seu enfurecido irmão (vv.41-43). Ao anoitecer (22:11), Jacó deve ter se sentido muito distante de uma vida abençoada.

Porém foi ali, em meio ao rastro da decepção, que Jacó encontrou Deus. O Senhor lhe mostrou que ele não precisava de esquemas desesperados para ser abençoado; Jacó *já era abençoado*. Seu destino estava assegurado por Aquele que jamais o deixaria (v.15).

Jacó passaria a sua vida inteira aprendendo essa lição.

E nós também passaremos. Não importa quantos são os nossos arrependimentos, ou quão distante Deus nos possa parecer, Ele ainda está presente — bondosamente nos afastando de nossas trapalhadas rumo à *Sua* bênção. *Monica*

O retorno dos investimentos

**DEUTERONÔMIO 1:2;
MARCOS 10:1-31**

*Então Pedro começou a falar:
"Deixamos tudo para segui-lo".*
—Marcos 10:28

Em 1995, os investidores da bolsa tiveram um recorde de lucros: em média, 37,6%. Depois, em 2008, quase perderam a mesma porcentagem: negativos 37%. Durante esse período, os lucros variaram, levando quem tinha dinheiro aplicado a imaginar o que aconteceria com o seu investimento.

Jesus garantiu aos Seus seguidores que teriam um retorno incrível ao investirem sua vida nele. Eles deixaram "tudo para segui-lo" — seus lares, empregos, o status e a família —, aplicando a própria vida como investimento (Marcos 10:28). Mas, depois de ver um rico lidando com o poder que as riquezas exercem sobre ele, questionaram se esse investimento geraria frutos. Jesus respondeu que qualquer um disposto a se sacrificar por Ele receberia "em troca, neste mundo, cem vezes mais [...] e, no mundo futuro [...] a vida eterna" (v.30). Esse é um resultado muito melhor do que qualquer mercado financeiro jamais proporcionaria.

Não temos de nos preocupar com a "taxa de juros" dos nossos investimentos espirituais. Com Deus, o lucro é incomparável, o que recebemos não se mede monetariamente, mas em alegria por conhecê-lo hoje e sempre e em poder compartilhar essa mesma alegria com os outros! *Kirsten*

Feridas feitas por amigos

PROVÉRBIOS 27:5-10

As feridas feitas por um amigo sincero são melhores que os beijos de um inimigo. —Provérbios 27:6

Charles Lowery se queixou de dor lombar ao seu amigo. Ele buscava compreensão, mas recebeu uma avaliação honesta: "Não penso que o seu problema seja a dor lombar; mas a sua barriga. Ela está tão grande que está prejudicando as suas costas".

Lowery é colunista de uma revista de esportes e resistiu à tentação de sentir-se ofendido por esse alerta do amigo. Ele perdeu peso e seu problema nas costas desapareceu. Ele reconheceu que "A repreensão franca é melhor que o amor escondido. As feridas feitas por um amigo sincero são melhores…" (Provérbios 27:5,6). O problema é que, com muita frequência, preferimos ser mimadas por elogios do que salvas por críticas, porque a verdade dói. Ela machuca o nosso ego, deixa-nos desconfortáveis e exige mudanças.

Os amigos verdadeiros não têm prazer em nos ferir. Pelo contrário, eles nos amam demais para nos enganarem e são as pessoas que destacam corajosamente o que talvez já saibamos, mas achamos verdadeiramente difícil aceitar e praticar. Eles nos dizem não só o que gostamos de ouvir, mas também o que precisamos ouvir.

Salomão honrou esse tipo de amizade em seus provérbios. Jesus foi mais longe — Ele suportou as feridas de nossa rejeição, não somente para nos dizer a verdade sobre nós mesmas, mas também para nos demonstrar o quanto somos amadas.

Poh Fang

11 DE DEZEMBRO

Ouvintes e praticantes

TIAGO 1:22-27

...[cuide] dos órfãos e das viúvas em suas dificuldades...
—Tiago 1:27

Meu marido é pastor e recebeu um telefonema de uma das guerreiras de oração de nossa igreja. Essa senhora tinha 70 e poucos anos, morava sozinha, e estava sendo levada ao hospital. Não sabendo se ela viveria ou morreria, pedimos a Deus por ajuda e misericórdia, sentindo-nos particularmente preocupados com o seu bem-estar. A igreja se pôs em ação com uma escala de visitadores 24 horas por dia, que não só ministravam a ela, mas demonstravam amor cristão por outros pacientes, visitantes e equipe médica.

A carta de Tiago aos primeiros cristãos judeus incentivou a Igreja a cuidar dos necessitados. Tiago queria que os cristãos dessem um passo a mais indo além de apenas escutar a Palavra de Deus e os encorajava a praticar a sua fé (1:22-25). Ao destacar a necessidade de cuidar dos órfãos e das viúvas (v.27), Tiago mencionou um grupo vulnerável, pois nessa época a família era responsável por cuidar deles.

Será que reconhecemos a nossa responsabilidade de cuidar das viúvas e órfãos como atitude essencial da prática de nossa fé? Que Deus abra os nossos olhos às oportunidades de servirmos aos necessitados em todo lugar. *Amy B. Pye*

Tempo apropriado

ECLESIASTES 3:1-4

*E, no entanto, Deus fez tudo apropriado
para seu devido tempo...*
—Eclesiastes 3:11

Quando comprei uma passagem aérea para enviar nossa filha mais velha para a faculdade, fiquei até surpresa que o teclado do meu computador ainda funcionasse — considerando a fonte que jorrava de meus olhos durante o processo de escolha do voo. Desfrutei tanto dos 18 anos de vida diária com ela que fiquei triste com a perspectiva de sua partida. No entanto, eu não tiraria dela essa oportunidade simplesmente porque sentiria sua falta. Era apropriado para ela embarcar em uma nova jornada para descobrir a idade adulta e explorar outra parte do país.

Quando esta fase da paternidade se aproximou do fim, outra começou. Sem dúvida ela trará novos desafios e novas satisfações. Salomão escreveu que Deus indica "...um momento certo para tudo, um tempo para cada atividade debaixo do céu" (Eclesiastes 3:1). Temos pouco controle sobre os acontecimentos de nossa vida, mas Deus, em Seu poderoso poder, torna "tudo apropriado para seu devido tempo" (v.11).

Nossos confortos e alegrias vêm e vão, mas tudo o que Deus faz é "definitivo" (v.14). Podemos não gostar de todas as estações — algumas são bastante incômodas, mas Ele pode trazer beleza a todas elas.

Kirsten

Deus está fazendo algo novo

1 TESSALONICENSES 3:6-13

*E que o Senhor faça crescer e transbordar o amor
que vocês têm uns pelos outros e por todos,
da mesma forma que nosso amor transborda por vocês.*
—1 Tessalonicenses 3:12

"Deus está fazendo algo novo em sua vida?", perguntou o líder de um grupo em que estive recentemente. Minha amiga Miriam respondeu que precisava de paciência com os pais idosos, energia para lidar com as questões de saúde do marido e compreensão por seus filhos e netos que ainda não escolheram seguir a Jesus. Em seguida, ela fez um comentário muito perspicaz: "Acredito que a coisa nova que Deus está fazendo em mim é expandir a minha capacidade e as oportunidades de amar".

Isso se encaixa perfeitamente com a oração do apóstolo Paulo para os novos crentes em Tessalônica: "E que o Senhor faça crescer e transbordar o amor que vocês têm uns pelos outros e por todos…" (1 Tessalonicenses 3:12). Paulo tinha lhes ensinado sobre Jesus, mas teve que sair abruptamente dali por causa de tumultos (Atos 17:1-9). Agora, ele os encorajava a continuar firmes na fé (1 Tessalonicenses 3:7,8) e orava para que o Senhor aumentasse o amor deles por todos.

Nas dificuldades, muitas vezes escolhemos nos queixar e questionar: *Por quê?* Ou nos questionamos: *Por que eu?* Outra maneira de melhor lidar com isso seria pedir ao Senhor para expandir o Seu amor em nosso coração e nos ajudar a aproveitarmos essas novas oportunidades para amarmos os outros.

Anne

Não se apresse

ISAÍAS 26:1-4

Tu guardarás em perfeita paz todos que em ti confiam, aquelas cujos propósitos estão firmes em ti.
—Isaías 26:3

"Elimine implacavelmente a pressa." Quando dois amigos repetiram essas palavras ditas pelo filósofo cristão Dallas Willard, eu sabia que precisava considerá-las. Para onde eu estava correndo sem olhar para Deus em busca de orientação e ajuda? Nas semanas e meses que se seguiram, lembrei-me dessas palavras e me reorientei de volta ao Senhor e à Sua sabedoria. Relembrei a mim mesma de confiar nele, em vez de me apoiar nos meus próprios caminhos.

Afinal, correr freneticamente parece ser o oposto da perfeita paz que o profeta Isaías menciona. O Senhor dá esse presente para "aqueles cujos propósitos estão firmes", porque confiam nele (Isaías 26:3). E Ele merece nossa confiança hoje, amanhã e sempre, pois Ele é "a Rocha eterna" (v.4). Confiar em Deus de todo o coração é o antídoto para uma vida apressada.

Sentimos que estamos apressadas ou até mesmo precipitadas? Ou talvez, ao contrário, muitas vezes experimentemos a sensação de paz. Onde quer que estejamos, oro hoje para que possamos deixar de lado qualquer pressa, confiando no Senhor, que nunca falhará conosco e que nos concede a Sua paz.

Amy B. Pye

Feito à mão para você

EFÉSIOS 2:4-10

…somos obra-prima de Deus, criados […] a fim de realizar as boas obras que ele […] planejou para nós.
—Efésios 2:10

Minha avó foi uma costureira talentosa e premiada que, ao longo da minha vida, celebrou ocasiões importantes com presentes feitos à mão: um suéter na formatura, uma colcha no meu casamento. Em cada item customizado, eu encontrava sua etiqueta, que dizia: "Feito *pra* você pela vovó". Em cada palavra bordada, eu sentia seu amor por mim e recebia uma declaração poderosa de sua fé em meu futuro.

Paulo escreveu aos efésios sobre o propósito deles neste mundo, descrevendo-os como "…obra-prima de Deus, criados em Cristo Jesus a fim de realizar as boas obras…" (Efésios 2:10). O apóstolo afirma que Deus, ao nos criar como Sua obra-prima, resultaria em nossa primorosa realização de boas obras — ou expressões do nosso relacionamento restaurado com Cristo Jesus, para a Sua glória no mundo. Quando a mão de Deus nos molda para os Seus propósitos, Ele pode nos usar para conduzir outros ao Seu grande amor.

Com a cabeça inclinada sobre as suas agulhas, minha avó produziu itens que transmitiram seu amor por mim e sua paixão para que eu descobrisse meu propósito de vida. E, com os Seus dedos moldando os detalhes dos nossos dias, Deus borda Seu amor e Seus propósitos no nosso coração para que possamos experimentá-lo e demonstrar Sua obra-prima aos outros.

Elisa

16 DE DEZEMBRO

A melhor estratégia para a vida

ECLESIASTES 4:1-12

Sozinha, a pessoa corre o risco de ser atacada e vencida, mas duas pessoas juntas podem se defender melhor...
—Eclesiastes 4:12

Enquanto assistíamos, das arquibancadas, o jogo de basquete da minha filha, ouvi o treinador pronunciar uma única palavra para as meninas na quadra: "Duplas". Imediatamente, sua estratégia defensiva passou de uma contra uma para duas contra as jogadoras oponentes mais altas. Elas foram bem-sucedidas em frustrá-las para lançar e marcar pontos.

Quando Salomão, escritor de Eclesiastes, lida com as lutas e frustrações do mundo, ele também reconhece que ter um companheiro em nossos trabalhos ajuda a "...alcançar o sucesso" (Eclesiastes 4:9). Enquanto uma pessoa que luta sozinha "corre o risco de ser atacada e vencida, [...] duas pessoas juntas podem se defender" (v.12). Um amigo por perto pode nos ajudar a levantar quando caímos (v.10).

As palavras de Salomão nos incentivam a compartilhar nossa jornada com outras pessoas. Para algumas, isso requer um nível de vulnerabilidade desconfortável ou desconhecido. Outras desejam esse tipo de intimidade e lutam para encontrar amigos com quem compartilhá-la. Seja qual for o caso, não devemos desistir.

Salomão e os treinadores de basquete concordam: ter companheiros de equipe à nossa volta é a melhor estratégia para enfrentar as lutas na quadra e na vida.

Senhor, somos gratas pelas pessoas que colocas ao nosso lado para nos encorajar e apoiar.

Kirsten

17 DE DEZEMBRO

A mão oculta de Deus

SALMO 139:13-18

...cada dia de minha vida [...] foi estabelecido quando ainda nenhum deles existia.
—Salmo 139:16

Meu amigo é filho adotivo de um casal de missionários e cresceu em Gana. Quando ele foi para os EUA, começou a faculdade, mas precisou interrompê-la. Mais tarde, ele serviu o exército, o que eventualmente o ajudou a pagar a faculdade e o fez viajar mundo afora. Em tudo isso, Deus o preparava para uma função especial. Hoje, ele escreve e edita literatura cristã para leitores de muitas nações.

A história da esposa dele também é interessante. Ela reprovou nas provas de química no início da faculdade devido à forte medicação que tomava para epilepsia. Depois transferiu-se da área de ciências para estudar a língua de sinais cuja carga de trabalho lhe era mais gerenciável. Ela afirma: "Deus estava redirecionando a minha vida para um propósito maior". Hoje, ela está tornando a Palavra de Deus acessível aos surdos.

Às vezes, você se questiona sobre onde Deus a quer levar? O Salmo 139:16 reconhece a soberana mão de Deus em nossa vida: "...cada dia de minha vida estava registrado em teu livro, cada momento foi estabelecido quando ainda nenhum deles existia". Não sabemos como Deus usará as circunstâncias, mas podemos ter certeza de que Deus está nos orientando com a Sua mão soberana.

Poh Fang

18 DE DEZEMBRO

Esperança eterna

SALMO 146

*Como são felizes os que têm o Deus de Jacó como seu auxílio,
os que põem sua esperança no S*ENHOR*, seu Deus.*
—Salmo 146:5

Pouco antes do Natal e dois meses após a partida da minha mãe, as compras e decorações ficaram no fundo da minha lista de prioridades. Eu resistia às tentativas do meu marido em me confortar, pois sofria a perda dessa matriarca cheia de fé. Fiquei chateada quando o nosso filho colocou as luzes de Natal em nossa casa. Sem dizer uma palavra, ele as ligou antes de ele e seu pai saírem para o trabalho.

Enquanto as lâmpadas coloridas piscavam, Deus gentilmente me tirou da escuridão. Por mais dolorosas que fossem as circunstâncias, a minha esperança permaneceu segura à luz da verdade de Deus, que sempre revela o Seu caráter imutável.

O Salmo 146 afirma o que Deus me lembrou naquela manhã difícil: minha infinita esperança está no Senhor, meu auxílio, meu poderoso e misericordioso Deus (v.5). Como Criador de tudo, Ele "cumpre suas promessas para sempre" (v.6). Ele "Faz justiça aos oprimidos", protegendo-nos e provendo-nos (v.7). "O SENHOR levanta os abatidos" (v.8). Ele cuida de nós, nos protege e sempre será Rei (vv.9,10).

Às vezes, até no Natal, enfrentamos perdas, mágoas ou solidão. Mas em todos os momentos, Deus promete ser a nossa luz na escuridão, oferecendo-nos verdadeira ajuda e esperança eterna.

Xochitl

19 DE DEZEMBRO

A árvore "Esperança"

LAMENTAÇÕES 3:1-3,13-24

O amor do Senhor não tem fim!
Suas misericórdias são inesgotáveis.
Grande é sua fidelidade.
—Lamentações 3:22,23

Depois de enfeitar a árvore de Natal com luzes brilhantes e laços rosas e azuis batizei-a de "Esperança". Meu marido e eu já esperávamos para adotar um bebê por mais de quatro anos. Certamente o nosso bebê viria no Natal!

Todas as manhãs, eu parava diante da árvore e orava, clamando pela fidelidade de Deus. Em 21 de dezembro recebemos, devastados, a notícia de que o Natal seria sem o bebê. Decepcionada, questionei sobre a fidelidade de Deus. *Será que eu estava fazendo algo errado?*.

Às vezes, a aparente demora de Deus deriva da Sua amorosa disciplina. Outras vezes, Deus a usa para renovar a nossa confiança nele. O profeta Jeremias descreve a correção divina para Israel. A dor é palpável: "As flechas que ele atirou entraram fundo em meu coração" (Lamentações 3:13). Em tudo, ele demonstra a máxima confiança na fidelidade de Deus: "O amor do Senhor não tem fim! Suas misericórdias são inesgotáveis. Grande é sua fidelidade" (vv.22,23).

Deixei a árvore montada e continuei a orar todas as manhãs. Finalmente, no feriado da Páscoa, nós recebemos a nossa bebê. Deus é sempre fiel.

Todos os anos monto uma árvore em miniatura que lembra a mim, e aos outros, que devemos confiar na fidelidade de Deus.

Elisa

20 DE DEZEMBRO

Natal nos jardins

LUCAS 1:68-75

*Seja bendito o Senhor, o Deus de Israel,
pois visitou e resgatou seu povo.*
—Lucas 1:68

Cerca de 230 pessoas vivem no bloco 72 do condomínio onde moro. Cada um tem sua história de vida. Há uma senhora idosa cujos filhos cresceram, casaram e se mudaram e agora ela está só. Temos um jovem casal com um casal de filhos. E andares abaixo vive um jovem militar. Ele já esteve na igreja antes e talvez a visite novamente no dia de Natal. Eu conheci essas pessoas no Natal passado, quando a nossa igreja fez serenatas pelo bairro.

Cada Natal — como no primeiro — há muitos que não sabem que Deus veio ao mundo como um bebê chamado Jesus (Lucas 1:68; 2:21). Ou eles não conhecem a importância desse acontecimento: São "…boas notícias, que darão grande alegria a todo o povo" (2:10). Sim, a todos os povos! Independentemente da situação em que vivemos, Jesus veio para morrer por nós e nos oferecer o perdão para que possamos desfrutar do Seu amor, alegria, paz e esperança. Todas as pessoas: da vizinha ao nosso lado aos colegas com quem almoçamos, todos precisam ouvir essa boa e maravilhosa notícia!

No primeiro Natal, os anjos foram os portadores dessas boas-novas. Agora é a nossa vez.

Poh Fang

Deus conosco

MATEUS 1:18-23

Vejam! A virgem ficará grávida!
Ela dará à luz um filho, e o chamarão Emanuel,
que significa "Deus conosco".
—Mateus 1:23

"Cristo comigo, diante de mim, atrás de mim, em mim, sob mim, acima de mim, à minha direita, à minha esquerda…". A letra desse hino foi escrita no século 5.º pelo monge céltico Patrício, e ecoa em minha mente quando leio o relato de Mateus sobre o nascimento de Jesus. As palavras parecem envolver-me num abraço afetuoso, lembrando-me de que nunca estou sozinha.

O fato de Deus habitar com Seu povo está na essência do Natal. Citando a profecia de Isaías sobre uma criança que se chamaria Emanuel, que significa "Deus conosco" (Isaías 7:14), Mateus destaca o supremo cumprimento dessa profecia — Jesus. Essa verdade é tão importante que Mateus começa e termina o seu evangelho com a mesma promessa, concluindo com as palavras de Jesus aos Seus discípulos: "…E lembrem-se disto: estou sempre com vocês, até o fim dos tempos" (Mateus 28:20).

A letra desse cântico me lembra de que Cristo está sempre com os Seus seguidores, Seu Espírito habita neles. Quando estou amedrontada, posso firmar-me em Sua promessa de que Ele nunca me deixará. Quando estou alegre, posso lhe agradecer por Sua obra graciosa em minha vida.

Jesus, Emanuel — Deus conosco. *Amy B. Pye*

22 DE DEZEMBRO

Inverno

ISAÍAS 42:1-4

Não gritará, nem levantará a voz em público.
Não esmagará a cana quebrada...
—Isaías 42:2,3

Às vezes, acordo e vejo o mundo coberto pela paz e tranquilidade de uma neblina matinal. Ela não surge repentinamente como a tempestade de verão que anuncia a sua presença durante o anoitecer, mas vem suavemente.

Certa vez, li um poema de Audrey Assad no qual ela destaca que Jesus poderia ter vindo à Terra como um furacão, mas, ao contrário, Ele veio calma e lentamente como a neblina matinal do outono que surge em minha janela.

A silenciosa chegada de Jesus surpreendeu a muitos. Em vez de nascer num palácio, Ele nasceu em um lugar improvável, uma humilde morada nos arredores de Belém. E Jesus dormiu no único lugar disponível: uma manjedoura (Lucas 2:7). Em vez de ser assistido por membros da realeza e do governo, Jesus foi recebido por humildes pastores (vv.15,16). Em vez de riquezas, os pais de Jesus só puderam pagar o sacrifício mais barato quando o apresentaram no Templo: dois pombinhos (v.24).

Jesus veio ao mundo gentilmente para nos atrair a si mesmo com Sua oferta de reconciliação com Deus: a paz ainda está disponível para qualquer um que crer no milagre da história do Salvador nascido numa manjedoura. *— Lisa*

23 DE DEZEMBRO

Agora é a hora

LUCAS 2:8-20

Glória a Deus nos mais altos céus!...
—Lucas 2:14

Durante a celebração de Natal de nossa igreja, vi os membros do coral se reunirem em frente à congregação enquanto o diretor de música procurava as suas partituras. Os instrumentos começaram e os cantores iniciaram uma música bem conhecida que começou com estas palavras: *Vem, essa é a hora da adoração.*

Embora eu esperasse ouvir uma canção de Natal tradicional, sorri com a escolha apropriada de música. Na mesma semana, eu tinha lido o relato de Lucas sobre o nascimento de Jesus e notei que naquele primeiro Natal faltavam as "armadilhas" dos dias modernos, mas a adoração estava incluída.

Depois que o anjo anunciou o nascimento de Jesus para alguns pastores admirados, um coro de anjos louvou a Deus "...dizendo: Glória a Deus nos mais altos céus, e paz na terra àqueles de que Deus se agrada!" (Lucas 2:13,14). Os pastores reagiram correndo para Belém, onde encontraram o rei recém-nascido. Eles voltaram aos seus campos "glorificando e louvando a Deus por tudo que tinham visto e ouvido" (v.20). Ficar diante do Filho de Deus inspirou os pastores a adorar o Pai.

Hoje, considere a sua atitude em relação à chegada de Jesus. Em seu coração há espaço para adoração ao celebrarmos o Seu nascimento?

Jennifer

A emoção da esperança

LUCAS 2:11-30

*Hoje em Belém, a cidade de Davi,
nasceu o Salvador, que é Cristo, o Senhor!*
—Lucas 2:11

Reginald Fessenden trabalhava há anos para conseguir a comunicação por rádio sem fio. Em 24 de dezembro de 1906, ele se tornou a primeira pessoa a tocar música no rádio.

Fessenden celebrou um contrato com uma empresa de frutas que tinha instalado sistemas sem fio em seus barcos para se comunicar sobre a colheita e comercialização de bananas. Naquela noite, Fessenden afirma que disse aos operadores sem fio a bordo de todos os navios para prestarem atenção. Às 9h da manhã, eles ouviram sua voz.

Ele primeiro tocou um disco de aria de ópera, e depois em seu violino, tocou "Noite Feliz". Finalmente, fez as saudações do Natal e leu em Lucas 2 a história dos anjos anunciando o nascimento do Salvador.

Os pastores em Belém, há mais de 2.000 anos, e os marinheiros a bordo dos navios de frutas, em 1906, ouviram a surpreendente mensagem de esperança numa noite escura. E Deus ainda nos traz essa mesma mensagem de esperança. Um Salvador nos nasceu — Cristo, o Senhor (Lucas 2:11)! "Glória a Deus nos mais altos céus, e paz na terra àqueles de que Deus se agrada!" (v.14).

Amy Peterson

Presente frágil

LUCAS 2:1-7

Graças a Deus por essa dádiva tão maravilhosa...
—2 Coríntios 9:15

Quando damos um presente frágil, a palavra *frágil* é escrita com letras grandes na caixa, porque não queremos que ninguém danifique o que está em seu interior.

O presente de Deus para nós veio no pacote mais frágil: um bebê. Às vezes, imaginamos o dia de Natal como uma bela cena num cartão sazonal, mas qualquer mãe pode dizer que não foi assim. Maria estava cansada, provavelmente insegura. Jesus era o seu primeiro filho, e Ele nasceu nas condições mais insalubres. A mãe o envolveu "em faixas de pano e deitou-o numa manjedoura, porque não havia lugar para eles na hospedaria" (Lucas 2:7).

Um bebê precisa de cuidados constantes. Eles choram, comem, dormem e dependem de seus cuidadores. Os bebês não podem tomar decisões. Nos dias de Maria, a mortalidade infantil era alta e as mães frequentemente morriam no parto.

Por que Deus escolheu uma maneira tão frágil de enviar Seu Filho à Terra? Porque Jesus tinha que ser como nós para nos salvar. O maior presente de Deus veio no corpo frágil de um bebê, mas Deus assumiu o risco porque Ele nos ama. Sejamos gratas hoje por esse inigualável presente! *Keila*

26 DE DEZEMBRO

Carta de Natal

JOÃO 1:1-14

Assim, a Palavra se tornou ser humano, carne e osso, e habitou entre nós. Ele era cheio de graça e verdade. E vimos sua glória, a glória do Filho único do Pai.
—João 1:14

Todo Natal, um amigo meu escreve cartas para sua esposa e filhas revisando os acontecimentos do ano e sonhando com o futuro. Suas palavras de amor são um presente de Natal inesquecível.

Poderíamos dizer que a carta de amor de Natal original foi Jesus, a Palavra feita carne. João destaca essa verdade em seu evangelho: "No princípio, aquele que é a Palavra já existia. A Palavra estava com Deus, e a Palavra era Deus" (João 1:1). Na filosofia antiga, o grego para *Palavra* é *logos*, sugerindo que há uma ordem divina que junta essas duas realidades. Mas João expande a definição para revelar a *Palavra* como pessoa: Jesus, o Filho de Deus que estava "no princípio com Deus" (v.2). Essa Palavra, o "Filho único do Pai", "tornou ser humano, carne e osso, e habitou entre nós" (v.14). Através de Jesus, a Palavra, Deus se revela com perfeição.

Jesus sendo a Palavra ilumina o nosso mundo sombrio (v.9). Se cremos nele, podemos experimentar a dádiva de sermos filhas amadas de Deus (v.12).

Jesus é a carta de amor de Deus para todos, Ele veio e habitou entre nós. Ainda hoje, Ele é esse maravilhoso presente de Natal!

— Amy B. Pye

27 DE DEZEMBRO

O que temos

2 CORÍNTIOS 8:1-12

*Tudo que derem será aceitável,
desde que o façam de boa vontade, de acordo
com o que têm, e não com o que não têm.*
—2 Coríntios 8:12

Minha amiga queria muito reunir a família e os amigos para uma celebração em sua casa. Cada convidado ansiava pela reunião ao redor da mesa e queria ajudar com as despesas, contribuindo com a refeição. Alguns levariam pães e outros a salada ou um acompanhamento. Porém, uma das convidadas não tinha condições de levar uma comida. Em troca, ela se ofereceu para limpar a casa da anfitriã como seu presente.

Ela teria sido bem-recebida à mesa mesmo se chegasse de mãos vazias. Mas ela viu o que tinha a oferecer; tempo e habilidades, e os levou de todo o coração para o encontro. Acho que é exatamente esse o espírito das palavras de Paulo em 2 Coríntios 8. O povo de Corinto queria ajudar alguns irmãos em Cristo, e o apóstolo os aconselhou a consumar esses esforços. Elogiou-os pelo desejo e disposição de ajudar, dizendo-lhes que a motivação deles era o que tornaria qualquer contribuição aceitável (v.12).

Muitas vezes, comparamos as nossas ofertas com as dos outros. Mas Deus vê a nossa oferta de maneira diferente e o que Ele valoriza é a nossa disposição de dar o que temos.

Kirsten

O mensageiro

MALAQUIAS 3:1-5

*Envio meu mensageiro, que preparará
o caminho diante de mim.*
—Malaquias 3:1

"Tenho uma mensagem para você!" Uma mulher que trabalhava na conferência que eu estava participando me entregou um pedaço de papel, e perguntei-me se deveria ficar nervosa ou feliz. Mas, quando li: "Você ganhou um sobrinho!", sabia que poderia me alegrar.

As mensagens podem trazer boas ou más notícias ou, então, palavras desafiadoras. No Antigo Testamento, Deus usou os Seus profetas para comunicar mensagens de esperança ou julgamento. Mas vemos que até mesmo as Suas palavras de julgamento podiam trazer restauração.

Essas duas mensagens aparecem em Malaquias 3 quando o Senhor prometeu enviar um mensageiro que lhe prepararia o caminho. João Batista anunciou a vinda do verdadeiro Mensageiro, Jesus (Mateus 3:11): "o mensageiro da aliança" (Malaquias 3:1) que cumpriria as promessas de Deus. Ele seria "como fogo ardente que refina o metal" (v.2), pois purificaria os que creem em Sua palavra.

A mensagem de Deus é de amor, esperança e liberdade. Ele enviou o Seu Filho para ser o Mensageiro que fala a nossa língua, às vezes, com mensagens de exortação, mas sempre com esperança. Podemos confiar em Sua mensagem.

Amy B. Pye

29 DE DEZEMBRO

Obrigada por ser você!

SALMO 100

Entrem por suas portas com ações de graças…
—Salmo 100:4

Quando cuidei de minha mãe e morei com ela num centro hospitalar, conheci Lori, outra cuidadora que morava com o seu marido, Frank, no corredor um pouco mais à frente. Conversávamos, ríamos, desabafávamos, chorávamos e orávamos juntas nas áreas de convivência. Gostávamos desse apoio mútuo nesse período em que cuidávamos de nossos entes queridos.

Certo dia, perdi o transporte gratuito que levava os moradores para comprar mantimentos. Lori se ofereceu para me levar até a loja, mais tarde, naquela mesma noite. Com lágrimas de gratidão, aceitei sua oferta. "Obrigada por ser você", disse-lhe. Eu realmente a apreciava como pessoa, não apenas pelo que ela havia feito por mim como amiga.

O Salmo 100 demonstra a apreciação a Deus por quem Ele é, não simplesmente por tudo que Ele faz. O salmista convida "todos os habitantes da terra" (v.1) a servir ao Senhor com alegria (v.2), reconhecendo que "o Senhor é Deus" (v.3). Deus permanece digno de nossa contínua gratidão porque Ele é bom, Seu "amor dura para sempre" e Sua "fidelidade por todas as gerações" (v.5).

Nosso querido e amoroso Pai merece a nossa genuína e alegre gratidão.

Xochitl

30 DE DEZEMBRO

Reiniciando

ESDRAS 1:1-11

*Então o Senhor despertou o coração
dos sacerdotes, dos levitas e dos chefes das tribos
de Judá e Benjamim, para que fossem
a Jerusalém e reconstruíssem o templo do Senhor.*
—Esdras 1:5

Depois das festividades de Natal, os meus pensamentos se voltam para o ano seguinte. Com os meus filhos em férias da escola e a nossa rotina diária mais lenta, posso refletir sobre o que o último ano me trouxe e aonde espero que o próximo me leve. A perspectiva de começar tudo novamente me enche de expectativas, não importa o que tiver acontecido no ano anterior.

Minha expectativa de um recomeço perde a importância se comparada à esperança que os israelitas devem ter sentido quando Ciro, o rei da Pérsia, os libertou para retornarem à sua terra natal em Judá, após os longos 70 anos de cativeiro na Babilônia. O rei anterior, Nabucodonosor, tinha deportado os israelitas de sua terra natal. Mas o Senhor fez Ciro enviar os cativos para Jerusalém para reconstruir o Templo de Deus (Esdras 1:2-3). Ciro também lhes devolveu os tesouros que haviam sido retirados do Templo. A vida deles como povo escolhido de Deus, na terra que o Senhor lhes havia designado, recomeçou depois de uma longa temporada de dificuldades na Babilônia como consequência dos seus pecados.

Não importa o que tenha acontecido em nosso passado, o perdão e a misericórdia de Deus nos concedem um novo começo. Que grande motivo de esperança! *Kirsten*

31 DE DEZEMBRO

Memórias que constroem a fé

LAMENTAÇÕES 3:19-26

Grande é sua fidelidade...
—Lamentações 3:23

Ao ouvir a música quando entrei no santuário, eu olhei para a multidão que se reunira para a festa de véspera do Ano Novo. Meu coração se reergueu com esperança quando me lembrei das orações do ano anterior. Nossa congregação tinha coletivamente se entristecido com filhos rebeldes, mortes de pessoas queridas, perdas de empregos e relacionamentos destruídos. Mas também tínhamos experimentado a graça de Deus vendo muitas vidas transformadas e relacionamentos restaurados. Celebramos vitórias, casamentos, graduações e batismos. Recebemos crianças recém-nascidas, adotadas ou dedicadas ao Senhor.

Ao refletir sobre as provações que a nossa família da fé havia passado, parecia-me estar repetindo Jeremias ao lembrar-se de seu "sofrimento" e "desamparo" (Lamentações 3:19). Creio que porque o "amor do Senhor não [tem] fim! Suas misericórdias são inesgotáveis" (v.22). Assim como o profeta que sentia-se seguro da fidelidade de Deus, suas palavras me confortaram: "O Senhor é bom para os que dependem dele, para os que o buscam" (v.25).

Naquela noite, cada pessoa na congregação representou uma expressão tangível do amor transformador de Deus. E ao continuarmos a buscá-lo e ao nos apoiarmos mutuamente, podemos, como Jeremias, crer que a nossa esperança é fortalecida por memórias de construção da fé e do caráter imutável e confiável de Deus.

Xochitl